RADEBURG
AS Radeburg
Zilledenkmal
Bhf Radeburg
Herold-denkmal
Gewerbe-gebiet
Sohlwiesen
RADEBURGER HEIDE
Burckhardsberg
BODEN
Halber Mond
Flügel R
Pechfluß
Gr. Röder
GROSSDITTMANNS-DORF
Diebsteig
ZIEGELEI
NEUER ANBAU
Hp Berbisdorf Anbau
ehem. Wasserschloss
BERBISDORF
Hp Berbisdorf
Frauen-teich
Lindenberg
Metzenberg
Berg-tannen
Kronen-berg
Medingen
Wachberg
Cunners-dorf
Schloss Medingen
Promnitz
Homrich
Heilhaus
Birkhübel
Wildgehege
Fasanenschlösschen
Leuchtturm
Teichhäuser
Groß-teich
Hp Bärnsdorf
BÄRNSDORF
Spitze Berge
Nußberge
Alte Medinger Straße
Hufen
Hp Hermsdorf
Moritzburg
Hp Cunnertswalde
CUNNERTSWALDE
AS Marsdorf
MARSDORF
Hornsberg
Gewerbe-gebiet
Simonsberg
Querweg
Buckenberg
Tannenberg
Jäger-teich
Fischer-teich
LAUSA
Gomlitz
Hp Weixdorf
Stein-grund-teich
Niederer
VOLKERS-DORF
Johann-Georgen-Teich
Oberer Wald-teich
Schelsweg
WEIXDORF
Hp Weixdorf Bad
Wetterberg
im Bau, Fertigstellung 2006
AD Dresden
FUCHSBERG
Sandweg
Bartlake
Flughafen Dresden Klotzsche
Industriepark Klotzsche
Reichenberg
Gewerbe-gebiet
AMD
Hp Dresden-Grenzstraße
Hp Dresden-Flughafen
AS Dresden-Flughafen
ehem. Windmühle
WILSCHDORF
Boxdorf
Eller-wiese
RÄHNITZ
KÖNIGSWALD
Alte Eins
Wilschdorfer Anbau
Meridiansäule
KLOTZSCHE
Bhf Dresden-Klotzsche
Baumwiese
Fiedlergrund
HELLERAU
Puschquelle
JUNGE HEIDE
Olter-steine
Hellerberg
Moritzburger Weg
Heide-friedhof
AS Dresden-Hellerau
AS Dresden-Wilder Mann
DRESDEN

Moritzburger Landschaften

Berg- & Naturverlag Rölke

Berg- & Naturverlag Rölke
Inh.: Dr. Peter Rölke
Kyffhäuserstraße 9
01309 Dresden

Tel.: 0351 - 256 15 10 / Fax: 0351 - 256 15 16
E-mail: service@bergverlag-roelke.de
Internet: www.bergverlag-roelke.de

Moritzburger Landschaften

Dr. Olaf Bastian

mit Beiträgen von

Prof. Dr. Karlheinz Blaschke, Matthias Schrack und Dr. Andreas Timmler

Berg- & Naturverlag Rölke

„Moritzburger Landschaften", 156 Seiten, 224 Farbfotografien, 1 Kartenzeichnung, 2 Tabellen, 1 Übersichtskarte im Vorsatz

Titelbild: „Schloß Moritzburg" von Dr. Peter Rölke, „Sophienteich", „Landschaft unterm Gallberg / Boxdorf mit Silberweide" und „Lößnitzgrundbahn" von Dr. Olaf Bastian
Vorsatzkarte: Ausschnitt aus „Dresden und Umgebung" / Sachsenkartographie Dresden (bearbeitet)

Textautoren:
Dr. Olaf Bastian, Moritzburg, OT Boxdorf
Prof. Dr. Karlheinz Blaschke, Moritzburg
Matthias Schrack, Großdittmannsdorf
Dr. Andreas Timmler, Moritzburg

Fotoautoren:
Thomas Adler, Coswig (1 Foto); Dr. Olaf Bastian, Moritzburg (127); Norman Döring, Dresden (1); Gernot Engler, Gräfenhain (4); Werner Fiedler, Leipzig (1); Bernd Hartung, Wölkisch (4); Dr. Wolfgang Kürner, Radeburg (6); Kersten Hänel, Hameln (1); Jörg Lorenz, Tharandt (10); Peter Reuße, Treugeböhla (2); Friedheim Richter, Großenhain-Zschauitz (11); Dr. Peter Rölke, Dresden (31); Matthias Schrack, Großdittmannsdorf (8); Dirk Synatzschke, Pulsnitz (1); Holger Uhlich, Dresden (3); Betina Umlauf, Großdittmannsdorf (1); Lars Zimmermann, Großdittmannsdorf (5) – siehe auch Fotoverzeichnis auf Seite 151

Alle Luftbilder: © Landesamt für Archäologie Sachsen, Aufnahme R. Heynowski (4 Fotos) bzw. O. Braasch (2 Fotos)

Karte zur Siedlungsgeschichte Seite 21: gezeichnet von Alfred Rölke

Seite 27: Thiele, J. A.: „Landschaft mit Schloß Moritzburg" aus den Staatlichen Kunstsammlungen Dresden; Gemäldegalerie Alte Meister

Satz / Layout: Dr. Peter Rölke

ISBN 3-934514-16-2
Druck: Druckerei Vetters GmbH & Co. KG, Radeburg

Inhaltsverzeichnis

Vorwort

Moritzburg – wer denkt da nicht an das prächtige Barockschloß, an Pferde, an Teiche voller Karpfen und Vögel, an Wälder, in denen schon die sächsischen Kurfürsten und Könige jagten?

Moritzburg – das sind mindestens 800 Jahre geschichtlicher Entwicklung, beginnend zu der Zeit, als unsere Vorfahren sich hier niederließen, Wälder rodeten, Felder bestellten, Sümpfe zu Teichen anstauten!

Moritzburg – das ist nicht mehr nur das beschauliche Bauerndorf Eisenberg von einst, sondern zur Gemeinde gehören – abgesehen von der Waldsiedlung Auer – seit einigen Jahren auch die Nachbarorte Boxdorf, Reichenberg, Friedewald und Steinbach.

Moritzburg – das ist das Reich der Pferdeliebhaber, der Naturbewunderer und Maler, der Bade- und Campingfreunde, der Wanderer und Radfahrer.

Moritzburg – das ist vor allem Landschaft, wie man sie sich schöner und vielfältiger kaum vorstellen kann, wo Natur, geschichtsträchtige Bauten und gegenwärtige menschliche Tätigkeit auf recht harmonische Weise zusammentreffen. Gerade die Vielgestaltigkeit der Gegend hat uns bewogen, von Moritzburger Landschaften in der Mehrzahl zu sprechen.

Kommen Sie mit auf eine Entdeckungsreise in Wort und Bild, zu den Kostbarkeiten rings um die ehrwürdige Dianenburg – wie August der Starke sein Jagdschloß nannte. Hören wir, wie in grauer Vorzeit diese Landschaften von den Erdkräften vorgeformt worden sind und wie der Mensch zum heutigen Erscheinungsbild beigetragen hat. Lernen wir typische Pflanzen- und Tierarten kennen, ihre Ansprüche an ihre Umwelt, die Gefahren, denen sie ausgesetzt sind, und wie sie geschützt werden können. Besuchen wir die historische Kulturlandschaft um Schloß, Fasanerie, Tiergarten und Wildgehege, beobachten das Vogelleben auf den Teichen, Wildblumen am Wegesrand und durchstreifen die ausgedehnten Forsten des Friedewaldes. Gönnen wir uns auch Abstecher in die etwas fernere Umgebung, nach den von Weinreben gezierten Radebeuler Lößnitzhöhen, in den Dresdner Norden um Wilschdorf und die Junge Heide, in das Zille-Städtchen Radeburg und das angrenzende große Waldgebiet der Radeburger und Laußnitzer Heide sowie in das Gebiet um Coswig, Weinböhla und Niederau.

Staunen wir über die eigenartige Oberflächengestalt der Kleinkuppenlandschaft und den Abwechslungsreichtum von Feldern, Wiesen, Gehölzen, Teichen, Feucht- und Trockenflächen auf engstem Raum mit dem daraus resultierenden Artenreichtum. Lassen wir auch die Dörfer nicht links liegen, die sich trotz der Großstadtnähe viel von ihrem bäuerlichen Charakter bewahren konnten und eine Fülle an Baudenkmälern aufweisen: Drei- und Vierseithöfe, Windmühlen, Taubenhäuser, Bruchsteinmauern, zum Teil aber auch Villen im Kurortstil. Setzen wir uns in die betagte dampfbetriebene Lößnitzgrundbahn, im Volksmund liebevoll „Lößnitzdackel" oder „Grundwurm" genannt, und zuckeln gemächlich durch den romantischen Lößnitzgrund, durch Moritzburg und die Teichlandschaft.

Zuvor ist es mir jedoch ein Bedürfnis, allen zu danken, die zum Gelingen des Buches beigetragen haben, allen voran den Textautoren Matthias Schrack, Prof. Dr. Karlheinz Blaschke, Dr. Andreas Timmler, den Bildautoren sowie dem Berg- und Naturverlag Dr. Peter Rölke, aber auch jenen, die wichtige Informationen bereitstellten und wertvolle Hinweise gaben: Willi Grütze (†) und Gerold Rahrisch (Reichenberg), Gerhard Schulze (Teichwirtschaft Moritzburg in Bärnsdorf), Bernd Dankert (Forstamt Moritzburg), Dr. Peter Hummitzsch (Radebeul-Lindenau), Dr. Stefan Krabath (Sächsisches Landesamt für Archäologie, Dresden).

Dr. Olaf Bastian, Moritzburg-Boxdorf

Moritzburger Landschaften – eine Einführung

Vielfalt und Reichtum der Natur

Sachsen ist reich an Naturschönheiten und reizvollen Landschaften. Allein schon die Landeshauptstadt Dresden wurde von der Natur überaus großzügig und mit einer vielfältigen Umgebung bedacht wie wohl keine zweite Großstadt in Deutschland. Elbtal, Sächsische Schweiz, Osterzgebirge, Lausitzer Bergland und Oberlausitzer Teichlandschaft bieten abwechslungsreiche Landschaftsbilder in Hülle und Fülle. Und nicht zu vergessen Moritzburg: Wälder, Teiche, eine mannigfaltige Pflanzen- und Tierwelt in einer unverwechselbaren und faszinierenden hügeligen Landschaft – und dies „garniert" durch die baulichen Zeugnisse einer Jahrhunderte währenden Kulturlandschaftsentwicklung. Lediglich 14 km Luftlinie trennen die beiden Prachtbauten des Barock voneinander: das Jagdschloß Augusts des Starken in Moritzburg und die soeben wiedererstandene Frauenkirche in Dresden.

Viele Wege führen nach Moritzburg. Vom Dresdner Stadtzentrum her kommend durchquert man mit Omnibus, Auto oder Fahrrad zunächst die nordwestlichen Außenbezirke Pieschen, Trachau und Trachenberge sowie das Waldgebiet der Jungen Heide, eines Ausläufers der Dresdner Heide, verläßt hier das Elbtal und gelangt in Boxdorf auf die von Äckern, Grünland und Dörfern geprägte Hochfläche, um entlang der Kastanien- bzw. Schloßallee den Ort Reichenberg tangierend direkt auf das Moritzburger Schloß zuzusteuern. Benutzer der Autobahn verlassen die A 4 an den Anschlußstellen Wilder Mann, Hellerau, Dresden-Flughafen oder Marsdorf. Von Norden her, aus Berliner Richtung, dient das Städtchen Radeburg als „Eingangstor". Am romantischsten allerdings ist die Anreise mit der Lößnitzgrundbahn, der 1884 eingeweihten, von Radebeul-Ost über Friedewald und Moritzburg nach Radeburg verlaufenden Schmalspurbahn. Im gemächlichen Tempo gewinnt man erste reizvolle Eindrücke von den Landschaften beiderseits der Bahnstrecke: von der malerischen Radebeuler Lößnitz mit ihren Weinbergen, vom tief eingeschnittenen Lößnitzgrund, vom Dippelsdorfer Teich und vom Großteich, von der sanft gewellten Kleinkuppenlandschaft mit ihren Feldern, Wiesen, Hecken und Wäldern.

Einmalig in Mitteleuropa: das Moritzburger Kleinkuppengebiet

Einen Lehrer gibt es, wenn wir ihn verstehen;
es ist die Natur.

Heinrich von Kleist, 1777 - 1811

Der namhafte Geographieprofessor Ernst Neef schrieb 1962 einen Aufsatz über den „Reichtum der Dresdner Landschaft", in dem er auf eine „Kostbarkeit" hinweist, die „einmalig in Mitteleuropa" sei, die Moritzburger Kuppen- und Teichlandschaft, die schon 1836 den Schweden Sefström, seines Zeichens Chemiker und Mineraloge, zum Vergleich mit seiner schwedischen Heimat veranlaßt haben soll.

Die Eigenwilligkeit der Landschaft rund um Moritzburg ist dadurch gekennzeichnet, daß kleine und größere bewaldete, aber auch gehölzfreie Bergkuppen sich aneinanderreihen, getrennt von Senken mit sanften oder steileren Flanken, wodurch eine äußerst bewegte Oberflächengestalt zustande kommt. Die Kleinkuppen sind jeweils zwischen 130 und 200 m lang und 70 bis 150 m breit. Neben dem kleinräumigen Muster und der geringen Größenausdehnung der Reliefformen fallen noch andere Eigenheiten auf: Hierzu zählen die steinigen Böden auf den Kuppen und an den Hängen sowie die feuchten bis teilweise nassen Flächen in den Mulden und flachen Geländewannen. Zusätzlich zu den charakteristischen Kleinkuppen treten verstreut auch breitere und flachere Rücken und Kuppen auf.

Zwar läßt sich die kuppig-wellige Oberflächengestalt der Landschaft auch unter Wald beobachten, besonders gut aber bei vorherrschender landwirtschaftlicher Nutzung, so um Bärnsdorf, Volkersdorf und Marsdorf, wo Gehölze bzw. Waldinseln auf zahlreichen Kuppen einen wirksamen Kontrast zu den von Äckern oder Grünland eingenommenen Hängen und Senken bilden.

Wie kam es zur Entstehung dieser Landschaft? An der Wende vom Tertiär (Braunkohlenzeit) zum Pleistozän (Eiszeit) darf man sich das Gebiet als eine weithin eingeebnete und nur von wenigen flachen Kuppen überragte Fläche vorstellen, verhüllt von einer aus dem Grundgebirge hervorgegangenen mächtigen Verwitterungsdecke. Während der Elsterkaltzeit (vor ca. 350.000 bis 400.000 Jahren) wurde das Gebiet vom Inlandeis „überfahren". Die Schurfwirkung der Eismassen hat die bereits vorgeformte Oberfläche weiter herausmodelliert.

Für das Gebiet um Moritzburg haben die Geographen die Bezeichnungen „Moritzburger Kuppenland" und „Westlausitzer Platte" eingeführt. Letztere stellt den westlichsten Ausläufer der viel größeren Naturraumeinheit „Nordwestlausitzer Hügel- und Bergland" dar, die sich bis Kamenz im Nordosten, Bischofswerda im Osten und Sebnitz im Südosten erstreckt. Im Südwesten trennt eine etwa 100 m hohe Geländestufe die Westlausitzer Platte von der Elbtalweitung. Der Steilhang zum Elbtal, die Lößnitzhänge von Radebeul über Coswig nach Weinböhla und Oberau, sind durch mehrere enge Kerbtäler gegliedert und dadurch sehr abwechslungsreich. Die sich im Nordwesten, etwa ab Steinbach, anschließende relativ waldarme Großenhainer Pflege verdankt ihren Namen der stellenweise mächtigen Lößdecke, die für fruchtbare Ackerböden sorgt. Im Norden, bei Radeburg, begrenzen das Rödertal und die Königsbrück-Ruhlander Heiden als Ausläufer des Norddeutschen Tieflandes das Moritzburger Kuppenland. Im Osten endet dieses bei den Ortschaften Medingen, Dresden-Weixdorf und Dresden-Klotzsche.

Charakteristische Kleinkuppenlandschaft östlich von Volkersdorf

Der „Flickenteppich" auf der geologischen Karte zeigt uns an, daß die Kuppen- und Teichlandschaft „steinreich" ist. Während im Westteil Monzonit (Syenodiorit) vorherrscht, spielen im Osten Lausitzer Granodiorite eine größere Rolle. Hinzu gesellen sich weitere Festgesteine, wie Gneise, Tuffe, Porphyre, Quarzite, aber auch Kiese und Sande als Lockergesteine. Vom Inlandeis sind bis in unsere Gegend Feuersteine, Granite, Porphyre, Basite, Quarzite und andere Gesteine aus Skandinavien transportiert („geschoben") worden. Solche Geschiebe oder Findlinge kann man häufig an Wegrändern und auf Lesesteinhaufen sehen. Am Pfennigberg bei Dresden-Marsdorf existiert, vermutlich am natürlichen Standort auf Geschiebelehm, ein bemerkenswertes Findlingsfeld aus zahlreichen großen und kleinen Gesteinsblöcken unterschiedlicher Gesteinsarten. Geologisch interessant sind auch Braunkohlenquarzite mit konglomeratähnlichem Aussehen an zahlreichen Stellen der Moritzburger Kuppenlandschaft, sogenannte Knollensteine.

In den sumpfigen Senken der Moritzburger Umgebung hat sich Raseneisenerz abgelagert, durch Huminsäuren ausgefällte Eisenoxide bzw. -hydroxide, die nach und nach mit dem umliegenden Sediment verkitteten. Die schwammartigen braunen bis schwarzbraunen Gesteinsbrocken finden sich unmittelbar über dem Grundwasserspiegel und können im Gebiet bis zu 30 cm Stärke erreichen. Für eine Nutzung dieser Mineralien gibt es allerdings keine Hinweise, womit eine Deutung des früheren Ortsnamens von Moritzburg „Eisenberg" im Zusammenhang mit Erzbergbau wohl eher nicht zutrifft.

Die Eigenschaften der an der Erdoberfläche anstehenden Gesteine bestimmen maßgeblich die Beschaffenheit der aus ihnen durch Verwitterungsprozesse hervorgehenden Böden. So sind verbreitet gegen Trockenheit anfällige und durch Kalkmangel gekennzeichnete „saure" Böden (pH-Werte ca. 4-4,5) mit hohem Steingehalt anzutreffen, was für das Pflanzenwachstum nicht besonders förderlich ist. Auf den Scheiteln der Kuppen tritt der Felsuntergrund bis fast an die Oberfläche, so daß sich hier nur eine dünne Verwitterungsdecke von flachgründigen, steinigen bis blockigen oder grobsandigen Böden ausgebildet hat. Der latente Nährstoff- und Feuchtemangel hat von jeher ackerbauliche Nutzung auf diesen Standorten extrem behindert oder gänzlich ausgeschlossen, wodurch sich Gehölze in Form von Waldinseln behaupten konnten. Die wannenartigen Senken hingegen sind meist von tonig-lehmigen Gesteinsverwitterungsdecken, eiszeitlichen Schmelzwasserbildungen, Grundmoränenresten oder mit einer dünnen Decke aus Treibsand ausgekleidet. Auf schwerdurchlässigem Untergrund herrscht oft Staunässe, das Wasser kann kaum versickern. Viele dieser Senken waren daher prädestiniert, das Niederschlagswasser durch flache Dämme zu Teichen aufzustauen. Dort, wo während der Eiszeit Feinstaubpartikel herangeweht wurden und sich als Löß ablagerten, findet die Landwirtschaft sehr günstige Bodenbedingungen vor, so auf dem Wahnsdorfer Plateau zwischen Reichenberg (der Name sagt es!) und der Elbtaloberhangkante.

Während stehende Gewässer in Gestalt der Teiche geradezu ein Markenzeichen von Moritzburg darstellen, so muß man im Hinblick auf größere Fließgewässer Fehlanzeige vermelden. Nennenswerte Wassermengen führen – abgesehen von der im Nordosten unser Gebiet berührenden Großen Röder – lediglich die Promnitz und der Lößnitzbach. Die meisten Bäche sind eher unscheinbar, wie der Hopfenbach, der Bränitzbach, der Lockwitzbach und das Rote Bächel, teilweise oder überwiegend ausgebaut, verrohrt und strukturarm (Reichenberger Dorfbach, Dippelsdorfer Bach, Eisenberger Dorfbach oder Marche, Bindebach). Daneben gibt es zahlreiche kleine, gefälleschwache Gräben, die im Zuge des Anstaues von Teichen seit dem 16. Jahrhundert als Verbindungs-, Zu- und Abflußgräben angelegt wurden. Hinzu kommen landwirtschaftliche Entwässerungsgräben. Viele dieser Gerinne fallen in niederschlagsarmen Zeiten trocken.

Am Bränitzbach östlich von Bärnsdorf

Was wir nicht sehen, sondern bestenfalls erahnen und nur indirekt wahrnehmen, ist das Grundwasser. Im Festgesteinsbereich liegt das an Klüfte und Spalten gebundene Grundwasser zwischen 4 und 7 m tief und schwankt im Jahreslauf. In den flachen Mulden sind die Grundwasserflurabstände wesentlich geringer. In feuchten Witterungsperioden kann das Grundwasser schon mal bis an die Erdoberfläche reichen, stellenweise tritt es sogar permanent zutage. Wir erkennen solche Stellen z.B. an vernäßten Wiesen.

Wenden wir uns nun den klimatischen Verhältnissen zu! Im Vergleich zur im Mittel 75 m tiefer gelegenen benachbarten Elbtalweitung ist es im Hochland im Jahresdurchschnitt mit 8,2 °C geringfügig (etwa 1 °C) kühler und niederschlagsreicher (zwischen 700 und 800 mm jährlich). Die ergiebigsten Regenfälle sind im Frühsommer, oft als kurzzeitige Starkregen, zu verzeichnen. Im langjährigen Mittel treten die letzten Spätfröste um den 15. April und die ersten Frühfröste um den 29. Oktober auf. Als Extremfall wurde in Wahnsdorf sogar schon Ende Juni Spätfrost vermeldet. In den großen Senken des Offenlandes (um Reichenberg und Volkersdorf/ Bärnsdorf) bilden sich in den Frühlings- und Herbstmonaten Kaltluftseen, häufig verbunden mit erhöhter Nebel- und Frostgefahr. Erwähnenswert ist auch die Tatsache, daß die Sonne im Hochland im Jahresmittel 80 Stunden länger scheint als im Elbtal. Auch der Wind weht heftiger und bisweilen stürmisch, vor allem in den windoffenen Lagen des Bärnsdorfer Kuppengebietes und um Boxdorf/ Reichenberg. Der Name des 211 m hohen Wetterberges weist darauf hin.

Die niedrigeren Temperaturen und die im Schnitt um fast die Hälfte höheren Windstärken auf der Hochfläche verzögern die Entwicklung der Vegetation, ganz besonders im zeitigen Frühjahr. Die Pflanzen im Elbtal haben im Februar/ März 3 bis 4 Wochen Vorsprung, der jedoch bis zum Frühsommer auf 3 bis 5 Tage zusammenschrumpft. In den Hochlagen beginnen die Apfelbäume ca. 5 Tage später zu blühen als an der Elbe. Das im Vergleich zum Dresdner Elbtalkessel insgesamt kühlere und frischere Klima empfinden Einwohner und Besucher besonders an heißen Sommertagen als sehr angenehm. Wälder und Teiche sorgen zudem für eine höhere Luftfeuchtigkeit.

Findlinge am Pfennigberg bei Marsdorf

Felsige Monzonitkuppe im Friedewald am Gabelweg

Erlenbruchwald (hier am Jägerteich) – Vorläufer vieler Fischteiche

Der um 1700 angelegte Johann-Georgen-Teich

Bunte Welt der Wildpflanzen

Blumen sind die Liebesgedanken der Natur.

Bettina von Arnim, 1785 - 1859

Der Abwechslungsreichtum der Oberflächengestalt rings um Moritzburg wird durch das Pflanzenkleid noch ergänzt und verstärkt. Als Folge des kleinräumigen Wechsels von Kuppen, Hügeln und Bergrücken einerseits und flach eingemuldeten Wannen bzw. Senken andererseits ist die für Moritzburg typische enge Verzahnung trockenwarmer und (stau-)nasser Standorte zustande gekommen, was einen außerordentlichen Reichtum an Pflanzenarten sowie an wertvollen und schutzwürdigen Pflanzengesellschaften und Biotopen bedingt: Tümpel und Teiche, Röhrichte, seggen- und binsenreiche Naßwiesen, Bruchwälder, Magerrasen, Gebüsche und naturnahe Wälder trockenwarmer Standorte, offene Felsbildungen, Steinrücken, Hohlwege und Trokkenmauern. Pflanzen, die ihren Verbreitungsschwerpunkt im Südwesten Europas haben, begegnen sich mit solchen, die in Osteuropa beheimatet sind. Darunter befinden sich auch viele gefährdete und geschützte Arten.

Im großen zusammenhängenden Waldgebiet des Friedewaldes herrschen Kiefern-Birken-Eichenwälder vor, seltener sind aus Rotbuche, Roteiche, Fichte, Lärche oder Erle gebildete Rein- oder Mischbestände sowie monotone Kiefernforsten. Die Bodenflora wird meist von säureliebenden Arten geprägt, so von Drahtschmiele, Heidel- und Preiselbeere, Wiesenwachtelweizen; an feuchteren Stellen von Pfeifengras, Gewöhnlichem Gilbweiderich und Faulbaum. Naturnahe Waldgesellschaften konzentrieren sich auf den Tiergarten, auf den Lößnitzgrund und seine Seitentäler, wo neben bodensauren Buchen- und Eichenmischwäldern edellaubholzreiche Schlucht- und Hangwälder den Ton angeben, während die Elbhänge mit naturnahen wärmeliebenden Eichenwäldern sowie mit kleinflächigen Halbtrockenrasen und Trockengebüschen aufwarten.

Die (meist inselartig verstreuten) Waldflächen in der offenen Kleinkuppenlandschaft um Volkersdorf/ Bärnsdorf zeichnen sich durch eine große Vielfalt an Vegetationstypen aus. Je nach ökologischen Standortsbedingungen (Wasserhaushalt, Substrat) und Nutzungsintensität kommen Hainbuchen-Eichenwälder, Birken-Eichenwälder, Eichen-Trockenwälder, Kiefernforsten, Gebüsche aus Schlehe, Wildrosen und Weißdorn, vereinzelt auch Erlenbruchwälder vor. An den südexponierten Rändern der Kuppengehölze und an Feldrainen und Wegrändern gedeihen Wärme und Trockenheit liebende Arten, darunter Zypressenwolfsmilch, Pechnelke, Skabiosenflockenblume, Nickendes Leimkraut, Bunte Kronwicke, Echtes Labkraut, Weiße Schwalbenwurz, Kriechende Hauhechel und Färberginster.

Charakteristische Arten extensiv genutzter, das heißt behutsam gemähter und nicht oder nur selten gedüngter, Feuchtwiesen sind Wassergreiskraut, Großer Wiesenknopf und als ausgesprochene Seltenheiten Sibirische Schwertlilie, Lungenenzian und Orchideen.

Buntblühende Waldsäume mit Färberginster und Pechnelken

Kostbarkeiten der Moritzburger Landschaft: Wassergreiskraut (links), Breitblättriges Knabenkraut und Kleiner Baldrian (Mitte), Lungenenzian (rechts)

Vereinzelt wachsen sogar auf Äckern seltene und gefährdete Arten, wie der blaßgelbe Lämmersalat, der weiße Ackersteinsame, das hellpurpurne Feldlöwenmaul, der kräftigrote Sandmohn, der tiefblaue Dreiteilige Ehrenpreis und andere an nährstoffarme, saure Böden gebundene Ackerwildpflanzen. Insgesamt aber hat in den letzten Jahrzehnten die Flora der Äcker und Wiesen durch die intensive Landwirtschaft empfindliche Einbußen hinnehmen müssen.

Nicht besser erging es den Wildpflanzen der Teiche: Während Laichkräuter, Teichfaden, Wasserknöterich, Wasserhahnenfuß in einigen Teichen noch vorhanden sind, gilt beispielsweise das Vorkommen der (in früheren Zeiten tatsächlich verzehrten und auf Märkten feilgebotenen!) Wassernuß im NSG „Oberer Altenteich" infolge unsachgemäßer Teichbewirtschaftung seit 1982 als erloschen.

Im Spätsommer und Herbst weisen die Teiche nach dem Abfischen mitunter eine eigentümliche Schlammbodenvegetation auf. Im Röhrichtgürtel der Teiche dominieren beide Rohrkolbenarten, Wasserschwaden und Schilf; dazwischen sind Ästiger Igelkolben, der violette Bittersüße Nachtschatten, Blutweiderich und die gelbe Wasserschwertlilie keine Seltenheit. An manchen Stellen gehen die Röhrichte in Naßwiesen, Seggenriede, Niedermoore und Bruchwälder über, sehr typisch am Südufer des Mittelteiches und am Westufer vom Bauerteich. Neben verschiedenen Seggen-Arten besitzen hier Torfmoose, Sumpfblutauge, Schmalblättriges Wollgras und Straußblütiger Gilbweiderich eine Heimstatt.

Gefiederte Sänger, Vierbeiner und andere Tiere

Was ist der Mensch ohne Tiere?
Wenn es keine Tiere mehr gäbe,
würden die Menschen an großer Einsamkeit des Herzens sterben.
Denn alles, was den Tieren geschieht,
geschieht bald auch den Menschen.

Indianerhäuptling Seattle, 1786 - 1866

Die Vielgestaltigkeit der Landschaft hält auch für Tiere geeignete Lebensräume bereit: Wälder, Wiesen, Felder, Teiche weisen vielfach eine bemerkenswerte Fauna auf. Besonders artenreich und gut untersucht sind die Vögel. Von der Vielfalt der Vogelwelt sind selbst vogelkundlich nicht versierte Besucher beeindruckt: der majestätische Flug der Greifvögel und Störche, das muntere Treiben der Wasservögel auf den Teichen, der vielstimmige Chor der Sänger im Frühlingswald, das Vogelleben der Wiesen und Felder. Und dies alles auf ziemlich engem Raum! Treffend beschrieb das 1920 der Landesverein Sächsischer Heimatschutz mit den Worten: **„Das Moritzburger Teichgebiet mit seinen anmutigen und abwechslungsreichen Landschaftsbildern ist von jeher für die Bewohner Dresdens sowie dessen näherer und weiterer Umgebung von ganz außerordentlich hohem Wert gewesen. Tausende finden hier alljährlich in dem Umgange mit der Natur Erholung und Belehrung. Aber nicht nur der Naturfreund, auch**

Rothalstaucher

Zebraspinne

Feldhase

der ernste Forscher weiß das köstliche Stückchen Erde zu schätzen. Ganz besonders ist es die verhältnismäßig noch immer reiche Vogelwelt, deren Beobachtung sich der Ornithologe hier widmen kann – ein Vogelparadies, wie es innerhalb der Grenzen unseres Landes kein zweites gibt. Wohl mögen die Lausitzer Teichlandschaften hie und da noch eine größere Anzahl von Sumpf- und Wasservögeln aufweisen, aber solche Mannigfaltigkeit, solcher Reichtum an Vogelarten findet sich nirgends auf so engem Gebiet wieder, wie hier in der Umgebung von Moritzburg. Der Grund liegt in dem reichen Wechsel von Feld und Wald, von Wiese und Wasser, die sich in die Landschaft teilen."

Das Spektrum der Vogelarten war und ist in ständiger Veränderung begriffen. Schon längst haben Moorente, Wanderfalke, Rohrdommel, Steinkauz und Wiedehopf als Brutvögel in Moritzburg die „Segel gestrichen". Arten wie Rothalstaucher, Krick- und Knäkente, Sperber, Baumfalke, Rebhuhn, Teichralle, Wendehals und Rauchschwalbe sind seltener geworden. Andere Arten haben zugenommen: Vom übermäßigen Nährstoffeintrag in die Teiche profitierten Stockente und Bläßralle. Einige Arten haben den Moritzburger Raum erst in den letzten Jahrzehnten als Brutvögel „erobert": Roter Milan, Kolkrabe, Graugans, Höckerschwan, Türkentaube und erst jüngst der Fischadler.

Werfen wir nun einen Blick auf die Vogelwelt der verschiedenen Lebensräume!

Die Wälder beherbergen ein breites Spektrum an Singvögeln, wie Mönchsgrasmücke, Wald-, Fitis- und Weidenlaubsänger (auch Zilpzalp genannt), Rotkehlchen, Singdrossel, Hauben-, Weiden- und Tannenmeise, Garten- und Waldbaumläufer, Baumpieper, Heckenbraunelle, Winter- und Sommergoldhähnchen, Zaunkönig, Buchfink, um nur einige zu nennen. Mehrere Spechtarten hämmern an den Bäumen: Schwarz-, Grün-, Grau-, Bunt-, Kleinspecht. Die zierliche Gebirgsstelze und der „fliegende Edelstein", der Eisvogel, beleben die Bachufer.

Unter den Greifvögeln sind Milane, Mäusebussard und Turmfalke oft zu sehen, viel seltener hingegen Sperber, Wespenbussard und Baumfalke. Die Eulen sind mit Waldkauz und Waldohreule vertreten (letztere ist für die Eiablage auf Greifvogel- oder Krähennester angewiesen); Rauhfuß- und Sperlingskauz beschränken sich auf die Radeburger Heide. Im Frühling erklingt der gurrende Ruf der Ringeltaube, des häufigsten Vertreters aus der Familie der Tauben.

An den Teichen sind Höckerschwan, Graugans, Stock-, Tafel-, Reiher- und Schellente, Hauben- und Zwergtaucher, Bläßralle, Graureiher, Rohrweihe, Rohrammer, Drosselrohrsänger und Teichrohrsänger nahezu allgegenwärtig. Einen Seeadler bekommt man seltener zu Gesicht, Schnepfenvögel (Limikolen), Knäk- und Schnatterente sowie Säger fast nur zur Zugzeit. Die Wasserralle lebt verborgen im Röhricht und verrät sich meist nur durch ihre quiekenden Laute. Fast die gesamte Rothalstaucherpopulation der Moritzburger Teichlandschaft konzentriert sich an den Teichen der sogenannten Oberecke (Johann-Georgen-Teich, Steingrundteich).

Der Kuckuck bewohnt nicht nur Teiche, sondern auch Wälder und die Feldlandschaft. Als Brutparasit legt er seine Eier bevorzugt in die Nester von Teichrohrsängern, Neuntötern und Bachstelzen.

Der Reichtum an Gehölzen und Kleinstrukturen sowie die Vielfalt an Nutzungsformen bieten auch der Vogelwelt der Agrarfluren günstige Voraussetzungen. Als charakteristische Vertreter seien genannt: Feldlerche, Feldsperling, Schafstelze, Braunkehlchen, Wiesenpieper, Ortolan, Kiebitz, in Hecken vor allem Neuntöter und Dorngrasmücke, vereinzelt auch die Sperbergrasmücke. Die Feldlandschaft zwischen Wahnsdorf, Reichenberg und den Waldteichen spielt eine wichtige Rolle als regional bedeutsamer Vogelzugkorridor. Trotz der beträchtlichen Lebensraumveränderungen konnte sich der Weißstorch halten. Er brütet auf Dächern, Türmen und Schornsteinen, oft auf vom Menschen angebrachten Nestunterlagen. Durchgrünte Siedlungen sowie Obstgärten sind bevorzugte Aufenthaltsorte von Amsel, Garten- und Zaungrasmücke, Gartenrotschwanz, Girlitz, Grünfink, Stieglitz, Bluthänfling, während Mauersegler, Rauch- und Mehlschwalbe an oder in Gebäuden brüten.

Unter den wildlebenden Säugetieren hat sich das Wildschwein in den letzten Jahren stark vermehrt. Das Lieblingswild der sächsischen Kurfürsten und Könige, der Rothirsch, hingegen ist aus den Moritzburger Wäldern verschwunden. Sein kleinerer Verwandter, das Reh, besiedelt nicht nur den geschlossenen Wald, sondern auch die offene Feldlandschaft. Im Jahre 1974 wurden Damhirsche ausgesetzt. Die meisten heimischen Beutegreifer bzw. „Raubtiere“, wie Rotfuchs, Stein- und Baummarder, Iltis, Fischotter, Dachs, Waschbär, halten sich tagsüber versteckt und lassen sich daher nur schwer beobachten. Selten geworden ist der Feldhase. Allgegenwärtig sind die in jeweils mehreren Arten vertretenen Echten Mäuse und die Wühlmäuse. Zu den (mit vier Arten im Gebiet nachgewiesenen) Spitzmäusen bestehen ebensowenig verwandtschaftliche Beziehungen wie zu den Fledermäusen, den in der Dämmerung an den Teichen, im Wald und am Rande der Dörfer aktiven „Flattertieren“. Igel und Eichhörnchen sind ebenso vorhanden wie die neuerdings an den Teichen ansässige Bisamratte.

Mit 13 Lurch- und fünf Kriechtierarten ist die sogenannte Herpetofauna als reichhaltig zu bewerten, obwohl fast alle Arten durch Veränderungen ihres Lebensraumes, insbesondere durch die intensive Land- und Teichwirtschaft „zur Ader gelassen“ wurden. Unter den Lurchen sind Gras- und Teichfrosch sowie Erdkröte viel häufiger als Kamm- und Teichmolch, Knoblauch- und Wechselkröte, Moor-, Spring- und Laubfrosch. Ringelnatter, Blindschleiche, Zaun- und Waldeidechse bekommt man eher zu sehen als die seltene Glattnatter.

In den Teichen rangiert der Karpfen als Speisefisch an erster Stelle, Schlei, Hecht und Wels spielen eine untergeordnete Rolle; die Wildfische sind u.a. mit Plötze, Rotfeder, Flußbarsch, Zwergwels und Stichling vertreten.

Schließlich sei noch auf die bunte Welt der Insekten hingewiesen, die in schier unglaublicher Zahl Wälder und Fluren bevölkert. So konnten Entomologen auf nur 5 km² der Kleinkuppenlandschaft um Volkersdorf/Bärnsdorf nicht weniger als 1355 Käferarten ermitteln.

Landschaften im Wandel

Es gibt Wichtigeres im Leben,
als beständig dessen Geschwindigkeit zu erhöhen.

Mahatma Gandhi, 1869 - 1948

Landschaften sind alles andere als unveränderlich. Kehrt man nach vielen Jahren an den einstigen Urlaubsort zurück, so fällt dies meist sofort ins Auge. Zweifellos gibt es auch natürliche Ursachen für den Landschaftswandel, in wachsendem Maße tritt aber die menschliche Gesellschaft als Auslöser hervor. Die Moritzburger Landschaften bilden da keine Ausnahme. Dem Umfeld des kurfürstlichen Jagdschlosses war insofern besonderes „Glück“ beschieden, als hier behutsame Gestaltung über mehrere Jahrhunderte die berühmte „Kulturlandschaft Moritzburg“ hervorgebracht hat, die in ihrer Eigenart und Harmonie einzigartig in Europa ist. Dem Friedewald kam seine Rolle als Jagdgebiet der sächsischen Kurfürsten und Könige zugute, dadurch blieb der Umfang der Waldfläche – mit Ausnahme der Randbereiche – ziemlich unangetastet, „lediglich“ das Waldbild, die Baumartenzusammensetzung, unterscheidet sich von anno dazumal. Ein ganz anderes Schicksal aber ereilte den Wald in den heute landwirtschaftlich genutzten Fluren und den Siedlungen. Hier setzte ab dem 12. Jahrhundert massive Rodungstätigkeit ein, um Platz für Felder, Wiesen und Dörfer zu schaffen.

Der Landschaftswandel hat sich in den vergangenen Jahrzehnten unablässig beschleunigt. Ein Blick auf topographische Karten des 19. Jahrhunderts läßt uns erstaunen: Wie viele Bäche und Teiche es damals noch gab! Viel zu viele von ihnen sind in den vergangenen 150 Jahren verschwunden, nicht erst, aber vor allem in den 1960er/1970er

Noch um 1980 zu sehen: Getreidepuppen bei Moritzburg

Ausgeräumte Agrarfluren heute: bei Berbisdorf

Jahren. Natürliche Bachschlingen (Mäander) wurden begradigt, lange Abschnitte von Fließgewässern in Betonröhren unter die Erde verlegt, naturfremde Bachprofile zum beschleunigten Wasserabfluß geschaffen, ohne Rücksicht auf ihre Funktionen im Naturhaushalt! So mancher Dorfbach ist zu einem schnellfließenden Abflußgerinne verkommen, massiv verbaut mit Beton und ohne Chance für ein artenreiches Wasserleben.

Die um die Mitte des 20. Jahrhunderts einsetzende Flurneuordnung und der maschinelle Großflächen-Ackerbau führten zum Verschwinden von Feldgehölzen, Wegrainen, Straßenbäumen und anderen Landschaftsstrukturen. Viele Feldwege, die das Landschaftsbild gliederten, ursprüngliche Flurformen und Eigentumsverhältnisse markierten und zum Teil historische Wegeverbindungen darstellten, sind nahezu völlig beseitigt. Kleine Teiche und Naßflächen wurden trockengelegt, fast alle feuchten Senken in den Äckern entwässert, flache Gesteinsdurchragungen planiert, Hangknicke und Ackerrandstufen entfernt. In großem Stil wurde Grünland in Ackerland umgewandelt. Aus den ehemals relativ kleinen einzelbäuerlichen Feldern entstanden teilweise riesige Ackerschläge von bis zu 50 ha Größe. Die Nutzungsintensität im Grün- und Ackerland stieg flächendeckend an. Der Einsatz von Kunstdünger und Bioziden wuchs auf ein Mehrfaches. Gravierende Auswirkungen auf die Landschaft haben Siedlungserweiterungen und Straßenbau, so die 1939 fertiggestellte Autobahn und die Ortsumgehungsstraße Friedewald-Reichenberg-Boxdorf (2006).

Die Landschaftsveränderungen blieben nicht ohne Folgen für die Pflanzen- und Tierwelt. Empfindliche Arten sind seltener geworden oder ganz verschwunden, robustere Lebewesen konnten sich ausbreiten. Glücklicherweise setzte die Kleinräumigkeit der Naturraumstruktur in der Moritzburger Kleinkuppenlandschaft (der starke Kontrast zwischen trockenen Kuppenstandorten und stark vernäßten Senken in enger Nachbarschaft) einer allzu eifrigen Intensivierungseuphorie der Landwirtschaft Schranken. So konnte sich im Vergleich zu anderen, stärker „ausgeräumten“ Agrarlandschaften ein überdurchschnittlicher Artenreichtum behaupten, und die historisch wertvolle, bäuerlich geprägte Gefildelandschaft blieb in ihren Grundzügen bestehen.

Mittlerweile haben Naturschützer begonnen, in Zusammenarbeit mit den Landwirten einige Sünden der Vergangenheit zu beheben. Die Renaturierung der Bartlake zwischen Dresden-Wilschdorf und Volkersdorf sowie die Instandsetzung des 20 Jahre lang verfüllt gewesenen Kleinteiches am Tannenberg bei Volkersdorf, die Wiederherstellung von Feuchtgebieten in den Sohlwiesen Großdittmannsdorf und in der Seifenbachaue Berbisdorf sind ermutigende Beispiele.

Freilandlabor für Naturforscher

Geheimnisvoll am lichten Tag,
läßt sich Natur des Schleiers nicht berauben,
und was sie deinem Geist nicht offenbaren mag,
das zwingst du ihr nicht ab mit Hebeln
und mit Schrauben.

Johann Wolfgang von Goethe, 1749 - 1832

Für die Naturwissenschaft ist die Gegend um Moritzburg ein seit Jahrzehnten bevorzugtes Studienobjekt und Exkursionsziel von Universitäts- und Akademieinstituten sowie von Freizeitforschern. Dies belegen mannigfache geographische, landschaftsökologische, botanische und zoologische Veröffentlichungen. Neben der Nähe zur Großstadt Dresden spielen für die Eignung als Untersuchungsgebiet die erdgeschichtlichen und landschaftlichen Besonderheiten sowie der Reichtum der Tier- und Pflanzenwelt eine entscheidende Rolle.

Sächsische Botaniker registrierten schon vor 200 Jahren eine Reihe seltener Arten aus dem Moritzburger Teichgebiet. Ab der 2. Hälfte des 19. Jahrhunderts sammelten Dresdner Botaniker im Gebiet für das Herbarium Saxonicum der heutigen Technischen Universität Dresden. Der Botaniker Drude beschrieb 1902 in seinem „Hercynischen Florenbezirk“ das Moritzburger Teichgebiet ausführlich. Grundlegende Arbeiten zur hiesigen Flora verfaßten 1906 Schorler, Thallwitz, Schiller und speziell für den Frauenteich 1929 Mattick.

Naturkundliche Exkursion am Rande von Marsdorf

Die ornithologische (vogelkundliche) Gebietserforschung im Friedewald und Moritzburger Teichgebiet reicht bis zum Ende des 19. Jahrhunderts zurück. In dieser Zeit erschienen Publikationen in der Ornithologischen Monatsschrift, in den Jahresberichten der ornithologischen Beobachtungsstationen im Königreich Sachsen sowie in den Abhandlungen und Berichten des Zoologischen und Anthropologisch-Ethnographischen Museums zu Dresden. Aufgrund dieser Vorarbeiten findet das Gebiet vielfache Erwähnung bei Heyder (1952) in dem Standardwerk „Die Vögel des Landes Sachsen“. Das Moritzburger Teichgebiet gilt als eines der vogelkundlich am besten dokumentierten Gebiete Sachsens.

In der 2. Hälfte des 20. Jahrhunderts war die Moritzburger Kleinkuppenlandschaft eines der wichtigsten Beispielsgebiete der Sächsischen Akademie der Wissenschaften zur Ausarbeitung einer inzwischen international anerkannten Theorie und Methodik der geographischen Landschaftsanalyse und -diagnose, unter anderem zur Bestimmung der Leistungsfähigkeit der Landschaft für verschiedene Ansprüche der menschlichen Gesellschaft sowie zu den Problemkreisen des Landschaftswandels, der Bioindikation und der Biogeographie von Habitatinseln. Seit Jahrzehnten bearbeiten auch Freizeitforscher das Gebiet intensiv, darunter die Fachgruppe „Ornithologie und Naturschutz Radebeul“, die Fachgruppe „Ornithologie Großdittmannsdorf“ sowie die in Dresden ansässige Fachgruppe „Floristik des Elbhügellandes“.

Ein Netz von Schutzgebieten

Künftige Generationen werden uns
nach unseren heutigen Leistungen beurteilen. ....
Wenn wir nichts als das Vermächtnis leerer Versprechungen und
verpaßter Gelegenheiten hinterlassen,
haben wir ein gnadenloses Urteil verdient.

*Michail Gorbatschow, *1931*

Angesichts der Schönheiten und hohen – auch wissenschaftlich belegten – Wertigkeit der Moritzburger Landschaften ist es kein Wunder, daß sich verantwortungsbewußte Naturfreunde, Wissenschaftler und Politiker seit langem dafür einsetzen, diese Kostbarkeiten der Nachwelt zu erhalten. Auf Grund der mannigfaltigen Gefährdungen war und ist dies auch dringend erforderlich. So richtete der Landesverein

Sächsischer Heimatschutz schon 1920 eine Eingabe an das sächsische Finanzministerium, die Erhaltung der Moritzburger Vogelwelt betreffend. Darin heißt es: „Es ist nun tief bedauerlich, daß in der allerletzten Zeit der Bestand der Vogelwelt, namentlich was die Wasservögel betrifft, stark zurückgegangen ist. ... Die Hauptschuld an dieser Verarmung muß der Nichtachtung behördlicher Anordnungen und fremden Eigentums, den willkürlichen Eingriffen in Wald und Flur, der sittlichen Verrohung eines Teils der Bevölkerung in Stadt und Land zugeschrieben werden. Das Verbot, gewisse Wege zu betreten, wird nicht mehr beachtet; der Eierraub im vergangenen Frühjahr hat stark zugenommen; ohne Erlaubnis wird in den Teichen gebadet, überall Lärm und Unruhe. Ist es da ein Wunder, wenn die Vogelwelt, die namentlich in der Brutzeit ungestörter Ruhe bedarf, an Artenzahl wie an Individuenmenge starken Abbruch erfährt?“

Es gingen noch Jahrzehnte ins Land, ehe solche Appelle Gehör fanden, die Einstellung gegenüber der Natur sich etwas verbesserte und endlich auch Schutzgebiete eingerichtet wurden! Den Anfang bildete 1954 das Naturschutzgebiet (NSG) „Teichgebiet Moritzburg“, das Teile des Frauenteiches und des Dippelsdorfer Teiches einschloß. 1974 erhielten Neuteich (11 ha) und Oberer Altenteich (9 ha) diesen Schutzstatus, 1999 der „Moorwald am Pechfluss bei Medingen“ (84 ha), im Jahr darauf die „Waldmoore bei Großdittmannsdorf“ (93,5 ha) und der (ehemalige) Kutschketeich Moritzburg (14 ha). Das NSG „Frauenteich“ wurde 1999 von 67 ha auf beachtliche 202 ha Größe erweitert.

Die anfangs relativ kleinflächigen Schutzgebiete konnten die Natur nur bedingt und bruchstückhaft bewahren. Die Umwandlung vieler Teiche in Fischproduktionsbecken, Entenmast am Frauenteich, zunehmende Gewässerverschmutzung und intensive Landwirtschaft beeinträchtigten die Tier- und Pflanzenwelt massiv. Ende der 1970er Jahre sollte im besonders typischen Teil der Kuppenlandschaft um Spitzenberg, Tannenberg und Kahlenberg nahe der Autobahngabel sogar die zentrale Großmülldeponie des Ballungsraumes Dresden eingerichtet werden, was zum Glück abgewendet wurde. Nach der politischen Wende im Jahre 1989 droh(t)en neue Gefahren, so in Gestalt von Bauvorhaben, Straßenplanungen und Gesteinsabbau. Manche Eingriffe konnten verhindert werden, so der Steinbruch am Buckenberg bei Volkersdorf oder der Golfplatz in den Cunnertswalder Trockenkuppen.

Kleinteich mit Flachmoor im NSG „Waldmoore bei Großdittmannsdorf“

Um den Charakter der Gesamtlandschaft zu bewahren, sind rund um Moritzburg mehrere Landschaftsschutzgebiete (LSG) eingerichtet worden, allen voran schon 1954 das LSG „Friedewald und Moritzburger Teichgebiet“, 1974 das LSG „Lößnitz“ und 1998 die LSG „Moritzburger Kleinkuppenlandschaft“ (reichstrukturierte Agrarlandschaft um Volkersdorf, Bärnsdorf und Marsdorf) und „Wilschdorf-Rähnitzer Sandhügelland“. Noch Zukunftsmusik ist die von Naturschutzverbänden beantragte Unterschutzstellung großer Teile des landwirtschaftlich genutzten Offenlandes um Reichenberg und Boxdorf.

Erst seit wenigen Jahren macht eine neue internationale Naturschutzkonzeption von sich reden: Natura 2000. Was ist darunter zu verstehen? Bei Natura 2000 handelt es sich um ein zusammenhängendes Netz von Schutzgebieten in Europa zur Erhaltung gefährdeter wildlebender Tiere und Pflanzen und ihrer Lebensräume. Das Netz „Natura 2000“ umfaßt FFH-Gebiete und EG-Vogelschutzgebiete. Das Kürzel FFH steht für: Fauna = Tierwelt; Flora = Pflanzenwelt; Habitat = Lebensraum bestimmter Tier- und Pflanzenarten. Seit Ende 2004 sind repräsentative Bereiche der Moritzburger Kuppen- und Teichlandschaft als Vogelschutzgebiet ausgewiesen, darunter die Altenteiche, der Sophienteich, der Bauerteich, der Frauenteich und der Südteil des Mittelteiches einschließlich der umgebenden Wälder sowie der größte Teil des LSG „Moritzburger Kleinkuppenlandschaft“.

Auf der Liste der vom Freistaat Sachsen nach Brüssel gemeldeten FFH-Gebiete stehen u.a.:

- „Moritzburger Teiche und Wälder“ (561 ha, einschließlich der NSG „Frauenteich Moritzburg“, „Dippelsdorfer Teich“ und „Oberer Altenteich“)
- „Teiche und Gründe im Friedewald“ (147 ha, enthalten u.a. den Ilschenteich, den Kapellenteich und die Moselwiese)
- „Waldteiche bei Mistschänke und Ziegenbusch“ (112 ha, mit Großteich, NSG „Neuteich“ und NSG „Ziegenbuschhänge bei Oberau“)
- „Lößnitzgrund und Lößnitzhänge“ (115 ha)
- „Promnitz und Kleinkuppenlandschaft bei Bärnsdorf“ (137 ha)
- „Hopfenbachtal“ (298 ha, mit Köckritzteich)
- „Moorwaldgebiet Großdittmannsdorf“ (267 ha, mit den NSG „Moorwald am Pechfluss Medingen“ und „Waldmoore bei Großdittmannsdorf“).

Neben den relativ großflächigen Schutzgebieten stehen auch Einzelgebilde der Natur im Zeichen der Eule. Entsprechende Schilder kennzeichnen wertvolle alte Bäume als Naturdenkmal. Den Status eines flächenhaften Naturdenkmales genießen – meist schon seit den 1980er Jahren – bedeutsame Naturobjekte bis maximal 5 ha Größe, so der Mittelteichbruch bei Moritzburg, ein Erlen-Eschen-Wald und eine Wiese am Johann-Georgen-Teich zwischen Boxdorf und Moritzburg, die Entenfangwiese und die Bränitzwiesen bei Bärnsdorf, Tannenberg und Pauligs Busch bei Volkersdorf, der Metzenberg bei Großdittmannsdorf, das Salweidenfeuchtgebiet bei Medingen, die Buchholzwiese in Lindenau und der Funkenteich bei Weinböhla.

Auch wenn kein Schild extra darauf hinweist, stehen bestimmte kleinflächige Lebensräume (Biotope) unter gesetzlichem Schutz, darunter Sumpf- und Moorwälder, höhlenreiche Einzelbäume, Streuobstwiesen, Röhrichte, seggen- und binsenreiche Naßwiesen, magere Frischwiesen und Halbtrockenrasen. Die Wälder rings um Moritzburg dienen nicht nur der Holzproduktion, sondern sie erfüllen besondere Erholungs-, Klimaschutz-, Naturschutz- und andere Waldfunktionen, so als Bodenschutzwald nach dem Sächsischen Waldgesetz (z.B. Fiedlergrund, Lößnitzgrund, Rietzschkegrund).

Doch nicht nur die Schöpfungen der Natur sind schützenswert, sondern auch herausragende bauliche Kreationen unserer Vorfahren. Die Listen der „Kulturdenkmale des Freistaates Sachsen“ verzeichnen neben der gesamten historischen „Kulturlandschaft Moritzburg“ rund um das Schloß auch andere wertvolle Objekte wie Adams Gasthof, Bärenhäusl, Rüdenhof, Hengstdepot, die Windmühlen Eisenberg und Boxdorf, Schloß und Schloßpark Berbisdorf, die Schmalspurbahn (Trasse, Bahnhöfe), viele alte Wohn(stall)häuser, Dreiseithöfe, Bruchsteinmauern, Taubenhäuser, Villen im Schweizerhausstil. Als Ensemble geschützt sind Dorfkerne, so von Dippelsdorf, Reichenberg, Boxdorf und auch die historische Weinberglandschaft Radebeul.

Das noch im August 1989 festgesetzte Denkmalschutzgebiet „Kulturlandschaft Moritzburg“ hat die Aufgabe, nicht nur Gebäude und Gartenanlagen, sondern auch die „landschaftlichen Gegebenheiten als wesentlich prägendes Element der Kulturlandschaft“ zu erhalten und wiederherzustellen. Die historischen und gestalterischen Zusammenhänge zwischen dem Schloß nebst dem zugehörigen Denkmalsensemble und der umgebenden, bewußt gestalteten Landschaft sollen als Gesamtkunstwerk erlebbar werden, z.B. durch die Wiederherstellung ehemaliger Sichtbeziehungen. Besondere Aufmerksamkeit wurde den beiden großen Panoramaübersichten über die gesamte Kulturlandschaft beigemessen: aus südlicher Richtung von der Wahnsdorfer Höhe und aus östlicher Richtung vom Buckenberg zwischen Bärnsdorf und Marsdorf.

Konkrete Festlegungen für den Schutz und die behutsame Entwicklung der Moritzburger Landschaften treffen auch die Flächennutzungspläne der Gemeinden sowie der Regionalplan, der rund um Moritzburg großzügig „Vorrang- und Vorbehaltsgebiete Natur und Landschaft“ und regionale Grünzüge zwischen den Ortschaften festgelegt hat.

Alles in allem doch recht günstige Voraussetzungen, um die Moritzburger Landschaften in ihrer Schönheit und Vielfalt für uns und unsere Nachfahren zu bewahren!

Vom Werden unserer Dörfer: Von den ersten Siedlern bis zur Gegenwart

Das breite Elbtal, in dem sich die Städte Dresden und Radebeul erstrecken, wird nach Norden von einem bis zu 100 m hohen Steilhang begrenzt, der das Landschaftsbild maßgeblich bestimmt. Er trennt zwei deutlich voneinander geschiedene Räume, von denen der tiefer gelegene den Frühling eher und den Beginn des Winters später erlebt als das kühlere Hochland um Moritzburg. Diese Verschiedenartigkeit der Naturbedingungen schlägt sich auch in der Besiedlungsgeschichte nieder.

Wie archäologische Funde belegen, durchstreiften bronzezeitliche Jäger und Sammler schon vor 3000 Jahren den Friedewald. Abgesehen davon war das Hochland über dem Elbtal bis um das Jahr 1100 noch unbewohnt und mit Wald bedeckt. Rodung und Besiedlung setzten hier erst später ein, wofür die Ortsnamen Bärwalde und Cunnertswalde Zeugnis ablegen. Im Gegensatz dazu lebten im fruchtbaren und klimatisch begünstigten Elbtal schon seit dem 7. Jahrhundert slawische Sorben. Sie hatten ihrer neuen Heimat bei ihrer Einwanderung aus Böhmen nach dem Überschreiten des Osterzgebirges den Namen „Nisan" gegeben, d.h. „niedrig gelegenes Land". Die bis heute hier verbreiteten Ortsnamen slawischer Herkunft machen diese Tatsache deutlich: Radebeul, Serkowitz, Zitzschewig und vor allem Dresden und seine Ortsteile. Oben auf der Hochfläche gibt es fast nur deutsche Ortsnamen wie Dippelsdorf, Eisenberg und Reichenberg, die erst nach der deutschen Eroberung des Gebietes mit dem Bau der Reichsburg Meißen im Jahre 929 entstanden sein können. Daraus ergibt sich der Schluß, daß hier die Besiedlung erst später begann und zwar nach 1150, denn zum Jahre 1144 ist das Dorf Naundorf bei Kötzschenbroda – das „neue Dorf" – urkundlich erwähnt. Erst danach kann die deutsche Kolonisation vom Elbtal her auf die Hochfläche hinauf vorgedrungen sein, nachdem unten im Tale das verfügbare Ackerland voll besetzt war. Oben auf der Höhe herrschten jedoch ein kälteres Klima und ungünstigere Bodenverhältnisse, als sie unten im Elbtal anzutreffen waren.

Diesem Vorgang in der zweiten Hälfte des 12. Jahrhunderts verdankt die Moritzburger Landschaft ihre Besiedlung. Das läßt sich an den damals angelegten Dorfformen und der Art der Fluraufteilung nachweisen. Gegenüber den älteren Dorfanlagen der slawischen Zeit, die sich in den Altsiedelgebieten als kleine Bauernweiler mit etwa 3 bis 5 Höfen bis in das 19. Jahrhundert erhalten haben, gründeten die Kolonisten des 12. Jahrhunderts größere Dörfer mit 20 bis 30 und mehr Bauernstellen, weil sie neue landwirtschaftliche Betriebsformen anwendeten und ihre gesellschaftliche Ordnung nicht mehr die Großfamilie, sondern die Dorfgemeinde bestimmte. Die damals hier angelegten Dörfer wiesen die Form des Straßenangerdorfes auf, mit zwei parallel laufenden Häuserzeilen und einem dazwischen freigelassenen breiten Anger, durch den eine Straße verlief. Eine Ausnahme bilden die Dörfer Eisenberg und Cunnertswalde, die als Waldhufendörfer ausgebildet wurden. Damit erhielten sie eine Siedlungsform, wie sie erst im letzten Abschnitt der Ostkolonisation vor allem im Gebirgsland zur Anwendung kam. Im Waldhufendorf haben Orts- und Flurform einheitliche Gestalt, indem der Feldbesitz jedes Bauern in einem breiten Hufenstreifen unmittelbar an seinen Hof anschloß. Dagegen stellte ein Straßenangerdorf eine in sich geschlossene Siedlung dar, die sich von der Dorfflur deutlich abgrenzte. Je nach Bodengüte wurden die Fluren als Gewannfluren oder als Gelängefluren gestaltet. Im ersten Falle war die Flur in große Schläge aufgeteilt, in denen jeder Bauer seine Felder zugewiesen bekam (Reichenberg, Wahnsdorf), im zweiten Falle herrschte eine durch die ganze Flur gehende Einteilung in parallele Streifen, von denen jeder Bauer mehrere besaß (Dippelsdorf, Wilschdorf).

Die ursprünglichen Ortsnamen haben sich mit gewissen Veränderungen bis in die Gegenwart erhalten. Sie geben Aufschlüsse über die Anfänge der Ortsgeschichte. Manchmal wurde ein Dorf nach dem Anführer der Dorfgemeinde benannt: Dippelsdorf = das Dorf des Diepold, Marsdorf = das Dorf des Marold, Volkersdorf = das Dorf des Volkmar, Wilschdorf = das Dorf des Wieland. In zwei Fällen standen landschaftliche Eigenarten bei der Ortsnamenbildung Pate: In Lindenau war es der Lindenwald, in Eisenberg vermutlich der Raseneisenstein.

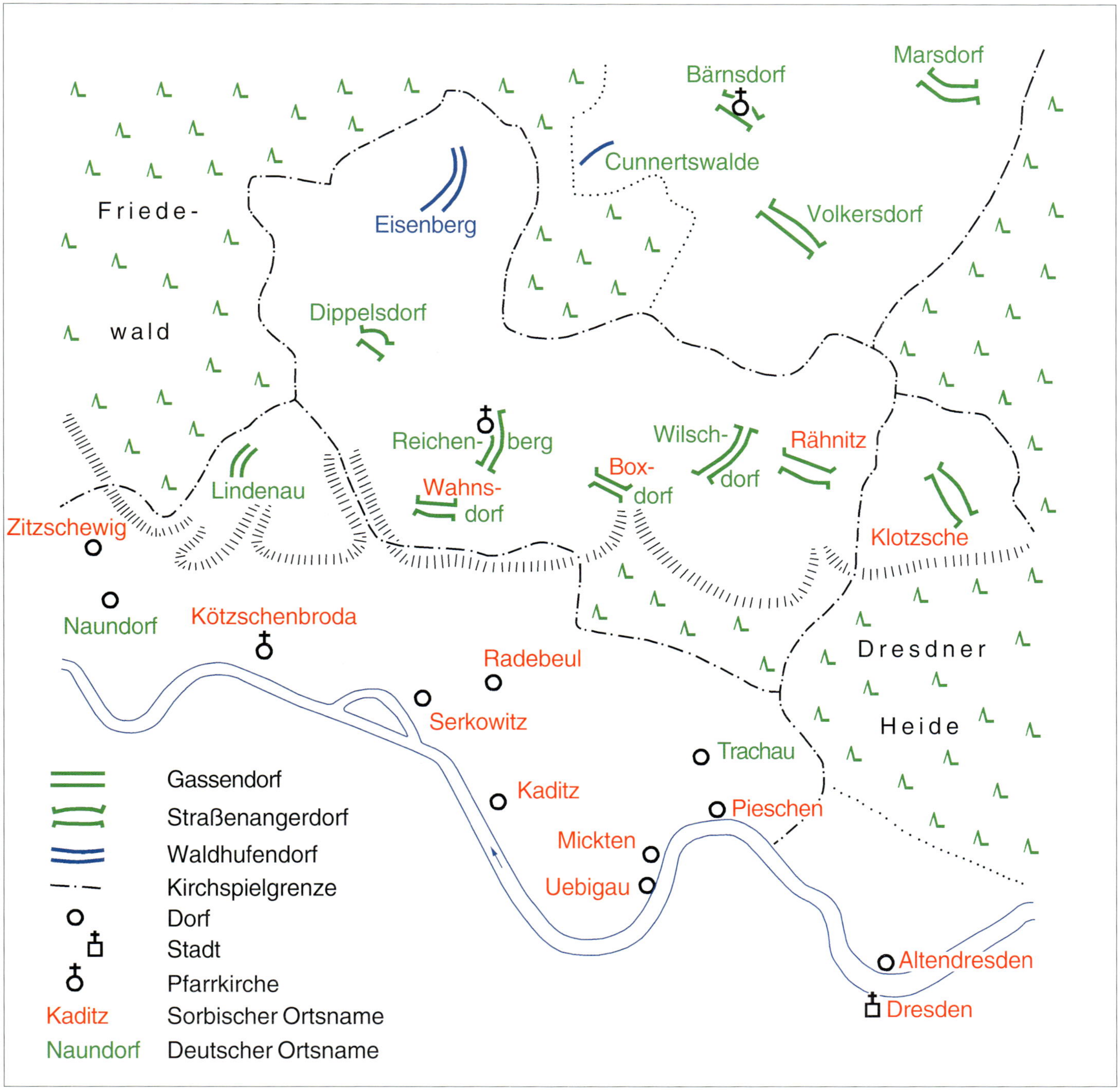

Ursprüngliche Dorfformen rings um Moritzburg

Einwohner in den Dörfern um Moritzburg vom 16. bis zum 19. Jahrhundert

Ortsname	1551	1764		1834	1910
Bärnsdorf	35 besessene Mann, 2 Häusler	34 besessene Mann, 7 Gärtner, 9 Häusler	(= etwa 300 Einw.)	323 Einwohner	529 Einwohner
Boxdorf	18 besessene Mann, 4 Gärtner	23 besessene Mann, 3 Gärtner, 16 Häusler	(= etwa 252 Einw.)	288 Einwohner	759 Einwohner
Cunnertswalde	6 besessene Mann	3 besessene Mann, 2 Gärtner	(= etwa 30 Einw.)	29 Einwohner	24 Einwohner
Dippelsdorf	16 besessene Mann	12 besessene Mann, 5 Gärtner, 10 Häusler	(= etwa 203 Einw.)	203 Einwohner	567 Einwohner
Eisenberg	21 besessene Mann, 2 Häusler	20 besessene Mann, 44 Gärtner, 12 Häusler	(= etwa 456 Einw.)	758 Einwohner	1645 Einwohner
Klotzsche	28 besessene Mann	26 besessene Mann, 4 Gärtner, 31 Häusler	(= etwa 306 Einw.)	406 Einwohner	5171 Einwohner
Lindenau	15 besessene Mann, 1 Häusler	24 Häusler	(= etwa 144 Einw.)	196 Einwohner	773 Einwohner
Marsdorf	25 besessene Mann, 1 Häusler	24 besessene Mann, 13 Häusler	(= etwa 216 Einw.)	266 Einwohner	312 Einwohner
Rähnitz	34 besessene Mann, 5 Gärtner, 3 Häusler	35 besessene Mann, 9 Gärtner, 8 Häusler	(= etwa 312 Einw.)	298 Einwohner	2655 Einwohner
Reichenberg	56 besessene Mann	36 besessene Mann, 31 Gärtner, 9 Häusler	(= etwa 462 Einw.)	566 Einwohner	2018 Einwohner
Volkersdorf	34 besessene Mann	20 besessene Mann, 21 Gärtner, 5 Häusler	(= etwa 276 Einw.)	373 Einwohner	466 Einwohner
Wahnsdorf	23 besessene Mann, 2 Häusler	23 besessene Mann, 18 Häusler	(= etwa 246 Einw.)	295 Einwohner	793 Einwohner
Wilschdorf	36 besessene Mann	36 besessene Mann, 21 Häusler	(= etwa 342 Einw.)	364 Einwohner	991 Einwohner

besessene Mann = ansässige Männer

Die Ortsnamen Klotzsche und Rähnitz sind slawischen Ursprungs. Sie können nur dadurch erklärt werden, daß noch vor der bäuerlichen Besiedlung Sorben aus dem Elbtal auf den Rand des Hochlandes hinaufgekommen sind, wo sie sich auf bestimmten Plätzen aufgehalten und ihnen Namen gegeben haben, die später von den deutschen Kolonisten übernommen wurden. An einigen Stellen ist eine führende Beteiligung von Sorben an der bäuerlichen Erschließung des Gebietes festzustellen. Das läßt sich aus den Ortsnamen Boxdorf und Wahnsdorf ablesen, die als sorbisch-deutsche Mischnamen zu erklären sind. Das Dorf eines „Bokan“ und das Dorf eines „Vojan“ wurde von den deutschen Bewohnern der Nachbardörfer als „Bokansdorf“ und „Vojansdorf“ bezeichnet, woraus sich die Namen Boxdorf und Wahnsdorf ergaben. Das läßt den Schluß zu, daß in den Strom der deutschen Siedler aus dem westlichen Reichsgebiet auch Sorben aus dem Elbtal oder dem benachbarten Raum um Meißen einbezogen wurden, die dann mit der mehrheitlich deutschsprachigen Bevölkerung verschmolzen. Da sie ebenso wie die aus dem Westen kommenden Kolonisten bereits der christlichen Kirche angehörten, lebten sie mit ihnen in der geistlichen Gemeinschaft und nahmen an den regelmäßigen Gottesdiensten in einunderselben Ortskirche teil. Das mußte allmählich zu einer sprachlichen Verständigung und schließlich dazu führen, daß die sorbischen Kolonisten in der Mehrheit der deutschen Bevölkerung aufgingen.

Reichenberg mit Kirche, von Wahnsdorf aus gesehen

Der Aufbau einer Kirchenorganisation war in dem neu erschlossenen Gebiet eine selbstverständliche Folge, denn in der damaligen christlichen Gesellschaft mußte für die gesamte Bevölkerung eine kirchliche Versorgung gewährleistet werden. Wenn man von der Boxdorfer Windmühle nach Norden blickt, dann hat man eine sanfte Hügellandschaft vor sich, die vom steilen Abbruch zum Elbtal bis zum Friedewald reicht und die Orte Boxdorf, Dippelsdorf, Eisenberg/Moritzburg, Rähnitz, Reichenberg, Wahnsdorf und Wilschdorf einschließt. Etwa in ihrer Mitte liegt Reichenberg, das nach Auskunft der Steuerregister des 16. Jahrhunderts das größte dieser Dörfer war und vielleicht deshalb den Namen „Reichenberg“ erhielt. Eine andere Ursache von „Reichtum“ ist jedenfalls nicht zu erkennen. Hier entstand als gesellschaftlicher Mittelpunkt der Landschaft die Kirche, in die alle anderen Dörfer eingepfarrt wurden. Bis zum Jahre 1913 reichte das Kirchspiel Reichenberg sogar bis nach Rähnitz, erst dann begründete man dort eine eigene Kirchgemeinde.

Auch die Bewohner von Wilschdorf gehörten ursprünglich zur Reichenberger Kirche, denn der Pfarrer von Wilschdorf hatte noch jahrhundertelang Abgaben an den Pfarrer von Reichenberg zu entrichten. Schon lange vor dem 16. Jahrhundert muß aber hier eine selbständige Pfarrkirche eingerichtet worden sein, die aber nur für dieses eine Dorf zuständig war. Die Einwohner von Rähnitz mußten jedesmal an ihr vorbeigehen, wenn sie zu Gottesdiensten, zu Taufen und Begräbnissen in „ihre“ Kirche Reichenberg gelangen wollten. Für die Schulkinder galt dasselbe, seitdem mit der Reformation bei jeder Pfarrkirche eine Kirchschule geschaffen worden war.

Wegen der zeitlichen Abfolge der Dorfgründungen läßt sich aus der Kirchenorganisation der Schluß ziehen, daß Klotzsche älter ist als Reichenberg, denn es gehörte im Mittelalter zur Dresdner Frauenkirche und kann daher schon zu einer Zeit angelegt worden sein, als das näher gelegene Reichenberg noch nicht vorhanden war. Lindenau war nach Kötzschenbroda gepfarrt, zu dem die Entfernung kürzer als nach Reichenberg ist. Ansonsten umfaßte das Kirchspiel Reichenberg den größten Teil des neuen Siedlungsgebietes, das wohl im Laufe des dritten Viertels des 12. Jahrhunderts erschlossen worden war. Wilschdorf ist möglicherweise etwas jüngeren Datums als Rähnitz, denn es wird in einer Urkunde von 1242 als „Groß-Rähnitz“ genannt, was logischerweise das Bestehen von „Klein-Rähnitz“ voraussetzt. Später setzte sich aber der deutsche Ortsname durch. Abseits vom Kirchspiel Reichenberg blieb nur die Pfarrkirche in Bärnsdorf mit den eingepfarrten Dörfern Cunnertswalde, Marsdorf und Volkersdorf, was sich wohl aus der allzu großen Entfernung erklärt.

Bis zur Reformationszeit behielt die Gegend um Moritzburg mit ihren Siedlungen unverändert ihr mittelalterliches Gefüge. In der damals geltenden herrschaftlichen Ordnung war sie dem Amtsbezirk

Dresden zugeteilt, dessen Mittelpunkt das Dresdner Schloß bildete. Dieser alten Burg des Markgrafen wurden alle Dörfer mit ihren Abgaben und Dienstleistungen zugeordnet, so daß es hier nicht zur Gründung adliger Herrensitze gekommen ist, aus denen sich dann Rittergüter entwickelt hätten.

Seit dem Ende des Mittelalters ergab sich hier eine neue Lage nach der Leipziger Teilung von 1485, indem Dresden im Zuge der Residenzenbildung zur Hauptstadt des Herzogtums Sachsen aufstieg. Das hatte den Ausbau des Schlosses und die Entfaltung eines fürstlich-höfischen Lebensstils zur Folge.

Da das Jagdvergnügen stets zu den bevorzugten Beschäftigungen der Hofgesellschaft zählte, erlangten die großen Wälder in Dresdens Umgebung als Jagdgebiete eine herausragende Bedeutung. Sie wurden in die Dresdner Residenzlandschaft einbezogen, deren Aufbau nun begann und sich bis in das 18. Jahrhundert hinein fortsetzte. Dabei geriet der Friedewald in das Blickfeld des Hofes. Die Landschaft um Moritzburg bot auch für die seit dem 16. Jahrhundert betriebene Anlage von Fischteichen gute natürliche Voraussetzungen, zu denen noch die Nähe des Dresdner Schlosses mit seiner starken Nachfrage nach Speisefischen hinzukam.

Eng aneinander gedrängt baute man die Häuser in den Dörfern wie hier in Dippelsdorf.

Insbesondere der Bau des barocken Moritzburg setzte Impulse, wodurch die Landschaft hoch oben über dem Elbtal aus ihrer Bedeutungslosigkeit heraustrat und eine Entwicklung nahm, die sich zwar an die natürlichen Grundlagen anlehnte, sich aber weniger aus den Fähigkeiten und Kenntnissen ihrer Bewohner ergab, sondern aus den Anstößen, die von außen her seitens des Fürstenhofes an sie gestellt wurden. Ohne den Bedarf des Hauses Wettin nach einem nahen Jagdgebiet und einem darin gelegenen Jagdschloß wäre der Landstrich zwischen dem Friedewald und der Dresdner Heide zunächst in seiner mittelalterlichen Rückständigkeit verblieben.

Das Jagdschloß entstand zu einer Zeit, als es noch keinen auf der Geldwirtschaft beruhenden Staatshaushalt gab. Die vielen über das Land verteilten Schlösser waren vielmehr auf Naturallieferungen und Dienstleistungen der Untertanen aus dem ihrer Verwaltung unterstehenden Amtsbezirk angewiesen. Auch für die Moritzburg wurde daher durch Ankauf von Vasallengütern und zugehörigen Dörfern ein neues „Amt“ geschaffen, dessen Einkünfte nunmehr für alle mit dem Schloß verbundenen Aufwendungen zur Verfügung standen.

Welche Bedeutung der Bau des Jagdschlosses mit allen seinen Folgeerscheinungen für die hiesige Landschaft hatte, läßt sich anhand der Einwohnerzahlen überprüfen, die für die Dörfer aus den Jahren 1551 und 1764 in den Steuerlisten und seit 1834 aus den Ergebnissen der Volkszählungen ersichtlich sind. Aus diesen Angaben geht hervor, daß die am nächsten beim Schloß gelegenen Dörfer die stärkste Zunahme an Bevölkerung erlebten. Der Schloßbetrieb erforderte Hilfskräfte bei den Jagden, bei der Fischerei in den neu angelegten Teichen, bei der Pferdezucht und bei der Forstaufsicht, er bot auch Arbeitsplätze in den Nachbardörfern.

Im Dorfe Eisenberg entwickelte sich auf Grund der Bevölkerungszunahme ein Marktbetrieb, der 1675 die Verleihung von Marktrechten nach sich zog, so daß der Ort als „Marktflecken“ einen zwischen Dorf und Stadt einzustufenden Rang erhielt.

Mit dem Anschluß an das Eisenbahnnetz durch die 1884 erbaute Kleinbahn fanden die Bewohner der Hochlanddörfer neue Arbeitsmöglichkeiten in der Industrie des Elbtals, während auch die touristische Erschließung davon profitierte. Im Jahre 1899 wurde das Brüderhaus der Inneren Mission aus Gorbitz bei Dresden nach Moritzburg verlegt und zu einer großzügig bemessenen Anstalt zur Pflege schwer erziehbarer Kinder ausgebaut. Nach vorübergehender Sperre während des Dritten Reiches ging daraus nach dem Zweiten Weltkrieg eine kirchliche Ausbildungsstätte für Kantoren und Verkündigungsdienst hervor. Der stark angewachsene Ort Eisenberg verließ 1904 die Kirchgemeinde Reichenberg und bekam eine eigene Pfarrkirche. Der Name des Schlosses Moritzburg ging 1934 auf die politische Gemeinde Eisenberg über, die sich mittlerweile eines regen Zuspruchs durch den Tourismus erfreute.

Auch am östlichen Rande der Moritzburger Landschaft kam es seit 1909 auf der Flur des Dorfes Rähnitz zu Eingriffen in das gewachsene Siedlungsgefüge, indem hier die Gartenstadt Hellerau gegründet wurde. Sie entsprach dem Geist der Lebensreformbewegung, die sich gegen die schädlichen Auswirkungen der großstädtischen Zivilisation und der Industrialisierung wandte und gesunde Wohnverhältnisse in Eigenheimen anstrebte. Als produktiven Kern der neuen Siedlung schuf der Tischlermeister Karl Schmidt die Deutschen Werkstätten für Handwerkskunst, die in der Anfertigung moderner, geschmacklich vorbildlicher Möbel stilbildend wirkten. Gefördert vom liberalen Politiker Friedrich Naumann entstand nach dem Bebauungsplan von Richard Riemerschmid auf einer Fläche von 140 ha ein Wohngebiet, das mit seiner neuen Baugesinnung, dem Streben nach Naturnähe und Stilechtheit einen Protest gegen die Bauweise der Mietskasernen darstellte. Die Typenbauweise ermöglichte billiges und gesundes Wohnen; die Baugenossenschaft Hellerau verhinderte jegliche Bodenspekulation. Das noch vor dem Ersten Weltkrieg von Heinrich Tessenow eröffnete Festspielhaus wurde zu einer Pflegestätte moderner Kunstausübung, namentlich auf dem Gebiet des Ausdruckstanzes.

Der nördliche Steilrand des Dresdner Elbtals wird nach Osten hin immer niedriger und ist im Raum Klotzsche kaum noch zu bemerken. Dieses Dorf ging daher seit dem Ende des 19. Jahrhunderts im bebauten Gebiet der sich ausdehnenden Großstadt auf. Als Villenvorort erlebte es auch einen wirtschaftlichen Aufschwung, so daß es im Jahre 1935 zur Stadt erklärt, 1950 aber nach Dresden eingemeindet wurde.

Die Einwohnerzahl von Rähnitz erhöhte sich von 717 im Jahre 1890 in den folgenden 20 Jahren auf 2655 und wuchs nach der Vereinigung mit Hellerau (1919) auf 4014 im Jahre 1925 an. In der Zeit zwischen den Weltkriegen erreichten erhebliche verkehrstechnische Veränderungen die stadtnahe Landschaft. Auf der Flur von Rähnitz entstand 1934/35 der Dresdner Flughafen und 1937 ein Teilstück der Reichsautobahn mit der bemerkenswerten Hellerauer Spinne. Alle diese Maßnahmen hatten eine starke Bautätigkeit zur Folge. Am Rande eines gestaltlosen Siedlungsgebietes hat das alte Dorf Rähnitz seine aus dem 12. Jahrhundert stammende Form als Straßenangerdorf allerdings bis heute bewahrt.

Die Geschichte des Hochlandes über dem Dresdner Elbtal zwischen dem Friedewald und der Dresdner Heide zeigt recht anschaulich, wie eine nach der bäuerlichen Erschließung zunächst unbedeutende und unbeachtete Landschaft mit den in ihr ruhenden Möglichkeiten allmählich Aufmerksamkeit erlangte und über die rein landwirtschaftliche Nutzung hinaus in einen außergewöhnlichen wirtschaftlichen, herrschaftlichen und kulturellen Zusammenhang einbezogen wurde. Das Jagdvergnügen für die adlige Hofgesellschaft, das Wildbret der ausgedehnten Wälder und der Fischreichtum der künstlich geschaffenen Teiche, das Schloß als Herrschaftssitz und Erlebnisort barocker Hofkultur, der Aufstieg eines unscheinbaren Dorfes zu stadtähnlicher Marktfunktion und einem zentralen Ort der Pferdezucht, die Ansiedlung landeskirchlicher Ausbildungsstätten und vielbeachteter Museen um Moritzburg zogen eine überdurchschnittlich hohe Bevölkerungszunahme nach sich. Im Südosten des Raumes haben sich im Ausstrahlungsbereich der Großstadt im 20. Jahrhundert durch industrielle Zivilisation und moderne Verkehrstechnik neue Entwicklungen ergeben, verbunden mit dem Wachstum der Einwohnerzahlen, mit dichterer Bebauung und hoher Flächenversiegelung. Neben beiden Brennpunkten behielt die Landschaft ansonsten ihr überkommenes Aussehen mit Dörfern, Feldern, Wäldern und Teichen, die den Großstadtbewohnern den nötigen Freiraum für die Naherholung bietet. Erst in jüngster Zeit sind großflächig angelegte Werkhallen und Handelseinrichtungen weiter vorgedrungen, aber in Randlage zur Moritzburger Landschaft geblieben, so daß diese ihre von der Natur geprägte Eigenart weitgehend bewahren konnte.

Moritzburger Landschaften in der Kunst

Natur und Kunst, sie scheinen sich zu fliehen,
und haben sich, eh' man es denkt, gefunden.

Johann Wolfgang von Goethe, 1749 - 1832

Die Gegend um Moritzburg, insbesondere die barocke Kulturlandschaft, die Teiche, Wälder und Dörfer, zogen seit jeher immer wieder Künstler an. Namhafte Maler entdeckten hier viele Motive und setzten sie künstlerisch um, oder sie waren so begeistert von den Reizen der Moritzburger Landschaft, daß sie sich hier sogar niederließen. Die Blickbeziehungen zwischen den Dörfern und der freien Landschaft mit ihren Kleinkuppen, den Feldgehölzen, Hecken und Feldrainen sowie zu den Uferzonen der Teiche sind besonders malerisch. Als typisch für unsere Dörfer gelten Einfriedungen aus Bruchsteinmauern. Zur Straße hin zier(t)en bunte Vorgärten die Gehöfte mit Rittersporn, Malven, Sonnenblumen, Phlox, Dahlien und Rosen. An die Gebäude schlossen sich der Gemüsegarten, die Streuobstwiese, die Feldfluren, das Weideland und der Wald an. Daraus gewannen einige Maler Anregungen für ihre Bilder.

Durch das Zusammenspiel der barocken Kulturlandschaft mit den natürlichen Gegebenheiten entstand um Moritzburg die für Künstler und Touristen gleichermaßen anziehende romantische Landschaft. Das alte Eisenberger Waldhufendorf mit seinen Bauernhöfen sowie den Handwerkerhäusern im Schloßbereich bildete ein geschlossenes bauliches Ensemble. Barocke fünfachsige Typenhäuser, Geschäfte und Bürgerhäuser entlang der mit Linden bepflanzten dominanten Schloßallee prägten das neuere Moritzburg. Nach dem Bau der Kleinbahn 1884 entstanden zahlreiche Villen und Wohnhäuser des mittleren Beamtenstandes. Durch diese Ortsentwicklung mit architektonischer Vielfalt war die Innerortslage auch für Künstler attraktiv geworden.

Im Barock hielten die damaligen Hofmaler die reizvolle Kulturlandschaft mit zeitgemäß glorifizierenden Darstellungen auf ihren Ölgemälden fest. Motive am Schloß und an der Fasanerie sowie Jagdszenen, mit viel Phantasie gestaltet, sind heute in Museen und Galerien zu bewundern. Nicht nur Dresdner Künstler zog es seit dieser Zeit immer wieder in die Moritzburger Landschaft. Im 18. Jahrhundert malten Johann Alexander Thiele und Christian Wilhelm Ernst Dietrich das Schloßensemble. Johann Caspar Ullinger zeichnete ebenfalls eine Schloßansicht. Noch erhalten ist ein Kupferstich von der Fasanerie von Carl Gottfried Nestler, ebenso einer von Christian Gottlieb Werner. Im 19. Jahrhundert befaßte sich Adrian Zingg mit dem Schloßmotiv. Davon existiert noch ein Sepiablatt. Ferdinand Oehme malte eine ganze Serie von Ansichten der romantischen Kulturlandschaft. Adolph Menzel hielt einen der Piqueure am Schloßeingang in einer Zeichnung fest. Es zeigt sich an den Beispielen, daß sich die damaligen Künstler fast ausschließlich mit der barocken Kulturlandschaft beschäftigten, die sie in großer Detailtreue darstellten.

Im 20. Jahrhundert ist zuerst Fritz Bleyl zu nennen, der 1901 in Moritzburg malte. Er war einer der Mitbegründer der berühmten Künstlergruppe „Brücke". Von 1909 bis 1911 wirkten dann die „Brükke"-Maler Erich Heckel, Ernst Ludwig Kirchner und Max Pechstein in Moritzburg und 1910 auch Otto Mueller. Den „Brückemalern" kommt dahingehend eine Sonderstellung zu, als sie mit den Aktszenen der „Badenden" und einigen grell farbigen Motiven aus Moritzburg die konservative Malweise der Vorgänger durchbrachen und die Kunst des 20. Jahrhunderts maßgebend in eine moderne Richtung führten. Die expressionistische Malerei setzte sich fortan immer mehr durch. Auch die Technik der Malerei und die Experimentierfreudigkeit wandelten sich.

Der Expressionist Otto Lange befaßte sich eingehend mit der Fasanerie, was ihn offenbar wesentlich inspirierte. Wilhelm Georg Ritter lebte und arbeitete ab 1910 in Moritzburg in seinem Atelierhaus auf der Bahnhofstraße. Er gilt als Mitbegründer der Goppelner Malschule. Mehrere Künstlergenerationen erhielten ihr Fundament in diesem „malerischen" Dorf südlich von Dresden. Die später auch in Moritzburg wirkenden Künstler Bernhard Kretzschmar, Erich Fraaß, Hans Kinder und Kurt Querner lebten über einen größeren Zeitraum in Goppeln. Der bekannte Theatermaler Emil Rieck baute 1913 in Moritzburg auf der heutigen August-Bebel-Straße sein Wohn- und

Johann Alexander Thiele (1685-1752): „Landschaft mit Schloß Moritzburg", Ölgemälde aus dem Jahre 1738

Karl Timmler: „An der Eisenberger Windmühle", 1952

Atelierhaus „Pappelheim". Es wurde zum Alterssitz dieses verdienstvollen Künstlers, der sich besonders am Wiener und am Sächsischen Hofe einen Namen machte. Er revolutionierte die Bühnenmalerei an der Semperoper. In Moritzburg malte er Orts- und Landschaftsszenen. Seine Wilddarstellungen sind etwas umstritten, es waren aber Auftragswerke. Sein Bild vom Eisenberger Pferdemarkt ist ein wichtiges Zeitdokument.

Weiter ist für diese Zeit der Tiermaler und Postkartengestalter Alfred Mailick zu nennen, der die Riemerschmitt-Villa an der Bahnhofstraße / Ecke Volkersdorfer Straße besaß. Er gehörte zu den Ersten, die farbige Postkarten gestalteten. Sie waren, durch den Geschmack der Zeit geprägt, eine einträgliche Einnahmequelle. Der bekannte Tiermaler Erik Mailick, der Sohn Alfred Mailicks, ließ sich später am Jägerteich nieder. Er war ein passionierter Jäger, Fallensteller und Angler und daher ein ausgezeichneter Kenner der Tier- und Pflanzenwelt des Moritzburger Gebietes.

Karl Timmler kaufte 1939 die Ruine der Eisenberger Windmühle in Moritzburg, die er als Wohnhaus ausbaute. Seit 1947 lebte er bis zu seinem Tod 1996 mit seiner Familie dort. Erik Mailick und Karl Timmler gehörten mit dem Radebeuler Günter Schmitz zu der Studienklasse der Professoren Ferdinand Dorsch, Max Feldbauer, Rudolf Schramm-Zittau und Richard Müller an der Dresdner Akademie der Bildenden Künste. Alle drei waren bis an ihr Lebensende miteinander befreundet.

Karl Timmler und Erik Mailick sind die Moritzburger Maler, die nach 1945 die meisten Motive in dieser herrlichen Landschaft festhielten, wobei Erik Mailick mehr das Leben der einheimischen Wildtiere darstellte, während Karl Timmler neben der Landschaft viele Moritzburger Einwohner porträtierte. Er hatte sehr guten Kontakt zur Bevölkerung und war viele Jahre auch für die Gemeinde tätig. Von Günter Schmitz sind mehrere stimmungsvolle Aquarelle der Kulturlandschaft bekannt. Karl Timmler und Erik Mailick malten bei jedem Wetter in der Natur. Erik Mailick setzte diese Arbeiten dann im Atelier in Wildszenen um. Von beiden Malern gibt es stimmungsvolle naturnahe Landschaftsbilder. Besonders der Moritzburger Winter und der Vorfrühling hatten es beiden angetan.

Der Meisterschüler Robert Sterls, Erich Fraaß, traf sich mit seinen Kollegen der Künstlergruppe „Die Sieben" in Moritzburg. Karl Timmler war sein Schwiegersohn und so malte auch er in der Moritzburger Landschaft zahlreiche Bilder, die das Leben der hier arbeitenden Bauern festhielten. Ausgewogen komponierte Arbeiten zum Alltag der Bauern und die weite Kuppenlandschaft sowie der erhabene Moritzburger Wald und die Uferzonen der Teiche bestimmen seine Motive. Er fertigte zahlreiche Skizzen an, bevor er sie im Atelier zu großformatigen

Ölbildern umsetzte. Auch Hans Jüchser, Theodor Rosenhauer und Ernst Hassebrauk malten in Moritzburg, zum Beispiel das Fasanenschlößchen. Die Maler Hans Jüchser, Bernhard Kretzschmar, Paul Wilhelm, Karl Kröner und das Ehepaar Hippold hielten sich zeitweilig in den Teichhäusern am Schloß auf. Auf diese Weise konnten sie sich intensiv der Moritzburger Landschaft widmen. Von Bernhard Kretzschmar ist besonders das Ölbild „Am Bahnhof Moritzburg" bekannt.

Weiter ist Hans Georg Annies zu nennen, der sich vor allem durch seine einmaligen Holztiefdrucke und seine Holzplastiken einen Namen machte. Er hat sich ständig mit dem Thema Baum auseinandergesetzt und lebt schon seit Jahrzehnten in Moritzburg. Der Wald ist für ihn Lebensraum und Inspiration. Lange Jahre leitete er den Moritzburger Zeichenzirkel und hat kunstinteressierten jungen Menschen viele künstlerische Anregungen geben können. In diesem Zirkel entstanden recht beachtliche Arbeiten, die auch in Ausstellungen gezeigt wurden.

Erich Fraaß: „Blick auf das Weinberghaus in Moritzburg", 1956

Gegen Ende des Zweiten Weltkrieges gewährte Prinz Ernst Heinrich der berühmten Künstlerin Käthe Kollwitz im Rüdenhof Zuflucht. Aufgrund ihres hohen Alters konnte sie jedoch nicht mehr arbeiten. Sie fand hier nach aufregenden Kriegsjahren die ersehnte Ruhe. Käthe Kollwitz starb im Rüdenhof am 22. April 1945. Nach der Wende 1989 erfolgte der Ausbau des Rüdenhofs zur Käthe-Kollwitz-Gedenkstätte, die ständig für Sonderausstellungen genutzt wird.

Viele namhafte Künstler der späteren Generationen taten es den Älteren gleich und ließen sich von der Moritzburger Landschaft inspirieren, so zum Beispiel Horst Naumann und Herbert Müller, die Wochenendhäuser in Moritzburg besaßen und hier auch schöpferisch tätig waren.

Seit Ende der 1960er Jahre beherbergt Schloß Moritzburg im Küchenturm ein Atelier der Porzellanmanufaktur Meißen. Hier kreierten zum Beispiel Peter Strang und Ludwig Zepner ein vielteiliges Jagdservice. Der in Moritzburg lebende Peter Strang ist international für seine moderne Porzellangestaltung bekannt.

Mitte der 1990er Jahre gab Schloß Moritzburg Stipendiaten der Phillip-Morris-Kunstförderung die Möglichkeit, im Rahmen des Themas „Inspiration Moritzburg" tätig zu sein. In diesem Zusammenhang sind Gudrun Trendafilow und Tobias Stengel sowie zahlreiche weitere bekannte Künstler der jüngeren Generation zu nennen.

Es zeigt sich, daß die reizvolle Moritzburger Landschaft für künstlerisch Schaffende attraktiv war und ist, vor allem für Maler, aber auch für Fotografen, Musiker und Schauspieler. Moritzburg hat sich zu einem zwar unauffälligen Zentrum bildender Kunst entwickelt, das in dieser Form aber einmalig ist. Wenn auch von einer regelrechten Künstlerkolonie – wie zum Beispiel in Worpswede – nicht die Rede sein kann, so ist doch die magische Anziehungskraft auf Künstler unbestritten.

Aus Jagdleidenschaft geboren – die Moritzburger Kulturlandschaft

Kulturlandschaft läßt die gestaltende und pflegerische Tätigkeit des Menschen erkennen, sie stellt uns vors Auge, mit welchen Absichten der Mensch die selbstgenügsame Eigenart der Natur veränderte.

*Siegfried Lenz, *1926*

Wer hat als Kind etwa nicht einmal von einem Märchenschloß geträumt? Von längst vergangenen Zeiten mit Prinzen und Prinzessinnen, von Edelleuten in Samt und Seide, von edlen Rössern und schnellen Kutschen, von rauschenden Festen und köstlichen Speisen? All dies hat es in der Moritzburg gegeben, dem Jagdschloß Augusts des Starken, das mit Fug und Recht zu den schönsten Schlössern Sachsens und sogar Deutschlands gerechnet werden darf.

Nicht allein wegen der vollendeten Barockarchitektur, sondern auch dank ihrer unvergleichlichen Lage inmitten eines Teiches und umgeben von Wäldern findet die Moritzburg wohl kaum ihresgleichen. Aus welcher Richtung man auch schauen mag, stets wird man fasziniert sein von der erhabenen Erscheinung: von den vier wuchtigen Rundtürmen mit breitgewölbten Kuppeln, knapp überragt von der spitztürmigen Schloßkapelle. Breite gepflasterte Auffahrten geleiten zu Vorder- und Hintereingang, flankiert von Balustraden, Jägerfiguren, Putten und Vasen aus Sandstein. Rondellartig angeordnete Kastanienbäume betonen das Ufer der Schloßinsel, zwei Freitreppen führen zum Wasser hinab. Der Schloßpark folgt mit seinen geometrischen Formen den damaligen französischen Idealen: streng symmetrische Wege und Rasenmuster, junge Zuckerhutfichten, eingerahmt von Lindenalleen über Laubholzhecken. Ende März erblühen hier hellviolette Krokusse, die wahrscheinlich schon um 1570 nach Dresden und Umgebung gelangt sind. Acht Wächter-, Teich- und Kavaliershäuschen ergänzen die insgesamt recht spartanisch gehaltenen Außenanlagen.

Äußerlich nicht mit Zierat überladen, sondern in schlichter Bauweise ausgeführt, fügt sich das vorwiegend in Dunkelgelb, dem sprichwörtlichen „Moritzburger Gelb", gehaltene Bauwerk hervorragend in seine Umgebung ein. Stets vermittelt es den Eindruck vollendeter Harmonie: vor der grünen Kulisse des Waldes und sich bei Windstille im Teichwasser spiegelnd. Prächtig erscheint es durch das feuerrote Herbstlaub der Eichen am Teichufer im Kontrast zum stahlblauen Himmel. Nicht minder eindrucksvoll ist der Anblick, wenn bei klirrenden Frostgraden der Winter sein weißes Kleid ausbreitet und die Schlittschuhläufer auf dem Schloßteich ihre Bahnen ziehen, oder wenn nach Sonnenuntergang der großartige Barockbau aus vielen Scheinwerfern angestrahlt sich aus dem Dunkel der Nacht abhebt.

Zweifellos stellt das Schloß ein architektonisches Juwel und eine touristische Attraktion ersten Ranges dar. Doch es ist „nur" ein, wenn auch der zentrale Mosaikstein inmitten einer größeren Anzahl von Bauwerken und gestalterischen Elementen, eingebettet in die umgebende Landschaft. Für dieses offensichtlich einen Gesamtplan, eine Grundidee widerspiegelnde weitläufige Ensemble hat sich die Bezeichnung „Moritzburger Kulturlandschaft" eingebürgert. Was ist darunter zu verstehen?

Eigenart und Unverwechselbarkeit von Landschaften beruhen wesentlich auf Zeugnissen der geschichtlichen Entwicklung. Solche Relikte sind zum Beispiel mit denkwürdigen Ereignissen verbundene alte Bäume, Alleen, Straßen und Wege, aber auch Meilensteine, Einfriedungen (Grenzsteine, Hecken, Trockenmauern, Burgwälle), Siedlungs- und Flurformen, Ackerraine, Streuobstwiesen, Weinberge, Kopfweiden, Bauerngärten und Fischteiche. Von historischer Kulturlandschaft können wir dann sprechen, wenn sich diese Einzelelemente häufen und die Schöpfungen unserer Vorfahren nicht zerstört oder überschattet wurden durch moderne Methoden der Landnutzung, sondern wenn die überkommenen Strukturen noch vorherrschen und als Ganzheit erlebbar sind.

In Moritzburg ist dies der Fall. Hier haben die sächsischen Fürsten im Verlaufe von mehreren Jahrhunderten die ganze Landschaft rings um den Schloßteich verändert, um zu repräsentieren und um sich zu vergnügen, vor allem um der Jagd zu frönen. Dabei fügten sie der Landschaft keine Gewalt zu, sondern menschliches Wirken und

Schloß Moritzburg: zu allen Jahreszeiten faszinierender Besuchermagnet

natürliche Gegebenheiten ergänzten sich gegenseitig in vortrefflicher Weise. Hügellandschaft, Wälder und Teiche wurden geschickt in das Gestaltungskonzept eingebunden. Insbesondere die Intentionen Augusts des Starken und seiner Nachkommen ließen zwischen 1723 und 1782 rings um das Jagdschloß ein Gesamtkunstwert entstehen, welches Architektur, Gartenkunst, Wald und Wasser, ja die gesamte Landschaft auf großartige Weise verband.

Gleich mehreren günstigen Umständen ist es zu verdanken, daß diese Kulturlandschaft entstehen, reifen und bis in die Gegenwart überdauern konnte: zunächst dem Reichtum der Natur im alten Friedewald und der günstigen Lage in unmittelbarer Nähe zur Residenzstadt Dresden, aber auch der herausragenden Rolle der Jagd im Absolutismus. Von Vorteil erwies sich überdies die ungebrochene Herrschaft eines einzigen Fürstengeschlechtes, der Wettiner, durch nahezu 1000 Jahre. Nicht zuletzt sind die Bemühungen späterer Generationen zu würdigen, das Erbe zu bewahren, zu pflegen und sinnvoll zu nutzen.

Unter Moritzburger Kulturlandschaft im engeren Sinne verstehen wir das Gelände des an den Resten der alten Wildmauer noch kenntlichen ehemaligen Tiergartens zwischen dem Frauenteich im Norden, den Bärnsdorfer Großteichen im Osten, dem Schloßteich im Süden sowie dem Mittelteich im Westen. Die bekanntesten Bestandteile sind neben dem Jagdschloß mit dem Schloßpark das Fasanenschlößchen einschließlich der zum kurfürstlichen Zeitvertreib bestimmten Anlagen eines Hafens mit Mole und Leuchtturm, Kanal und Dardanellen, außerdem das Wildgehege und der Schneisenstern mit dem Hellhaus.

Begeben wir uns auf einen Spaziergang durch die Jahrhunderte und zu den Sehenswürdigkeiten der Moritzburger Kulturlandschaft, tauchen dabei auch in die Geschichte ein und lassen die Jahrhunderte an uns vorüberziehen! Wählen wir das Schloß als unseren Ausgangspunkt!

Dianenburg auf glücklicher Insel

Gegen Ende des 15. Jahrhunderts war Dresden Residenzstadt geworden, wodurch sich das jagdliche Interesse der Wettiner dem Friedewald zuwandte, einem damals urwüchsigen Wald- und Sumpfgebiet. Alte Urkunden erwähnen aus dieser Zeit ein „Lager der Jäger zum Isenberge“. Die Jagdleidenschaft der Wettiner hatte sich in ganz Deutschland herumgesprochen, und so stellten sie ab 1530 mit Herzog Georg dem Bärtigen sogar des Heiligen Römischen Reiches Erzjägermeister. Die Erschließung des Friedewaldes als Jagdrevier und die Anlage künstlicher Teiche für die Fischzucht standen am Beginn der 500jährigen Entwicklung der Moritzburger Kulturlandschaft.

1541 übernahm im Alter von nur 20 Jahren Herzog Moritz die Regierung, und schon in den Jahren 1542-1545 ließ der ehrgeizige Landesherr ein 30 x 60 m großes „Fürstlich Jagthauß“ als Wasserburg im Stil der sächsischen Frührenaissance errichten: mit massivem Untergeschoß, zwei Fachwerk-Obergeschossen sowie einem außen angebauten „Wendelstein“, einem Turm mit einer Wendeltreppe, der die Stockwerke untereinander verband. Gebäude und Schloßhof waren von einer Umfassungsmauer umgeben, deren vier Ecken die noch heute vorhandenen mächtigen und haubenförmig bedachten Rundtürme markierten. 1549 benannte man das Schloß zu Ehren seines Bauherrn „Moritzburch“.

Mit dem erstarkenden Absolutismus nach dem Regierungsantritt Kurfürst Johann Georgs IV. weitete sich der Jagdbetrieb immer weiter aus, und die Jagd wurde immer stärker der Repräsentation unterworfen. Trotz mehrerer, von den Nachfolgern Kurfürst Moritz' vorgenommener Umbauten konnte das Schloß den ausufernden Bedürfnissen der Hofgesellschaft nicht mehr genügen. Der 1694 zur Herrschaft gelangte und 1697 zum polnischen König gekrönte Friedrich August I. (der Starke) empfand das Schloß als zu eng, die Ausstattung als zu dürftig, eines Kurfürsten und Königs nicht angemessen.

Seit 1703 beschäftigte sich August höchstpersönlich mit Umbauplänen. Ihm schwebte ein die Landschaft krönendes Jagd- und Lustschloß vor, ein „temple de Diane“ auf einer glücklichen Insel, einer „Insula fortunata“, in welchem er mit der antiken Göttin der Jagd Seite an Seite über Natur und Gesellschaft thront. August hatte nicht nur den Baukörper des Schlosses im Sinn, sondern auch die Einordnung der einzelnen Elemente der Schloßanlage, wie Auffahrt, Terrasse, Schloßinsel, Teiche und Garten. 1723 bis 1736 wuchs schließlich nach Plänen von Matthias Daniel Pöppelmann über den Fundamenten des alten Renaissanceschlosses die neue Dianenburg inmitten einer neugestalteten großzügigen Schloßanlage. Durch die Zusammenlegung bereits früher vorhandener kleinerer Teiche, dem östlich vom Schloß gelegenen Mosebruchteich, dem Preßteich, dem Capitelteich und dem Capellenteich zum Schloßteich entstand eine Insel. Die Moritzburg konnte nunmehr einer größeren Gesellschaft Platz bieten sowie mit ihren Gärten, Teichen und Wäldern immer effektvollere Lustbarkeiten ermöglichen.

Die Luftaufnahme zeigt die landschaftlich herausragende Lage der Schloßanlage Moritzburg besonders eindrucksvoll.

Die folgenden Jahrhunderte überstand das Schloß relativ unbeschadet, selbst den Zweiten Weltkrieg und letzte Kampfhandlungen im Umfeld. Zum Glück konnten von der SS und von der Roten Armee beabsichtigte Sprengungen verhindert werden. Die Moritzburg stand auf der Liste der zum „Abriß freigegebenen Bauten" und sollte, wie zahlreiche Schlösser nach 1945 in Ostdeutschland, dem Erdboden gleichgemacht werden. Architekten und Künstler erwirkten bei der sowjetischen Militäradministration in Berlin den Stop weiterer Abrisse deutscher Kulturdenkmale und somit auch den Erhalt der Moritzburg.

Jedoch ging ein großer Teil der Einrichtungsgegenstände 1945 verloren oder wurde stark beschädigt. Dennoch konnte im September 1947 das Schloß als Barockmuseum seine Pforten für Besucher öffnen.

„Dergleichen ... als dieses Moritzburg sey nirgends angetroffen“ –

Ein Besuch im Jagdschloß Augusts des Starken

Zwei Postmeilensäulen stehen als Endpunkt der Schloßallee am Ufer des Schloßteiches; sie tragen die Jahreszahl 1730 und das kursächsische und königlich-polnische Wappen mit den Zeichen A.R. (Augustus Rex). Die Entfernungsangaben geben Aufschluß über die Fahrtdauer der Postkutsche. Vom Damm durch den Schloßteich kann man Enten, Schwäne, Bläßrallen, Graugänse und Haubentaucher beobachten und bei etwas Glück die Karpfen behäbig im Wasser schwimmen sehen. Der Damm war bis zum Juli 2003 von 80 bis 100 Jahre alten Kastanien gesäumt. Nur vier Exemplare blieben verschont von der umstrittenen Fällaktion im Zuge der Restaurierung des barocken Dammweges. Zwei Jägerfiguren aus Sandstein mit Jagdhörnern zieren die geschwungene Brüstung an der Auffahrtrampe zum Schloß; weiter oben folgen in regelmäßigen Abständen Putten und Vasen, kleine Meisterwerke des Barocks. Über dem Schloßeingang prangen Wappen Augusts des Starken auf kornblumenblauem Grund sowie über der Balkontür das kurfürstlich-sächsisch/königlich-polnische Wappen mit den polnischen Adlern und den litauischen Reitern. Ganz oben unter dem Dach sind sechs steinerne Hirschköpfe angebracht.

Das Sockelgeschoß hatte einst den gesamten Wirtschaftsbereich aufgenommen. Das Erdgeschoß beherbergt die mehrteilige Eingangshalle mit Kasse incl. Informationsstand und Souvenirangebot, eine riesige Kutsche sowie das Schloßrestaurant. Kamine, Gemälde mit Jagdszenen, Hirschkopfpaare mit ineinander verhakten Geweihen dekorieren die Halle. In einem Nebenraum ist hinter Glas, staubfrei und klimatisiert, seit Ostern 2003 wieder das legendäre Federzimmer nach neunzehnjähriger Instandsetzungsphase zu bestaunen: ein um 1720 in London von dem Franzosen Le Normand mit einer genialen Technik hergestelltes traumhaftes Bett aus zwei Millionen Federn von Hühnern, Enten, Eichelhähern, Pfauen und Fasanen, in dem wahrscheinlich nie ein Mensch geschlafen hat. August der Starke hat den größten und faszinierendsten europäischen Federschmuck aller Zeiten für 30000 Taler erworben. Im Juni 2004 ist die Restaurationsleistung mit dem europäischen Spitzenpreis der Denkmalpflege gewürdigt worden. Seit November 2003 können auch die berühmten venezianischen Goldledertapeten aus dem 18. Jahrhundert wieder bewundert werden. In 13 Ausstellungs-, Depot- und Büroräumen besitzt Schloß Moritzburg den weltweit größten originalen Bestand an Ledertapeten des Hochbarock. Die prächtige Innenausstattung der Räume der „bel etage“ im Obergeschoß (Möbel, Gemälde, Porzellan – meist Leihgaben aus dem Schloß zu Dresden) verkörpert die fürstliche Wohnkultur am Hofe Augusts des Starken. Hallen, Treppenaufgänge und die großen Säle sind völlig der jagdlichen Thematik untergeordnet. Eine der merkwürdigsten Geweihsammlungen Europas, wenn nicht gar der Welt, ist hier zu finden.

Jägerfiguren, Putten und Vasen aus Sandstein an der Schloßauffahrt

Der Rundgang im 1. Obergeschoß berührt unter anderem folgende Stationen:

- Steinsaal: kapitale Elch- und Rentrophäen sowie das verkieselte, 8000 Jahre alte Geweih eines ausgestorbenen Riesenhirsches aus Rußland, Holzmodell des alten Jagdhauses Moritzburg aus der Zeit um 1600
- Monströsensaal (Festsaal): an den Wänden „Monströsen“ (krankhaft verformte, abnorme Rothirsch-Geweihbildungen, darunter der weltberühmte 66-Ender), venezianische

Monumentalmalereien (um 1728) auf Leder mit Szenen der antiken Mythologie um die römische Jagdgöttin Diana

- gegenwärtig für Trauungen sehr beliebtes Hochzeitszimmer mit originalen Ledertapeten
- Kurfürstenzimmer I, II und III, damals als Gästezimmer genutzt
- Jagdgemäldegalerie, Porzellanquartiere (vier Räume mit Böttger-Steinzeug, Porzellan, Fürstengemälden)
- Kapellengang (ehemalige Herrschaftsloge): gestattet einen Blick in die 1672 gebaute, 1699 gewidmete katholische Hofkapelle (mit Stuckarbeiten, zwei Kanzeln, Decken- und Altargemälden, Wappen)
- Vorzimmer der Königin Maria Josepha mit Gemälden (Jagdmotive, Lustschiffahrt auf Schloßteich mit alter Moritzburg im Hintergrund)
- weitere Gästezimmer mit wertvollen Tapeten, Möbeln und Porträts (u.a. der Gräfin Cosel)
- Billardsaal mit Wandgemälden (Festlichkeiten, Jagd und Fischerei darstellend)
- Moritz-Galerie mit Jagdszenen
- Lackmöbelzimmer und Schrankzimmer
- Speisesaal mit der vortrefflichen Rothirschtrophäensammlung der Wettiner: Alle 71 Geweihe haben mindestens 24 Enden, darunter befindet sich der „Weltrekordhirsch" mit 298,61 Punkten (von 300 möglichen, Gewicht des Geweihes: 20 kg), monströse, als Weinkelch verwendete Geweihstange. Faszinierende Blicke hinüber zum Fasanenschlößchen
- Kupferzimmer mit Kupfer- und Zinngeschirr aus der Hofküche des 18. und 19. Jahrhunderts, Gemälde eines 1784 in der Fasanerie aufgestallten 19 Zentner schweren Ochsen

In einem der Kavaliershäuschen des Schloßparks unterhält das Museum für Tierkunde Dresden eine Ausstellung mit folgenden Themen: Entstehung der Moritzburger Landschaft, Fauna der Teiche, der Agrarlandschaft, der Siedlungen, Tiere im Totholz, Gartenteich, Wald und Forstwirtschaft, historische Jagd und Fasanenzucht, Gliederfüßer, Honigbiene, Höhlenbrüter, Fledermäuse, bedrohte Tiere in und um Moritzburg, Schutzgebietssystem Natura 2000.

Ein Garten für Hirsche und Sauen

Geht man in den Wäldern rund um Schloß Moritzburg spazieren, so trifft man allenthalben auf alte, halbverfallene Bruchsteinmauern, Reste der Einfriedung des alten Tiergartens. Auf Veranlassung Kurfürst Johann Georg IV. wurden die das Schloß umgebenden Waldungen nach 1693 mit einem Wildzaun umfriedet, bestehend aus Holzsäulen mit Querriegeln oder – abschnittsweise – aus einer 2-2,5 m hohen festen Bruchsteinmauer. Vermutlich hat aber bereits zuvor ein ca. 50 ha großer Tiergarten auf dem Gelände des heutigen Wildgeheges zwischen Radeburger Straße und Großteich existiert.

Zum Tiergarten gehörten vier Abteilungen: der „Hinterwald" (westlich des Schlosses), der „Alte Thiergarten" (östlich vom Mittelteich um das Hellhaus), die „Oberecke" (separates Waldgebiet südöstlich des Schlosses bis zu den Waldteichen) sowie der Revierteil rund um die Fasanerie. Die naturnahen Wälder mit uralten Mastbuchen und Masteichen sowie ausgedehnte Grasflächen, Wassergräben, Sümpfen und Teichen waren für die Hege verschiedener Wildarten geradezu prädestiniert. Die Wildbestände wurden zweimal jährlich durch Hofjagden vermindert; die erste fand in der Feistzeit (= die Zeit, in der sich das Wild im Herbst den Winterspeck anfrißt) in den Monaten August / September auf Rot- und Damwild statt, die zweite im November / Dezember auf Sauen.

Aufgrund der enormen Wildschäden in der Landwirtschaft ordnete 1827 König Anton der Gütige einen Totalabschuß für Rot- und Schwarzwild an. Um aber der drohenden völligen Ausrottung vorzubeugen, erklärte er den alten Tiergarten zum geschützten Gebiet für diese Arten, ließ ihn erweitern und zusätzlich mit Mauern, Zäunen und Gräben befestigen. Die Haupttore wurden mit Torwärtern besetzt, die das Schankrecht besaßen. Deren Gebäude sind heute noch erhalten. Das ursprünglich als Jäger- und Hegerunterkunft dienende Wärterhaus an der Fasanerie bauten die Wettiner 1925/26 zur „Churfürstlichen Waldschänke" um. Die mondäne Gaststätte verfügt über Kurfürsten-, Jagd- und Prinzenzimmer sowie über Gemälde der Barockzeit, u.a. ein Jagdfries des Kurfürsten Johann Georg I. (1611-1656). Das benachbarte Remisenhaus am Ufer des Oberen Großteiches fand einst u.a. als Ochsenstall Verwendung. Die jetzigen Inhaber halten hier im großzügigen Auslauf Perlhühner und anderes Geflügel.

Im 19. Jahrhundert diente der alte Tiergarten hauptsächlich als privates Wildgehege für diplomatische Gastjagden, so u.a. für Kaiser Wilhelm 1886 und 1889. Ab 1893 durften Besucher für 10 Pfennige Gebühr den Tiergarten betreten und den täglichen Schaufütterungen zusehen.

Eine besondere Funktion unter den jagdlichen Einrichtungen im Moritzburger Wald kam dem Hellhaus zu, einem am Ende des 18. Jahrhunderts auf waldiger Höhe inmitten des Tiergartens nordöstlich vom Schloß errichteten Barockschlößchen, umgeben von mächtigen Lärchen, Rotbuchen und Weymouthskiefern. Nach acht Richtungen laufen die „Hellen", noch heute vorhandene Jagdschneisen, die es ermöglichten, den Gang der Treibjagd zu beobachten. Auf der Dachplattform des Hellhauses waren Fähnriche aufgestellt, die durch Winkzeichen mit gelben Flaggen angaben, wo das Wild sich gerade aufhielt. Über den Schneisenstern und die Querwege konnten die Jäger dem Wild schnell folgen. Das Hellhaus war einst mit Bildern und Möbeln bestückt. Ein Brand verwandelte es 1988

Die „Churfürstliche Waldschänke", das frühere Wärterhaus an der Fasanerie

Der 1729 an einer Jagdschneise angelegte Hohburgtunnel

in eine Ruine. Seitdem harrt es seines Wiederaufbaues.

Auch die ein paar hundert Meter westlich des Schlosses befindliche Hohburg, die vermutlich schon im 13. Jahrhundert vorhandene „Alte Burg", steht mit der Jagd in Verbindung. August der Starke ließ den ca. 25 m hohen Hügel 1729 untertunneln, um für eine Jagdschneise eine originelle Durchfahrt durch einen sonst hinderlichen Berg zu erzielen. Diese genau auf das Schloß zulaufende Schneise war Bestandteil eines schon von seinen Vorfahren geplanten großen Jagdsterns. Doch auch August gelang es nicht, diesen zu vollenden, so daß nur der 100 m lange, 5 m breite und 4 m hohe Hohburgtunnel an dieses Vorhaben erinnert.

Höfische Jagd in vier Jahrhunderten

Vor einem halben Jahrtausend zählten der Friedewald und die Moritzburger Landschaft zu den wildreichsten Gebieten in Sachsen. Es gab Rot-, Reh- und Schwarzwild in Hülle und Fülle, auch wenn Wölfe, Bären und Luchse seine Vermehrung in Grenzen hielten. Die Jagd bewahrte den Wald davor, gerodet zu werden. Sie förderte Handwerk und Künste und trug zur Entwicklung des sächsischen Kartenwesens bei. Seit dem 16. Jahrhundert war die „hohe" Jagd auf Rot- und Damwild, Bär und Luchs alleiniges Vorrecht des Landesherrn. Wildschäden an den Feldern belasteten die bäuerlichen Untertanen schwer. Erst nach 1832 wurden die Jagddienste (Anfahren des Jagdgerätes, Treiberdienst, Wildtransporte, Wildzaunbau) abgeschafft.

Im Mittelalter war die Jagd noch mit Pfeil und Bogen, Schwert, Wurfspeer und Saufeder (Lanze) betrieben worden. Später kam die Armbrust in Gebrauch. Seit Anfang des 16. Jahrhunderts feuerte man mit der Hakenbüchse, das Schwert ersetzte den Hirschfänger. Bären und Wölfe versuchte man in Gruben lebend zu fangen, um sie in Bären- oder Wolfszwingern zu halten und im Rahmen prunkvoller höfischer Feste zu Tierhetzen und Tierkämpfen zu verwenden. Beim „eingestellten Jagen" umstellten die Jäger einen Waldteil, in welchem sie jagdbare Hirsche ausgemacht hatten, mit Tüchern und trieben diese auf eine ebenfalls durch Tücher abgesperrte Wiese, um sie dort von einem Jagdzelt aus zu töten. Dem jagdbesessenen Kurfürsten Johann Georg I., Urgroßvater Augusts des Starken, wird nachgesagt, er habe auf diese Weise in seinem Leben tausende Hirsche zur Strecke gebracht.

Inspiriert von einer Reise nach Frankreich, führte Johann Georg IV. am Endes des 17. Jahrhunderts am kursächsischen Hofe die Parforcejagd ein. Hierbei wurde das Wild mit trainierten Hunden und zu Pferde so lange durch Wald und Gelände getrieben, bis es erschöpft zusammenbrach. Auch bei den Parforcejagden kamen in der Regel riesige Wildmengen zur Strecke, so anläßlich einer einzigen Hofjagd 337 Stück Rotwild, 128 Stück Damwild und 614 Stück Schwarzwild. Die Hetzjagden erforderten einen großen Aufwand an Jägern, Jägerburschen und Fußknechten mit einem Massenaufgebot von Treibern, zahlreichen Pferden und starken Hundemeuten, die von den sogenannten Piqueuren geführt und abgerichtet wurden. Daneben gingen die Kurfürsten auf die Pirsch oder erquickten sich bei der Wasserjagd auf Wildgeflügel. Mit wahrer Leidenschaft betrieben sie auch die Beizjagd mit Falken, mit prunkvollem Aufwand und unter Einsatz riesiger Mittel.

Das Wildbret landete vorrangig in den Küchen der Kurfürsten und des Hofstaates. Auf den von Fleichgerichten überquellenden herrschaftlichen Speisetafeln dampfte und duftete gesottenes, gebratenes und geräuchertes Wild aller Arten in üppigen Mengen: Wildschweine, Rot- und Damhirsche, Rehe, Hasen, Kaninchen, Fasane, Auer-, Birk- und Haselhühner, Rebhühner, Wachteln, Wildgänse, Wildenten, Wildtauben, Wacholderdrosseln, Lerchen, Bekassinen, Waldschnepfen. Letztere galt als besondere Delikatesse, die bei kaum einem Jagdschmaus fehlen durfte. Im Waldgebiet um Schloß Moritzburg flatterten die schmackhaften Vögel dazumal in großer Zahl umher. Ebensowenig kann man sich heute noch vorstellen, daß noch bis zum Ersten Weltkrieg im Dippelsdorfer, Eisenberger, Bärwalder und Kreyerner Revier Birkhähne gebalzt haben.

Im 19. Jahrhundert hörten die „eingestellten" und „Parforce"-Jagden auf. Im Sommer wurden die Hirsche nun auf der Pirsch erlegt, im Winter auf Treibjagden. Den Anlaß für die letzte Jagd im feudalen Stil bot 1908 der Besuch des spanischen Königs in Sachsen. Die letzte größere Treibjagd auf Rot-, Dam- und Schwarzwild überhaupt wurde 1927 im Hinterwald abgehalten, um das Wild zu erlegen, das nach der Verkleinerung des Tiergartens frei geworden war.

Das Moritzburger Wildgehege

Um 1895 lebten im 50 ha großen Hirschgarten 90 Stück Rotwild, 450 Stück Damwild und 300 Stück Schwarzwild, nach der Verkleinerung in den 1920er Jahren nur noch wenige Exemplare Rot- und Damwild, Schwarzwild, Mufflons und Sikawild. Nach dem 2. Weltkrieg schossen die Besatzungstruppen sämtliches Wild. Mauern und Zäune verfielen.

1958 richtete die Staatliche Forstverwaltung im ehemaligen Hirsch- und Fasanengarten wieder ein anfangs 32 ha, heute 40 ha großes Schaugatter zum Betrachten einheimischer Tiere ein. Begonnen wurde damals mit 16 Stück Rotwild, 6 Stücken Damwild, 4 Mufflons und einigen Stücken Schwarzwild.

Gegenwärtig tummeln sich in den Volieren und Gehegen ca. 180 Exemplare in 30 Arten: Rot-, Dam- und Rehwild, Wildschwein, Mufflon, Silber-, Eis-, Rotfuchs, Wildkatze, Marderhund, Elch, Steinmarder, Waschbär, Frettchen, Mink, Nutria, Uhu, Auerhuhn, Birkhuhn, Kolkrabe, Rotmilan, Steinhuhn, Jagdfasan, Waldkauz, Schleier-, Schnee- und Waldohreule, Wachtel, Kaninchen, Meerschweinchen und sogar Fischotter, Luchs, Wolf und Elch.

Damwild im Moritzburger Wildgehege

Die Wildschweine haben Frischlinge.

Anliegen ist nicht mehr, das Waidwerk auszuüben, sondern ein Stück sächsischer Geschichte zu bewahren, heimische Waldtiere unter naturnahen Bedingungen zu zeigen und umweltpädagogische Arbeit, insbesondere mit Schulklassen zu leisten. Durch seine Weiträumigkeit, die historischen Mauern, die landschaftlich reizvolle Lage und die vielen Tierarten ist das Wildgehege ein Kleinod, in dem ein Besuch in jeder Jahreszeit zu einem besonderen Erlebnis wird. Es gibt eine Aussichtsplattform, ein Streichelgehege und einen Ausstellungsraum.

Das Wildgehege ist ganzjährig geöffnet, die Schaufütterung findet jeweils um 14.30 Uhr statt.

Idyllische Scheinwelt der Kurfürsten – die Fasanerie

Das Fasanenschlößchen – ein Juwel des Rokoko

Im Jahre 1702 hatte August der Starke einen neunstrahligen Schneisenfächer vom Schloß aus in östliche Richtung schlagen lassen. Am Endpunkt einer der Schneisen entstand 1727/28 auf einem Hügel der erste Moritzburger Fasanengarten. Für eine Fasanerie benötigte man ein etwa 5-6 ha großes Terrain von Mischwald, dazu junge Nadelholzbestände als Deckung (Remisen), fruchttragende Pflanzen, Grünlandflächen, Wasserstellen sowie Bruthäuser für die Aufzucht der Jungen. Zeitgenössische Quellen berichteten 1744 von der „**vortreffliche(n) Fasanerie, in welcher ordentlich an 1200 Stück Fasane sich befinden**". Fasane galten damals als Modewild. Sie wurden entweder direkt an die fürstlichen Küchen geliefert oder aber freigesetzt, um sie dann bei der Jagd zu erlegen.

Dieser Fasanengarten fiel im Siebenjährigen Krieg (1756-1763) dem durchziehenden Militär zum Opfer. 1769 beauftragte Kurfürst Friedrich August III. (der Gerechte), Urenkel Augusts des Starken, den am Hofe als Kämmerer tätigen italienischen Grafen Camillo Marcolini mit dem Wiederaufbau des Gartens. Markantester Bestandteil des Ensembles ist das Fasanenschlößchen, ein rosa und grün bemaltes zweigeschossiges Gebäude im Rokoko-Stil, mit quadratischem Grundriß von knapp 14 m Seitenlänge, mit Glastüren an allen vier Seiten, einem Dach im chinesischen Stil mit einer Pagodenfigur als Krönung, außerdem mit den Skulpturen von vier sterbenden Hirschen an den Ecken des Hauses. Rings um das Fasanenschlößchen erstreckt sich der „gärtnerische Bereich" mit Hecken- und Wegesystemen und mit schönen Brunnen, Putten und Vasen aus Sandstein. Als Wirtschaftsobjekte des „Dorfbereiches" galten Spaliergärten mit den Bruthäusern und Erdkellern, Fasanenremisen (Schneisen für die wilde Haltung), spezielle Wildäcker für die Fasane (mit Bohnen, Möhren, Lattich, Hirse, Kohlarten) und bogenförmig um das Schlößchen herum angepflanzte Obstbäume, der sogenannte Obstbaumbogen.

In die Landschaft eingeordnet wurde das genau nach den Himmelsrichtungen ausgerichtete Fasanenschlößchen auf einer gedachten West-Ost-Achse, ausgehend von einem Koordinatenkreuz im alten Tiergarten über das Jagdschloß (und zwar genau über die Speisetafel im Festsaal – man überzeuge sich bei einem Schloßrundgang selbst von der Blickbeziehung!) und den Kanal zum ehemaligen Teichständerhäuschen am gegenüberliegenden Ufer des Großteiches.

Das miniaturhaft verspielte Lustschlößchen bot dem Kurfürsten und seinem engsten Familienkreis für den jährlichen Sommeraufenthalt Idylle, Zurückgezogenheit, intime Geselligkeit und Naturnähe, um dem offiziellen Trubel im Schloß zu entgehen und aus dem erstickenden Hofleben in eine Scheinwelt, in ein frohes Arkadien, aus den Prunksälen in die Natur, in ein bäuerliches Milieu zu flüchten.

Vergleichbar mit den Dessau-Wörlitzer Parkschlössern, wie dem Luisium, verkörpert das Fasanenschlößchen den romantischen Zeitgeist des sächsischen Hofes an der Schwelle zum „Zeitalter der Empfindsamkeit" in einmaliger Weise. Die nur in Resten erhaltene Innenarchitektur verband höfischen Glanz mit naiven ländlichen Darstellungen der Schäferidylle. Alle Details waren vom Feinsten: Stuckdecken, teils mit silbernen und goldenen Ornamenten, Räume mit kostbaren Wandbespannungen, mit gestickten Seidentapeten, Stroh-, Perlen- und Federtapeten, Holzintarsien und ausgestopften Vögeln.

Ensemble der Fasanerie mit Fasanenschlößchen, Wirtschaftsgebäuden, Hafen, Mole und Leuchtturm am Großteich

Anknüpfend an die frühere ornithologische Schau erhielt das Fasanenschlößchen von 1946-1953 den Status einer Vogelschutzwarte unter Leitung des Ornithologen Paul Bernhardt. Ab 1953 wurde es als „Museum für Vogelkunde und Vogelschutz" eine Außenstelle des Museums für Tierkunde Dresden. Im Zuge der Restaurierung wurde die Ausstellung in ein Kavaliershaus am Schloß verlagert. Auch die regelmäßig auf der Kuppel des Schlößchens brütenden Störche zogen um: auf einen Kunsthorst auf einem nur wenige Meter entfernten Mast. In Zukunft sollen im Fasanenschlößchen in wechselnden Präsentationen Exponate aus dem Jagdschloß gezeigt werden, die dort momentan aus Platzmangel im Depot lagern. Zur Pflege und Wiederbelebung des gesamten Fasanengartens als bedeutendes Gesamtkunstwerk des ausgehenden 18. Jahrhunderts im europäischen Maßstab hat sich extra ein Verein gegründet namens „Muse im Fasanengarten" e.V.

Sächsische Meeresküste am Großteich

Ein gar seltsamer Anblick überrascht den Betrachter, der vom Fasanenschlößchen zum Großteich schaut. Am Ende der sich halbrund in den Großteich hineinschiebenden Mole markiert ein rot und weiß gefärbter kleiner Leuchtturm die Einfahrt zu einem mit Bastionen und einstmals auch mit kleinen Kanonen bestückten Miniaturhafen. Tatsächlich sollte das 1770-1780 geschaffene Ensemble die Vision einer Küstenlandschaft erwecken. Die originelle Farbigkeit des Leuchtturmes durch aufgemaltes Mauerwerk ahmt die äußere Erscheinung norddeutscher Leuchttürme nach. Der zum Zeitvertreib des etwas närrischen Kurfürsten Friedrich August III. und seines Hofstaates bestimmte „maritime Bereich" am Großteich schloß außerdem Gondelhäuser, künstliche Inseln, die Dardanellenmauern und den Kanal ein. Gondeln und sogar eine Fregatte schwammen einst im Hafen und luden zu Fahrten ein, so zu den beiden Inseln im Großteich. Die nördlichere, kleinere Insel, genannt Bäreninsel, war sternförmig aufgemauert, mit kleinen Kanonen dekoriert und mit einem Lindenbäumchen bepflanzt. Auf der größeren Eremitage- oder Liebesinsel stand bis 1946 die „Eremitage", ein kleiner Pavillon mit Strohdach und Rindenschmuck, mit einem Zimmer, einer Küche und einem kleinen Bad.

Am Westzipfel des Großteiches hat der wunderliche Friedrich August III. als Staffage für seine Seeräuberspiele eine regelrechte Festungsanlage errichten lassen. Die zerfallenen Mauern der sogenannten Dardanellen sind noch heute zu sehen. Das mit Schießscharten versehene künstliche Ruinenbauwerk sollte an den russisch-türkischen Krieg (1768-1770) erinnern, insbesondere an die damals aufsehenerregende Durchfahrt russischer Schiffe durch die türkisch besetzte Meerenge zwischen Marmara- und Schwarzem Meer. Vom Hafen aus oder auch von der heute über einen Pfad zugänglichen Halbinsel am Südufer des Oberen Großteiches nahe der Waldschänke hat die Hofgesellschaft die Seespiele beobachtet.

Gondelfahrten konnten auch auf dem von einer Allee gesäumten Kanal veranstaltet werden. Am Venusbrunnen unterhalb des Fasanenschlößchens beginnend, führt dieser zunächst nach Westen auf das Jagdschloß zu, mündet aufgrund der unterschiedlichen Geländehöhen allerdings nicht in den Schloßteich, sondern biegt in einem scharfen Knick (hier steht noch ein verfallendes Torbauwerk mit mehreren Pfeilern) nach Südwesten ab und wird bei den Dardanellen in den Großteich eingeleitet. Zum Venusbrunnen gelangt man vom Fasanenschlößchen aus auf einem kurzen Wegstück, das eine wahrscheinlich um 1900 gepflanzte, überdimensionierte Fichtenhecke einfaßt. Das Wasser für die Fontänen der 1772 bis 1775 konstruierten Brun-

Der Leuchtturm am winterlichen Großteich

nenanlage und für die Fasanerie kam vom Steingrundteich über zwei unter dem Großteich hindurchgelegte Holzrohrleitungen heran. Als Wasserspeier fungierten Delphine, Schwäne, ein Füllhorn, ein Putto und eine Schildkröte. Zu der auf dem Brunnenfelsen sitzenden weiblichen Gestalt hat es unterschiedliche Deutungen gegeben, so als „Leda mit dem Schwan, umspielt von Putten und Delphinen". Näherliegend ist allerdings die Interpretation als Venus. Im Wasser des kreisförmig erweiterten Kanalanfangs schwimmt momentan ein grüner Teppich voller Krebsscheren, das sind in Sachsen vom Aussterben bedrohte Pflanzen

Blühende Krebsscheren im Kanal an der Fasanerie

mit schwertförmigen, dreikantigen, stachelig gesägten Blättern und – im Juni – großen weißen Blüten. Hellrote Seerosen und Massen von Wasserlinsen haben sich hinzugesellt, ebenso wie – am Uferrand – dunkelpurpur blühende Sumpfblutaugen und gelbe Wasser-Schwertlilien.

Am Südwestrand des Oberen Großteiches, unmittelbar am Bahndamm des Lößnitzdackels, der Kleinbahnstrecke von Radebeul nach Radeburg, heißt eine sumpfige Wiese noch heute „Entenfang", Bezug nehmend auf die hier um 1770 in Berieb genommene Vorrichtung zum Fang von Wildenten. Von der Wasserfläche des Großteiches geleitete ein mit Schilf bewachsener, reusenartiger Trichter über einen engen Durchschlupf auf eine Halbinsel in einen winzigen Teich, der mit Lockenten besetzt und überdacht war, so daß eingeschwommene Tiere nicht fortfliegen konnten. Heute sieht man von der Konstruktion kaum noch etwas, sondern alles ist mit Sumpfvegetation und Gehölzen zugewuchert. Die Halbinsel ist jetzt völlig waldbedeckt und die gesamte Uferlinie mit Erlen- und Grauweiden-Gebüsch sowie Röhrichten bewachsen, vorrangig aus Schmalblättrigem Rohrkolben, während Schilf-, Wasserschwaden-, Igelkolben- und Kalmus-Röhrichte nur eine untergeordnete Rolle spielen. Die nur auf Trampelpfaden und über ein rostiges eisernes Brücklein über den Verbindungsgraben vom Jägerteich zum Großteich erreichbare Entenfangwiese bildet ein ca. drei Hektar großes Flächennaturdenkmal, ein vielgestaltiges Feuchtgebiet mit Hochstaudenfluren, Sumpfdotterblumen-Naßwiesen, Weiden-Feuchtgebüschen und kleinen Tümpeln. Nässeliebender Walzenseggen-Erlenbruchwald mit Seggen-Arten, Sumpfreitgras und Wasserschwertlilie schließt sich an. Waldbestände vorwiegend naturnahen Charakters aus Erlen, Eichen, Hainbuchen und Rotbuchen, umrahmen die gesamte Fasanerie, aber auch Forsten aus Roteiche oder verschiedenen Nadelbaumarten sind eingestreut.

Zerfall und Zukunftspläne

Im 19. Jahrhundert ging es mit der Fasanerie und den kurfürstlichen Seefahrtsanlagen bergab.

Während der Napoleonischen Kriege zog das Militär den Fasanengarten zum zweiten Male arg in Mitleidenschaft. Das einst ein paar Schritte am Hang südlich vom Fasanenschlößchen stehende Große Garnhaus – ein Komplex verschiedener Pavillons aus nicht sehr beständigem Lattenwerk, in dem die kostbaren Gold- und Silberfasane sowie weiße Pfauen und andere Ziervögel gehalten wurden – ist um 1882 wegen Baufälligkeit abgerissen worden. Jetzt befindet sich dort ein Rasenparterre (Garnhausparterre), in welches zwei kleine Brunnen aus dem Garnhaus integriert sind.

Nach 1903 verschwanden die 1779 bis 1780 westlich vom Fasanenschlößchen in der Nähe des Venusbrunnens gepflanzten gigantischen Heckenbuchstaben aus Fichte oder Eibe in Form der kurfürstlichen Initialen A F A (Amalie und Friedrich August) sowie die Bärnsdorfer Windmühle am anderen Teichufer.

Ein um 1909 gezogener Damm teilte den Großteich in zwei Teile. Die gleichzeitig erfolgte Absenkung des Wasserspiegels ließ weite, ehemals freie Uferbereiche verlanden und verbuschen. Die Teichmauern verschwanden im Hinterland und wurden ebenso wie die Inseln von Gehölzen überwuchert. Die Bootsanlegestelle liegt weitab von der zurückgegangenen Uferlinie, beträchtlich über dem heutigen Wasserspiegel. Der Hafen wird nicht mehr ausreichend mit Wasser gefüllt, die Hafenmauer ist verfallen. Auch das beim Ablassen des Schloßteiches über die Gräben und den Kanal in den Großteich mit dem Wasser mitgeführte Schwemmaterial hat im Laufe der Jahre die Verlandung des Großteiches begünstigt.

Übrigens war das nicht das erste Mal, daß man den Großteich zurechtstutzte. In seiner ursprünglichen, etwa doppelt so großen Ausdehnung hatte dieser weite, heute trocken liegende Flächen bis hin zum Mosebruch, dem späteren Schloßteich, überflutet. Der Wasserspiegel übertraf damals im voll angestauten Zustand die aktuelle Stauhöhe des Oberen Großteiches um mindestens 1,20 m! Bereits August der Starke ließ den Großteich „zur Ader", um Platz für die erste Fasanerie zu schaffen. Zu einer weiteren Absenkung kam es um 1770/76 während der Wiederbelebung des Fasanengartens.

Nach 1945 zerlegte man den Fasanengarten in willkürliche Einzelgrundstücke mit uneinheitlicher Verwaltung und Nutzung. Da sich niemand um die Instandsetzung kümmerte, verschlechterte sich der Bauzustand wichtiger Elemente des Gartens zusehends, einige Gebäude verfielen, die Sandsteinplastiken weisen arge Verwitterungsschäden auf. Besonders die Wohn- und Wirtschaftsgebäude vom Ende des 18. Jahrhunderts befinden sich in einer schlechten baulichen Verfassung. Ab den 1960er Jahren ergriffene zaghafte Sanierungsmaßnahmen an Fasanenschlößchen und Leuchtturm verhinderten Schlimmeres. Da sich wilder Gehölzaufwuchs hemmungslos ausbreiten konnte, gingen wichtige historische Sichtbeziehungen verloren. Die ursprüngliche Nutzung als Fasanerie ist für den Besucher nur mit Mühe nachvollziehbar.

Um kommenden Generationen die Möglichkeit zu geben, ebenfalls noch die kulturellen Leistungen der Vergangenheit kennen- und schätzenzulernen, ist es zwingend erforderlich, den Verfallsprozeß unverzüglich zu stoppen und ihm mit geeigneten Pflege- und neuen Nutzungskonzepten zu begegnen. Mittlerweile gibt es – zumindest auf dem Papier – ausgeklügelte Pläne zur Wiederbelebung des historischen Zustandes der Kulturlandschaft rund um das Fasanenschlößchen, angefangen von der Sanierung der geschichtsträchtigen Gebäude, Sandsteinplastiken und Wege, der Rekonstruktion der Fasanengärten, der Freistellung von Sichtbeziehungen über die Nutzung des Leuchtturmes als Aussichtsplattform, den Aufbau eines landschaftsökologischen Museums im derzeit verfallenen Südflügel des historischen Stallgebäudes bis hin zur Verbesserung der Gastronomie.

Zwar kommen die Arbeiten nur sehr zögerlich voran, doch wenigstens ein Anfang ist getan. Das Fasanenschlößchen wurde restauriert und erstrahlt in altem Glanz mit neuer Farbe. Seit Herbst 2002 gestattet die 2 km lange Sichtachse wieder einen freien Blick zum Jagdschloß, dank eines vom Landesverein Sächsischer Heimatschutz organisierten Parkseminars, bei dem viele freiwillige Helfer in Handarbeit Unterholz beseitigten, die Kronen der Altbäume am Schneisenrand längs des Kanals schnitten und Baumstubben frästen.

Von Eisenberg zu Moritzburg

Nicht etwa, daß die Moritzburger Kulturlandschaft der sächsischen Fürsten in menschenleere Gegend vorstieß. Einen Katzensprung vom späteren Jagdschloß entfernt hatten sich Jahrhunderte zuvor schon Bauern im 1358 erstmals urkundlich erwähnten „Ysenberg" niedergelassen.

Im Mittelalter beschränkte sich das Dorf Eisenberg auf den noch heute als das „Alte Dorf" oder „Oberdorf" bezeichneten westlichen Straßenzug der heutigen Ortschaft Moritzburg entlang des Laufes der Marche, eines Nebenbaches der Promnitz. Altehrwürdige bäuerliche Gehöfte, Adams Gasthof, Roßmarkt, Schule, ehemaliges Brauhaus und alte Schmiede, umreißen die ursprüngliche Ortslage, bis hin zum Rüdenhof, in welchem Käthe Kollwitz in der Obhut des letzten Wettiners auf Schloß Moritzburg, Prinz Ernst Heinrich von Sachsen, wenige Wochen verbrachte und am 22.4.1945 starb. Gedenkstätte und Ausstellung sind dem Aufenthalt der berühmten Künstlerin gewidmet.

Auf den nicht gerade fetten Ackerböden ernteten die „alten" Eisenberger Bauern vorwiegend Gerste, Hafer, Roggen und Kartoffeln. Auf dem Kirchberg standen Rebstöcke, Reste der alten Terrasse sind noch erhalten. Einen zweiten Weinberg gab es bis 1889 auf der Bergkuppe am Westrand des Ortes, das Weinberghäuschen erinnert daran.

Die Höfe Eisenbergs sind alle wenigstens einmal abgebrannt. Fachwerkbauten bekommt man deshalb nur noch ausnahmsweise zu Gesicht, wohl aber die typischen Bruchsteinmauern an vielen Gebäuden und in den Gärten.

Der Albertiner Herzog Moritz, der 1547 in der Schlacht bei Mühlberg seinen Vetter, den Ernestiner Johann Friedrich den Großmütigen besiegt und von diesem die Kurwürde übernommen hatte, betrieb die Neuordnung seines Staates und teilte ihn in kleinere, überschaubare und besser zu beeinflussende Verwaltungsbezirke ein. In dieser Zeit liegt auch der Ursprung des Amtes Moritzburg. Auf die Dauer konnte das alte Bauerndorf die ausgefallenen und wachsenden Ansprüche der Kurfürsten nicht befriedigen, da sowohl die notwendigen Handwerker fehlten als auch Gelegenheiten zur standesgemäßen Unterbringung des Gefolges. Das änderte sich, nachdem am 20. April 1675 der Großvater Augusts des Starken, Kurfürst Johann Georg II., dem Dorf Eisenberg die Marktgerechtigkeit verlieh, wodurch dieses zum Marktflecken aufstieg und seitdem den Eindruck eines Mitteldinges zwischen Stadt und Dorf erweckt. Anfangs beschränkte sich das Markttreiben auf einen einzigen Tag im Jahr für die Abhaltung von Roß-, Vieh-, Getreide-, Kram- und Warenmarkt. Bis 1900 auf 5 Markttage erweitert, war der Eisenberger Markt in Sachsen weithin bekannt und vor allem wegen der Pferde gern besucht. 1876 wurden sage und schreibe fast 3000 Pferde angeboten, 1925 noch 2000. Im Zweiten Weltkrieg ging der Markt ein und lebte nicht wieder auf.

1678 hatte der Kurfürst außerdem verfügt, an ausgesuchte Handwerker „erb- und unwiderruflich" freie Plätze zur Niederlassung einzuräumen. Das Dorf wuchs in östliche Richtung zur heutigen Schloßallee hin und zur Wilschdorfer Straße, der heutigen Bahnhofstraße. Der 1934 in Moritzburg umbenannte Ort dehnte sich immer weiter aus. Zu DDR-Zeiten kamen – inzwischen abgerissene und durch gefälligere Mehrfamilienhäuser ersetzte – triste Neubaublocks an der Schließerstraße hinzu und, verstärkt nach 1990, viele neue Eigenheime.

Die „neue" Schloßallee nach der Rekonstruktion 2005

Die „alte" Schloßallee im Jahre 2004

Apropos Schloßallee: Schnurgerade verläuft sie durch Moritzburg bis zum Schloßteich. Inspiriert von Versailles, ließ sich August der Starke bei der verkehrstechnischen Anbindung seiner Dianenburg an die Residenzstadt Dresden von repräsentativen Prämissen leiten. 1727 gab er den Befehl an Pöppelmann, die Straße „gegen alle Widrigkeiten der Natur" herzustellen. Um Baufreiheit zu erzielen, wurden binnen vier Wochen kurzerhand 40 Einwohner von Reichenberg und Eisenberg umgesiedelt. Für die Geländebegradigung mußten drei felsige Kuppen abgetragen werden. Tausend entlang der Straße gepflanzte Kastanien sollten für ein schöneres Erscheinungsbild sorgen.

Knapp 300 Jahre später sorgte die Allee wieder für Aufsehen: Für die Verlegung von Abwasserkanälen und den Straßenausbau wurde im Januar 2005 in der Ortslage Moritzburg ein Großteil der alten, zum Teil nicht mehr gesunden Linden, insgesamt 167 Exemplare, gefällt. (Die Kastanien der ersten Schloßallee-Generation waren um 1860 durch Linden ersetzt worden.) Im darauffolgenden Früh-

Im Rüdenhof befindet sich die Käthe-Kollwitz-Gedenkstätte.

Adams Gasthof geht auf einen Ausschank von 1675 zurück.

Kunstvolles Portal am Landgestüt

Evangelische Kirche zu Moritzburg

Postmeilensäule an der Schloßzufahrt

jahr rollten die Bagger an und unterzogen die Straße einer totalen Runderneuerung. Zum Eröffnungsfest am 29.8.2005 war es vollbracht: die Wiederherstellung einer durchgängigen Allee in genauer Achsrichtung zum Schloß, mit über 200 jungen Bäumen denkmalgerecht im barocken Abstandsmaß von 9,16 m, mit breiten Fußwegen, Bänken, aufwendiger Randbepflanzung, ein Boulevard zum Flanieren. Man muß sich mittlerweile richtig Mühe geben, um sich den alten Zustand der Schloßallee vors innere Auge zu führen. Jetzt braucht keiner mehr zu fragen, wo das Schloß ist, wenn er vor dem Rathaus steht.

Unter all den betagten Bauten in und um Moritzburg nimmt sich das Alter der Kirche geradezu bescheiden aus! Erst 1902 bis 1904 wurde sie auf der höchsten Erhebung des Ortes, auf der Kuppe des bereits erwähnten ehemaligen Weinbergs errichtet, im barocke Formen nachahmenden Jugendstil. Dank der unverwechselbaren Gestalt, der exponierten Lage und einer Höhe von 47 m ist der weithin sichtbare, mächtige Kuppelbau ein Wahrzeichen der Gegend. Aus den Fenstern des gelegentlich, so am Tag des offenen Denkmals, zugänglichen Dachbodens bietet sich ein ungewohnter Ausblick auf den Ort und das Schloß, über das Wald- und Teichgebiet, zu den Höhen über dem Elbtal und noch weiter in die Ferne.

Das um 1700 erbaute Bärenhäus'l wurde zwischen 1930 und 1940 von einem Zirkusdompteur mit zwei Braunbären bewohnt.

Blick vom Kirchturm in Moritzburg auf den Ort in südwestliche Richtung

Pferdefreundliche Gemeinde

Moritzburg und Pferde gehören ganz einfach zusammen. Die hiesige Pferdezucht läßt sich bis in die Reformationszeit zurückverfolgen. Sie war eng an das Jagdleben auf dem Schlosse gebunden. Ihre Blütezeit aber erlebte sie ab Ende des 18. Jahrhunderts mit den Parforcejagden. Die dafür benötigten Pferde waren im alten, von Pöppelmann geplanten und unter Johann Christoph Knöffel ausgeführten Stallhof untergebracht, dem heutigen sächsischen Landgestüt. Die Weidekoppeln befanden sich bei Cunnertswalde.

Als die Hetzjagden aufhörten, wurden die Ställe frei und man beschloß die Haltung von Zuchthengsten. Um „zum Wohle des Landes" geeignete Hengste für die Stuten der Bauern zur Verfügung zu stellen, gründete König Anton der Gütige 1828 das Landgestüt. Nach 1945 stand zunächst der Bedarf an tierischen Zugkräften für die Landwirtschaft im Vordergrund. Später verlegte sich der Schwerpunkt auf edle Warmblüter für Reit- und Fahrsport, aber auch schwere Warmblut- und Kaltblutpferde blieben aktuell.

Generalprobe für den Höhepunkt im Moritzburger Pferdejahr – die Hengstleistungsschau im August/September

Seit nunmehr 170 Jahren reisen die Hengste von Januar bis Juli eines jeden Jahres zu den im Lande verteilten Deckstationen, um ihren „dienstlichen Pflichten" nachzugehen. Gegenwärtig werden die ca. 110 Moritzburger Hengste in Thüringen und Sachsen stationiert. Nach Beendigung der Decksaison kommen sie Mitte Juli wieder zurück in die Moritzburger Ställe und erhalten in den darauffolgenden Wochen ein ausgiebiges körperliches Training. Dessen Höhepunkt bilden seit 1924 die an drei Wochenenden zwischen Ende August bis Anfang September durchgeführten Hengstparaden. An diesen Tagen quillt Moritzburg über vom Besucheransturm. Das Freiluftstadion ist mit 10000 Sitz- und ca. 3000 Stehplätzen für die Pferdeliebhaber ausgestattet. Der Anblick der edlen Pferde auf dem Turnierplatz und das Erleben der anspruchsvollen Dressuren bleibt unvergeßlich. Zu den Höhepunkten der Darbietung zählen die große Dressurquadrille in historischen Rokoko-Kostümen, eine waghalsige Kosakenreiterei und als Abschluß der Sechzehnerzug vor der Postkutsche unter den Klängen des Trompetensolos der „Post im Walde".

Doch die Aufgaben des Landgestütes sind noch breiter gefächert. Es hat sich um die Ausbildung des Berufsnachwuchses zu sorgen, Lehrgänge für Amateure im Pferdesport zu veranstalten sowie Leistungsprüfungen von Stuten und Hengsten für die Züchter der Pferdezuchtverbände vorzunehmen.

Weilten die sächsischen Kurfürsten und Könige überaus gern in Moritzburg, so gilt das nicht minder für die vielen Tausenden an Erholungssuchenden, die insbesondere an den Wochenenden herbeiströmen. Briefpost und Reisende kamen mit der Postkutsche schon im 18. Jahrhundert über die neue Allee von Dresden her. Seit 1894 dampft die Schmalspurbahn durch Moritzburg. Die Gründerjahre brachten einen rasanten Aufschwung des Ausflugsverkehrs: Viele neue Gaststätten und Pensionen öffneten ihre Pforten. Schloßschänke, Bahnhofshotel und Ballhaus Lindengarten verfügten über Kegelbahnen und Tanzsäle. Kutschpartien wurden modern, ebenso Fahrten mit dem Pferdeschlitten und Schlittschuhlaufen auf den zugefrorenen Teichen. Seit 1925 gibt es eine Buslinie, auf der von 1934 bis 1939 der berühmte Moritzburger Dampfbus verkehrte.

Heute sind Moritzburg und die historische Kulturlandschaft mehr denn je beliebtes Ausflugsziel und kultureller Anziehungspunkt. Als Höhepunkte gelten die Schloßkonzerte und Sonderausstellungen, Reitturniere, Hengstparaden und Fischzüge. Allein das Jagdschloß besichtigen um 200000 Besucher pro Jahr. Gut markierte Wander-, Reit- und Fahrwege geleiten zu den Sehenswürdigkeiten und in die „schönsten Ecken" der Natur. An sonnigen Wochenenden ist es regelrecht überlaufen in Moritzburg. Wem der Trubel zu viel wird und wer sich nach Zielen abseits der ausgetretenen Touristenpfade rund ums Schloß sehnt, der ziehe seinen Radius etwas weiter und schaue, wieviel Interessantes die Moritzburger Landschaften sonst noch bereithalten.

Karpfen, Enten, Badefreuden

Natur! ... Wir leben mitten in ihr und sind ihr fremd.
Sie spricht unaufhaltsam mit uns und verrät uns ihr Geheimnis nicht.
Wir wirken beständig auf sie ein
und haben doch keine Gewalt über sie.

Georg Christoph Tobler, 1757-1812

Was wäre Moritzburg ohne seine Teiche? Wohl kaum vorstellbar: weder das Jagdschloß in seiner traumhaften Lage, noch das vielartige Tierleben der Sumpf- und Wasservögel, geschweige denn die vielen Möglichkeiten, am Wasser Erholung und Entspannung zu finden. Es mag kurios klingen, doch vor ein paar hundert Jahren gab es die Teiche noch nicht. Erst der Mensch hat sie geschaffen, daher wäre es auch nicht korrekt, sie als Seen zu bezeichnen. Die Teichbauer nutzten geschickt die günstigen natürlichen Voraussetzungen, die flachen, wannenartigen Senken auf undurchlässigem Untergrund, die sumpfigen Tümpel und Brüche, aus denen das Wasser nur sehr langsam abfloß. Es bedurfte „nur" noch des Baues von Dämmen, um größere Teiche anzustauen. Den Befehl hierfür gaben die sächsischen Landesherren.

„Seen" aus Menschenhand

Die Vorreiterrolle übernahm Herzog Georg der Bärtige, auf dessen Veranlassung im Jahre 1501 als allererste Fischteiche im Moritzburger Raum die beiden Waldteiche entstanden, der Obere Waldteich mit 22 ha und der Niedere Waldteich mit 17 ha Wasserfläche. Im Jahr darauf war der anfangs 135 ha einnehmende Großteich Bärnsdorf an der Reihe, damals noch nicht in den Ober- und Niedergroßteich getrennt, 1528 dann der Dippelsdorfer Teich mit 65 ha und die Steinbacher Teiche mit ca. 20 ha. Frauen-, Mittel- und Altenteiche wurden um 1537 angelegt.

Die Entwicklung der Moritzburger Teichwirtschaft steht im Zusammenhang mit der Wahl Dresdens als Residenz des albertinischen Herzogtums Sachsen nach 1485. Es ist aber nicht ausgeschlossen, daß es schon vorher Teiche hier gegeben hat. Außerdem deutet die erstmalige Erwähnung eines Teiches eher auf dessen Fertigstellung hin, denn angesichts der begrenzten technischen Möglichkeiten und der geringen Bevölkerungsdichte auf dem Lande wird man wohl für den Bau der teilweise sehr großflächigen Teiche längere Zeitspannen veranschlagen müssen. Um die Mitte des 16. Jahrhunderts befanden sich im Amt Moritzburg bereits 27 Teiche mit einer Fläche von etwa 500 ha, für 1576 werden 39 Teiche im Friedewald registriert. Die erste kartographische Darstellung des Frauenteiches hat der Landvermesser Oeder um 1586 verfaßt. Unter Kurfürst August (nicht zu verwechseln mit August dem Starken!) kam es u.a. mit Schösserteich und Bauerteich (1590) zu weiteren Teichbauten. Der Schloßteich ist jüngeren Datums und Resultat des Zusammenlegens von Mosebruch-, Capellen-, Capitel- und Preßteich nach dem Umbau der Moritzburg (1720-1730).

Die Hauptlast beim Teichbau bekamen die Bauern aufgebürdet. Sie mußten harte Fronarbeit leisten oder sie erhielten nur geringes Entgelt. Obendrein büßten sie Grund und Boden ein. So hatte die Gemeinde Reichenberg für den Dippelsdorfer Teich Flurstücke hergeben müssen. Ähnlich erging es den Untertanen von Bärnsdorf und Cunnertswalde, die einen Teil ihrer Felder und Wiesen zum Bau des Bärnsdorfer Großteiches abtreten mußten. Außerdem wurden den Bauern Teichdienste abverlangt: im Herbst die Teiche abfischen, den Fang mit ihren Gespannen nach Dresden befördern und die Dämme und Gräben instandhalten. „Item den Teich, den man itzt zu Kunnertswalde bawett, den sollen sie, die Bauern und Inwonen zu Bernsdorff und Kunnertswalde, auch fischenn helffenn, und die handfronen sollen die Fische aus demselben Teiche in die Welder gen Bernsdorff furen ..." heißt es in einem Schreiben Herzog Georgs des Bärtigen.

Im Vergleich zu anderen Ländern hatte Sachsen aber eine für die Bauern günstige feudale Agrarverfassung. Von Leibeigenschaft ist gar nicht zu reden, denn die bäuerliche Bevölkerung war persönlich frei.

Fürstliche Delikatesse

Einen Teil der Teiche nutzten Landesherr und Untertanen über Jahrhunderte gemeinschaftlich, wobei die Erträge der Fischzucht ausschließlich dem Hofe zuflossen. Höchstens einige Weißfische mitzunehmen, für die es in den Küchen des Adels keine Verwendung gab, war den Bauern erlaubt. Den Bauern standen außerdem Hutungs- und Streugewinnungsrechte auf den von ihnen zum Teichbau abgetretenen und nicht voll entschädigten Flächen zu. Sie durften Schilf ernten, Gras vom Teichrand verwerten und ihr Vieh hüten und tränken, was letztlich mit einer intensiven Nutzung des gesamten Ökosystems einherging. Auch war den Bauern gestattet, aller paar Jahre den trockenliegenden, nährstoffreichen Teichboden mit Feldfrüchten, besonders Getreide, zu bestellen. Die Teiche in einem mehr oder weniger regelmäßigen Rhythmus zu sömmern, das heißt trockenzulegen, war damals allgemein üblich. Vom „Großen Teich" Dippelsdorf ist der Anbau von Hirse überliefert, vom Großteich Bärnsdorf das Aussäen von Gerste und Hafer im Abstand von neun Jahren. Die auf dem Schlamm der Teichböden zu erzielenden Getreideerträge waren aber keineswegs berauschend. Im Bärnsdorfer Großteich betrug die Ernte bei Gerste reichlich das Dreifache der Aussaat, bei Hafer unbedeutend mehr. Der Nutzen der Sömmerung für die Karpfenwirtschaft bleibt aber unbestritten, da bei den damaligen geringen Fischbesatzdichten die Teiche möglicherweise verkrautet wären. Immer wieder kam es zu Streitigkeiten zwischen den Bauern und den Landesbeamten um Flurstücke und um die Rechte der Bauern am Teich.

Spiegelkarpfen – wichtigster Speisefisch der Moritzburger Teiche

Im 16. Jahrhundert geschah die Karpfenzucht in der Regel auf folgende Weise: Der Satzfischaufzucht dienten spezielle Samen- bzw. Streichteiche (Laichteiche). Nach der Überwinterung in frostsicheren tiefen Teichen kamen die Tiere im zweiten Jahr in Streckteiche. Im darauffolgenden Frühjahr wurden die Satzkarpfen gemeinsam „im Verhältnis zu diesen mit Hechten und anderen Fischen" in die sogenannten Haupt- bzw. Abwachsteiche umgesetzt, wo sie über drei Sommer verblieben. Speisekarpfen waren somit in der Regel fünf-, teilweise aber auch sechssömmrig.

Der sächsische Hof schätzte den Karpfen als Delikatesse, insbesondere zur Fastenzeit von November bis Februar, wenn der eigentliche Königsfisch, der Lachs, sowie die Forellen aus den Flußgebieten der Elbe und Mulde nicht in ausreichenden Mengen für die Festlichkeiten zur Verfügung standen. Die fürstlichen Speisekarten verzeichneten noch eine Reihe weiterer Teichfische wie die Schleie, den Hecht und die Karausche. Königliche Beamte und Fronbauern sorgten für die Hege der Grätentiere. Abgefischt wurde nicht in jedem Jahr, sondern meist in dreijährigem Abstand. Der 1650er Fischzug im Großteich Bärnsdorf erbrachte 5725 kg Fische (das waren 42 kg pro Hektar Teichnutzfläche), davon 4250 kg Karpfen. Obgleich die Hektarerträge in vergangenen Jahrhunderten sich gegenüber heutigen Verhältnissen bescheiden ausnehmen, wurden den jeweiligen wirtschaftlichen und gesellschaftlichen Verhältnissen entsprechend beachtliche Mengen Fisch, vor allem Karpfen, gezüchtet. Anläßlich der herbstlichen Fischernte amüsierte sich der Hof mit traditionellen Fischer- und Jagdfesten.

Das Auf und Ab der Fischwirtschaft

Vergleicht man die gesamte Teichfläche von 1570 bis 1849 miteinander, so fällt eine verblüffende Beständigkeit auf; lediglich um 22,4 % hatte sie sich verkleinert. Während der Dreißigjährige Krieg (1618-1648) die Moritzburger Teiche weitestgehend verschonte, erlitten diese große Schäden im Siebenjährigen Krieg (1756-1762). So lag der Bärnsdorfer Teich seit seiner Ausfischung im Jahre 1755 bis zum April 1764 wüst. Nach vorübergehender Erholung kam die Teichwirtschaft gegen Ende des 18. Jahrhunderts wiederum in die Krise. Viele Teiche wurden aufgelassen, für immer trockengelegt und aufgeforstet, da mit der Ablösung der feudalen Frondienste (1832) die billigen bäuerlichen Arbeitskräfte wegfielen. Die rasche Hebung der Bodenfruchtbarkeit von Äckern durch die Anwendung modernerer Produktionsmethoden, vor allem mit der Einführung der Agrarchemie, verhalf dem Akkerbau zu höherer Attraktivität. Für 1849 nennt das Flurbuch des Amtes Moritzburg noch 38 Teiche mit 517 ha Fläche. Bis 1869 sank die Teichfläche auf 379 ha, verteilt auf 25 Einzelteiche; 1914 ist nur noch von 23 Teichen die Rede.

Das Ausmaß des „Teichsterbens" kann nur erahnen, wer alte Karten hinzuzieht, etwa die bereits erwähnte von Oeder vom Ende des 16. Jahrhunderts. Sie zeigt noch viele Teiche, die heute verschwunden sind: Birkteich, Bogenteich, Rotterfortherteich (heute Rote Furt) im Raum Neuteich/Großteich südwestlich von Steinbach, Karauschenteich (heute Karauschenholz nahe Neuer Anbau), Stöcketeich (zwischen Dippelsdorfer Teich und Moritzburg), Rohrteich und Groß-/Klein-Schoenbergsteich in der Nähe des Köckritzteiches. Übrig blieben feuchte Wiesen und Wälder, Röhrichte, manchmal auch Reste alter Dämme. Nur ausnahmsweise gab es in jüngerer Zeit Teichneubauten, so Anfang des 20. Jahrhunderts im Falle des Kutschketeiches am Wassergraben zwischen Schloßteich und Großteich. Sein Dasein war nur von kurzer Dauer: Nach 1945 aufgegeben und entwässert, sollte die Fläche für die Anlage von Gärten verwendet werden. Der nasse Standort ließ beständiges Gärtnerglück jedoch nicht zu. Von dem sumpfigen Gelände ergriffen Röhrichte, Riedwiesen und Weidengebüsche Besitz, in denen viele seltene Arten hausen.

Bärnsdorf mit Farrenteichen, Großteich und Cunnertswalde

Hatte der Kurfürst die „Amtsteichwirtschaften" durch spezialisierte Beamte und Arbeitskräfte selbst in Obhut, übernahmen die Betreuung dann – unabhängig von den Besitzverhältnissen – ausschließlich Pächter. Ab 1816 wurde die gesamte Teichwirtschaft stets geschlossen verpachtet. Von 1922 bis 1945 befand sich die „Königliche Teichdomäne Moritzburg" im Besitz des Familienvereins Haus Wettin.

Anfang des 20. Jahrhunderts ging es mit der Teichwirtschaft wieder aufwärts, die Fischzucht wurde wieder rentabel, auch dank verbesserter Teichpflege, Kalkung und Düngung sowie gezielter Zufütterung von Getreide und Pellets. Seit 1923 wird jährlich abgefischt und bis 1929 war die Teichfläche wieder auf 35 Teiche mit 476 ha angewachsen. Einen neuerlichen Einbruch verursachte der 2. Weltkrieg: Fischdiebstähle, ausbleibender Besatz mit Jungfischen und fehlendes Futter reduzierten die Erträge. So belief sich 1946 die „Ernte" auf nur 34,7 Tonnen, das sind 114 Kilogramm pro Hektar Teichnutzfläche. Die Gründung der Sächsischen Fischerei-Zentralgenossenschaft 1946 und die großzügige staatliche Förderung leiteten den erneuten Aufschwung ein. 1961 wurde die Teichwirtschaft Moritzburg verstaatlicht. Die Erträge schnellten zwischen 1969 und 1989 im Mittel auf sage und schreibe 1522 kg/ha Teichfläche empor, teilweise auf Spitzenwerte von 2000 kg/ha.

Die ständig fortschreitende Intensivierung hatte auch Kehrseiten: Durch den hohen Aufwand an Technik überschatteten die Kosten den Gewinn. Die Belastung der Teiche mit den Nährstoffen Phosphor und Stickstoff – zum Teil auch durch die stärkere Düngung der umliegenden Felder und Wiesen verursacht – wurde immer prekärer. Der Flora, besonders den Unterwasserpflanzen, aber auch Lurchen, Vögeln und anderen Wildtieren, ist das nicht so gut bekommen, das Ökosystem „Teich" geriet aus dem Gleichgewicht. Fischfressende Arten wie Graureiher und Kormoran, Fischotter und Mink profitierten von der Fischschwemme.

Nach 1990 verblieben die Teiche vorwiegend in Landeseigentum, wurden aber verpachtet. Die Erträge belaufen sich in Moritzburg heute auf etwa 300-800 kg Fisch pro Hektar, also maximal noch ca. ein Fünftel der Ausbeute von vor 1990.

Verschiedenheit der Teichufer: Röhrichtsaum am Großteich nahe der Mistschänke (links), Verlandungs-Zwischenmoor mit Wollgras am Bauerteich (rechts)

Name	Entstehungsjahr	Gesamtfläche in ha	Wasserfläche in ha
Frauenteich-Gruppe			
Frauenteich	1537	67,2	52,9
Oberer Altenteich	1537	9,9	6,8
Unterer Altenteich	1537	13,9	9,8
Sophienteich	?	21,7	17,3
Mittelteich	1537	63,3	52,2
Schösserteich	1590	2,9	1,5
Bauerteich	1590	6,3	5,0
Schloßteich	1730	38,8	35,3
Saupfütze	1730	0,4	
Luisenteich	1890	2,1	1,5
Schwanenteich	1900?	2,3	
Großteich-Gruppe			
Unterer Großteich	1502, 1908/09 geteilt	39,9	88,4
Oberer Großteich	1502, 1908/09 geteilt	27,7	(vor der Teilung)
Jägerteich	ca. 1700	1,9	0,8
Fischerteich	ca. 1700	4,2	1,5
Steingrundteich	ca. 1700	6,3	4,9
Johann-Georgen-Teich	ca. 1700	7,4	5,0

Name	Entstehungsjahr	Gesamtfläche in ha	Wasserfläche in ha
Waldteich-Gruppe			
Oberer Waldteich	1501	27,2	22,3
Niederer Waldteich	1501	19,0	16,8
Dorfteich Bärnsdorf		0,6	0,5
Mühlteich Volkersdorf, Langer Teich, Hinterer Teich			
Köckritzteich-Gruppe			
Köckritzteich	1528	18,8	14,1
Silberteich	nach 1570	4,0	2,8
Furtteich	1528	0,9	
Neuteich	1528	1,3	
Dippelsdorfer Teich-Gruppe			
Dippelsdorfer Teich	1528	69,0	53,5
Kapellenteich	1662		
Ilschenteich	vor 1570	2,9	1,0
Neuteich/Großteich			
Neuteich	vor 1570	10,0	
Großteich	vor 1570	9,0	

„Steckbrief" Moritzburger Teiche: Teichgruppe, Entstehungsjahr und Größenverhältnisse

Der Fischer als Landschaftspfleger

Die Teichwirtschaft Moritzburg hat gegenwärtig 23 Teiche (von insgesamt 30 Teichen um Moritzburg) mit 340 ha Wasserfläche gepachtet. Unter naturnahen Bedingungen, mit nur geringer Getreidezufütterung im Sommer (jährlich etwa 250 t für alle Teiche) wachsen neben Karpfen als „Nebenfische" auch Zander, Hecht, Schleie, Plötze und Wels auf durchaus umweltgerechte Weise heran. An Wildfischen hält sich der ziemlich häufige Dreistachelige Stichling in den Teichen auf, desweiteren Neunstacheliger Stichling, Moderlieschen, Karausche, Gründling und Schmerle.

Eingesetzt werden pro Hektar Teichfläche im Schnitt 200 bis 1000 Stück zweisömmrige Jungkarpfen (K2), zugekauft aus der Teichwirtschaft Koselitz hinter Großenhain, eigene Aufzucht findet nicht mehr statt. Ohne künstlichen Fischbesatz bleiben einige Naturschutzteiche wie der Schösserteich und der Fischerteich.

Abgefischt wird in der Regel in jedem Jahr, zum Teil aller zwei Jahre, so wie derzeit am Dippelsdorfer Teich, wodurch sich aber Wildfische stark vermehren und demzufolge wirtschaftliche Nachteile in Kauf zu nehmen sind. Fischfresser (Kormoran, Graureiher, Fischotter), Schwarzangler und Krankheiten können bis zu 30 % Verluste verursachen. Das Angeln (mit Angelschein – versteht sich!) ist nur für einen Teil des Oberen Großteiches zugelassen und zwar für den Abschnitt zwischen Waldschänke und Cunnertswalde.

Der Speisefischertrag ist nicht das einzige Ergebnis der Teichwirtschaft. Sie erhält die Teiche als kulturelles Erbe und als Refugien der Natur. Ansonsten würden die Teiche verlanden und sich in Wald verwandeln, was für das Landschaftsbild fatale Folgen hätte. Der Fischwirt kümmert sich also nicht nur um seine Grätentiere, sondern er ist auch aktiver Gestalter von Natur und Landschaft. Seinen zugunsten der Allgemeinheit erbrachten Mehraufwand erhält er vergütet. Dafür gibt es ein spezielles Förderprogramm mit dem Kürzel NAK, sprich „Naturschutz und Erhalt der Kulturlandschaft". NAK unterstützt als Teil des staatlichen Programms „Umweltgerechte Landwirtschaft" im Rahmen freiwilliger Vereinbarungen naturverträgliche Bewirtschaftungsweisen in genutzten, naturschutzbedeutsamen Teichen, um deren Werte als Lebensräume gefährdeter Pflanzen- und Tierarten bzw. ihrer Lebensgemeinschaften zu bewahren sowie die landschaftsprägende Rolle der Teiche dauerhaft zu sichern. Ein Großteil der Moritzburger Teiche ist in das NAK-Programm eingebunden. Abgeschlossen werden jeweils Fünfjahresverträge. Zu den vergüteten Basisleistungen zählen die Pflege der Teichdämme und Gräben, Schilfschnitt, Instandhaltung der Stauanlagen und Entschlammung der Fischgrube. Unterwasser- und Schwimmblattpflanzen sowie Wildfische dürfen nicht bekämpft werden. Wassergeflügelhaltung und Freizeitaktivitäten, Biozideinsatz, Fütterung mit Mischfuttermitteln, Anwendung mineralischer und organischer Düngemittel sowie Desinfektionskalkung sind nur begrenzt gestattet. Lediglich eine Grundkalkung der Teiche im Frühjahr ist möglich, um die „Urproduktion" anzuregen, das heißt, das Wachstum von pflanzlichen Kleinlebewesen, dem Phytoplankton, von dem das Zooplankton lebt: Wasserflöhe, Hüpferlinge, die eigentliche tierische Fischnahrung.

Himmlische Teiche

Ein entscheidendes Problem macht den Moritzburger Teichen regelmäßig zu schaffen, der latente Wassermangel. Da sie vorwiegend von Niederschlägen gespeist werden, verlieh ihnen der Volksmund die Bezeichnung „Himmelsteiche". Die Wasserzufuhr über Gräben aus dem Einzugsgebiet, aus Wiesen und Sümpfen spielt nur im zeitigen Frühjahr und späten Herbst eine Rolle, falls es genügend regnet. Das Teichwasser muß demzufolge mehrfach genutzt werden. Damit ausreichend Wasser für die Fische zur Verfügung steht, vor allem während der

Herbstliches Abfischen am Frauenteich

hohen Verdunstungsverluste im Sommer, werden die Teiche mit Hilfe von Stauwerken, den „Ständern“ oder „Mönchen“, auf bestimmte Stauhöhen angespannt.

In trockenen und heißen Sommern wird es dennoch „eng“ für die Flossentiere in den Teichen. Morgens kann die Sauerstoffsättigung des Wassers schon mal gegen Null gehen. Im Laufe des Tages steigt der Gehalt aber wieder an, weil die Algen bei viel Sonne auch reichlich Sauerstoff produzieren. Die am stärksten bedrohten Teiche werden mit Walzen belüftet. Branntkalkgaben sollen zudem helfen, den Fäulnisprozeß der Algen einzudämmen. Durch extreme Hitze wachsen diese nämlich explosionsartig und sterben bei den hohen Wassertemperaturen bis zu 30 Grad massenweise ab. Die Wasseroberfläche färbt sich dunkelgrün und an den Ufern riecht es modrig. Die Verdunstung kann den Wasserspiegel in solchen Perioden täglich um fast 1 cm senken. Ertragsausfälle von 20-30 % sind vorprogrammiert.

Das Wasser der meisten Teiche fließt zur Promnitz ab, einem Nebenbach der Großen Röder, die über die Schwarze Elster in die Elbe mündet. Der Dippelsdorfer Teich entwässert teilweise auch über den Lößnitzbach, die Köckritzteich-Gruppe in den Hopfenbach über Naunhof in die Große Röder, die Teiche im westlichen Friedewald über den Niederauer Dorfbach zur Elbe. Die Teiche sind in der Regel über künstlich angelegte Gräben kaskadenartig untereinander verbunden.

Beim herbstlichen Fischzug macht man sich zunutze, daß überlaufende Wassermengen der höher liegenden Teiche die tiefer gelegenen füllen können. Die Teiche werden schrittweise von unten nach oben „beerntet“. Der oberste Teich füllt sich dann wieder bis zum Frühling mit Niederschlags- und Schmelzwasser.

Das Abfischen startet planmäßig um den 20. August mit kleinen Teichen wie dem Fischer-, Jäger- und Luisenteich. Beliebter Höhepunkt des Fischereijahres und vielbesuchtes Volksfest ist das alljährliche Schaufischen am letzten Oktoberwochenende. Besucherströme ergießen sich an den Schloßteich und schauen vor der faszinierenden Kulisse des Moritzburger Herbstwaldes der Arbeit der Fischer zu; Feinschmecker können ihrer Gaumenfreude frönen.

Seit 2004 ergänzt ein Waldfest den traditionellen Fischzug. Unter der Obhut attraktiver junger Fisch- und Waldköniginnen sorgen Informationsstände und Markttreiben für Wissensvermittlung und Unterhaltung. Als Publikumsmagneten erweisen sich z.B. Pilzberatung und Wissenstoto.

Erfrischung für Wasserratten

Was nicht unterschlagen werden darf: die Funktion einiger Teiche als Badegewässer! Die „Wasserratten“ am Dippelsdorfer Teich, am Mittelteich, an den beiden Waldteichen und am Oberauer Gemeindeteich (Waldbad Oberau) zählen nach Tausenden in jeder Saison! Am 60 ha großen Mittelteich beispielsweise erstreckt sich zwischen dem östlichen Teichufer und der Kalkreuther Straße ein fast 1 km langer eingezäunter Waldstreifen, der mit Badanlagen, Bungalows, Zelten, Wohnwagen, Volleyballplatz und Gaststätten versehen ist, der Mittelteichschänke, dem Panorama-Restaurant Seeblick und einem Imbiß-Pavillon. Bad Sonnenland am Ostufer des Dippelsdorfer Teiches verfügt über Campinggelegenheiten, Bungalows, Liegewiesen und Spielplätze, man kann Volleyball, Tischtennis und Fußball spielen oder kegeln.

Sind die Teiche im Winter zugefroren, ziehen Schlittschuhläufer ihre Bahnen über die Eisdecke. Aber auch die Liebhaber stiller Erholung, Naturfreunde, darunter Hobby-Ornithologen und -Botaniker, kommen an den Moritzburger Teichen voll auf ihre Kosten. Zu allen Jahreszeiten befriedigt vor allem die reichhaltige Vogelwelt Entdeckerdrang und „Jagdfieber“ mit Fernglas und Fotoapparat.

Baden am Mittelteich

Von Froschbiß, Wasserfedern und Seerosen

An den Moritzburger Teichen und ihren Ufersäumen versammeln sich viele seltene Pflanzen, die nasse, sumpfige und moorige Standorte für ihr Wachstum benötigen.

Betrachten wir als ein Beispiel die Situation am Frauenteich: Interessant ist die für nährstoffreiche Gewässer typische Abfolge der Verlandungszonen von der offenen Wasserfläche bis hin zum Ufer. An eine schmale, feuchte Pfeifengraswiese schließen sich vermoorte Kleinseggenrieder an – benannt nach der Pflanzengattung der Riedgräser oder Seggen – unter anderem mit blaßviolett blühenden Sumpf-Veilchen, mit Wassernabel und mit Torfmoosen. Wasserseits folgen Großseggenrieder aus Schlankseggen und vereinzelt Schnabelseggen, vor allem aber aus der bis zu 1,20 m hohen, bultförmig wachsenden Steifsegge. Die Seggenrieder gehen bei einer Wassertiefe von etwa 60 cm in die Zone der Röhrichtgürtel über, bestehend aus Rohrkolben, Wasserschwaden und Teichsimsen, vereinzelt auch Schilf; an krautartigen Gewächsen verdienen Froschlöffel, Pfeilkraut und als besondere Zierde Seerosen Erwähnung. Die offene Wasserfläche wird vom rosablühenden Wasserknöterich und dem weißen Wasserhahnenfuß geschmückt.

Nach dem Ablassen des Wassers erscheint auf dem Schlamm oder auf flachen Uferbänken binnen kürzester Frist – als hätte sie nur darauf gewartet – eine charakteristische Teichbodenflora aus Arten der Zwergbinsen-Gesellschaften wie Nadel- und Ei-Sumpfsimse, Sechsmänniger Tännel, Zypergrassegge und Schildehrenpreis. An einigen anderen Teichen, so am Dippelsdorfer Teich, sind ganz ähnliche Vegetationsverhältnisse zu beobachten.

Der Frauenteich und sein unmittelbares Umfeld genießen seit 1954 den Rang eines Naturschutzgebietes (NSG). Wertbestimmend sind nach Landes- und zum Teil Bundesrecht geschützte Biotope: Sümpfe, Röhrichte, seggen- und binsenreiche Naßwiesen, Bruch- und Sumpfwälder, naturnahe stehende Kleingewässer, Wasserpflanzen- und Teichschlammgesellschaften, die historische Tiergartenmauer als langgestreckte Trockenmauer, kleinflächige Halbtrockenrasen, Gebüsche und naturnahe Wälder trockenwarmer Standorte sowie höhlenreiche Einzelbäume.

Aktuell konnten im NSG „Frauenteich“ insgesamt 293 höhere Pflanzenarten festgestellt werden, darunter 36 gefährdete Arten, u.a. Zungen-Hahnenfuß, Spitzblättriges Laichkraut, Breitblättriges Knabenkraut, Froschbiß, Strauß-Gilbweiderich, Wasserfeder, Sechsmänniger Tännel, Ei-Sumpfsimse, Wasserschierling und Quendelseide. Hinzu kommen 47 Moos-, 108 Pilz- und 17 Flechtenarten. Von den 34 nachgewiesenen Pflanzengesellschaften gelten über zwei Drittel als in Sachsen mehr oder weniger stark gefährdet.

Der Frauenteich von der Beobachtungskanzel am Südufer; im Hintergrund Bärwalde

Baldrian

Sumpfblutauge

Gewöhnliche Scheinsimse

Wasserschwertlilie

Uferwolfstrapp

Blutweiderich

Zahme Gänse und falsche Hühner

Wer bin ich,
daß mir die Vielstimmigkeit der Natur
als Chaos erscheint.
Ist sie doch nur Harmonie.

Friedrich von Schiller, 1759-1805

Besucher der Moritzburger Teiche sind immer wieder von der mannigfaltigen Vogelwelt überrascht und fasziniert. Seit vielen Jahrzehnten werden die Federtiere beobachtet und systematisch erforscht.

Zu den auffälligsten Erscheinungen zählen die Enten, wobei die zur Gruppe der Schwimm- oder Gründelenten gehörende Stockente am häufigsten vorkommt. An Tauchenten sind die schwarz-weiße, federschopfgeschmückte Reiherente, die hellgrau-rostrote Tafelente und die an ihrem weißen Wangenfleck gut kenntliche Schellente vorhanden. Letztere brütet in hohlen Bäumen oder Nistkästen, ihren Name verdankt sie ihrem klingelnden Fluggeräusch. Die Tauchenten haben unter intensiver Fischerei und Faulschlammbildung gelitten, die Reiherente nicht ganz so stark wie die Tafelente, die nur noch über 2-5 Brutpaare im Gebiet verfügt. Bei der Suche nach Futter verschwinden Tauchenten für kurze Zeit völlig unter Wasser, während Gründelenten an der Oberfläche „schlabbern" oder nur Hals und Vorderkörper versenken. Knäk-, Krick- und Löffelente gelten als Raritäten, der Bestand der Schnatterente hat etwas zugenommen, die Art hält sich gegenwärtig mit 2-4 Brutpaaren an den Teichen auf.

Auch Gänse, die größeren Verwandten der Enten, sind wieder heimisch in Moritzburg. Jäger wollten um 1980 Graugänse für die Jagd ansiedeln. Dafür legten sie einigen Höckerschwänen einfach Gänseeier ins Nest. Die Schwäne brüteten die „Kuckuckseier" aus und zogen die Kücken wie ihre eigenen Jungen auf. Da die Schwäne in der Region überwintern, bevorzugt am Elbufer, übernahmen auch die ihnen ins Nest gelegten Graugänse dieses Verhalten. Sie lassen sich von Spaziergängern füttern; auch die junge Saat der Felder steht auf dem Speiseplan der halbzahmen Tiere. Da die Vögel nur die Spitzen der Blätter abzupfen, können die Bauern den Schaden verschmerzen. Im Frühjahr brüten die Gänse an sumpfigen Stellen am Teichrand. Bis zu 20 Jahre alt wird eine Gans.

Die Moritzburger Höckerschwäne sind ebenfalls teilweise halbzahm, manche betteln die Spaziergänger regelrecht um Futter an. Die Jungvögel lassen sich durch ihr graues Gefieder von den blendendweißen Altvögeln leicht unterscheiden, selbst wenn sie deren Größe erreicht haben. Der Bestand wuchs nach 1945 vorübergehend beträchtlich an, hat sich gegenwärtig aber bei ca. 10 Brutpaaren eingepegelt.

Die häufigen Bläßhühner haben nichts mit Hühnern zu tun. Der Name der schwarzen Vögel mit der weißen Blässe am Kopf ist irreführend, es handelt sich um Rallen, die eher mit den Kranichen verwandt sind. Die Zehen der Bläßrallen sind mit breiten Schwimmlappen versehen, die Tiere können sich damit gut in sumpfigem Gelände bewegen oder sogar mit unterstützenden Flügelschlägen über das aufspritzende Wasser rennen. Die anderen Rallen des Moritzburger Gebietes, die Teichralle und die Wasserralle, führen ein heimlicheres Leben und sind insgesamt viel seltener. Die Wasserralle verrät sich durch ihre grunzend-quiekenden Laute aus dem Schilf, sie brütet am Frauenteich, am Dippelsdorfer Teich und am Johann-Georgen-Teich.

Der majestätische Kranich beehrt uns seit 2000 als Brutvogel, er braucht absolute Störungsfreiheit; undisziplinierte Besucher, kleine Raubsäuger und Wildschweine können seiner Brut zum Verhängnis werden, letztere vor allem in trockenen Jahren, wenn dem Nest der schützende Wassergürtel abhanden kommt.

Nicht zu übersehen und jedermann gut bekannt ist der Haubentaucher, ein entengroßer Vogel mit zweigeteilter schwarzer Haube und seitlichen Lappen an den Zehen. Er ernährt sich von Kleinfischen und Wasserinsekten, Schnecken und Krebstieren. Während sich der Haubentaucher auf allen größeren Teichen wohlfühlt, führt sein kleiner und nicht so häufiger Vetter, der Zwergtaucher, ein unauffälligeres Leben. Am seltensten und in weiterer Abnahme begriffen ist der Rothalstaucher. Er benötigt zur Brutzeit Fische in genau passender Größe, ein Anspruch, den er derzeit nur in extra naturschutzgerecht bewirtschafteten Teichen in der „Oberecke" südöstlich von Moritzburg erfüllt bekommt.

Die kreischenden Lachmöwen sind zwar nach wie vor an fast allen Teichen zu beobachten, ihre Brutkolonie auf der 1968 geschobenen Insel im Dippelsdorfer Teich mit ca. 3000 Brutpaaren in den 1970er Jahren aber ist infolge dichten Gehölzaufwuchses verwaist. Verschiedene Möwenarten halten sich das ganze Jahr über im Gebiet auf, neuerdings auch die Silbermöwe.

Unter den Greifvögeln ist die Rohrweihe am engsten mit den Teichen verbunden. Ihr Horst verbirgt sich in ausgedehnten Schilfröhrichten. Mit Balzspielen aus Kreisen, Sturzflügen und Überschlägen

Rohrweihe – ein typischer Greifvogel der Teichröhrichte

Seeadler und Aaskrähe bei der Fischmahlzeit

Graureiher – wieder Brutvogel an den Moritzburger Teichen

Der Höckerschwan – Schönheit und Eleganz

Tafelente: Männchen im Prachtkleid

Die Schellente brütet in Baumhöhlen

Zwergtaucher – kleinste heimische Taucherart

macht sie auf sich aufmerksam; bei ihren Nahrungsflügen gleitet sie oft nur knapp über die Rohrbestände dahin. Sie frißt Fische, Frösche, Reptilien, Vögel und Insekten. Noch vor 15 Jahren war die Rohrweihe wesentlich häufiger; schwindende Röhrichte, sinkende Nachwuchsrate der Enten und Rallen, Konkurrenz durch Waschbär, Marderhund und Seeadler haben ihren Tribut abverlangt. Ja, der mächtige Seeadler: Seit kurzem hat sich dieser große Greif unter die Brutvögel der Moritzburger Teichlandschaft eingereiht!

Geradezu zwergenhaft nehmen sich dagegen die Kleinvögel des Schilfgürtels aus: die häufige Rohrammer und die Rohrsängerarten. Die laute Stimme „karre-karre-kiet-kiet-kiet" des Drosselrohrsängers ist unverkennbar und nach einem Bestandestief wieder häufiger zu vernehmen. Gut vertreten ist auch der kleinere, gelegentlich als Kuckuckswirt aktive Teichrohrsänger; vom Schilfrohrsänger nisten nur noch wenige Paare am Frauenteich. Der Sumpfrohrsänger lebt in Staudenfluren auch außerhalb der Teiche. 1974 tauchte erstmals das kunstvolle Nest der Beutelmeise auf; die mit den eigentlichen Meisen nicht verwandte Art breitete sich dann rasch aus, ist heute aber wieder fast verschwunden.

Der Vergangenheit gehören die Brutvorkommen von Zwergdommel und Großer Rohrdommel an. Lediglich zur Zugzeit kann man die dumpfen Laute „üprumb" des „Moorochsen" bei etwas Glück zu Gehör bekommen. Regelmäßig ist der Graureiher zu sehen, vor 200 Jahren war er ein geschätztes Jagdwild für die Beizjagd. Noch nicht gebrütet haben Silberreiher, die sich seit einigen Jahren regelmäßig im Sommer hierher verirren. Stark vermehrt hat sich der Kormoran, was der Fischerei Probleme bereitet, da der gefräßige Vogel Jungfische erbeutet, bis zu zwei Pfund täglich. Zwei bis drei Dutzend Kormorane übersommern an Moritzburgs Teichen, nisten hier aber nicht.

Abgesehen vom Kiebitz trifft man Schnepfen (auch Watvögel oder Limikolen genannt) fast ausnahmslos nur noch zu den Zugzeiten, wenn sie in abgelassenen Teichen nach Nahrung stochern. Bereits ab Juni/Juli findet für die Jungvögel einiger Arten der sogenannte Zwischenzug statt. Die Limikolen rasten in nennenswertem Maße nur dann, wenn genügend Nahrungstiere am Teichboden vorhanden sind. Wird von Zeit zu Zeit der Faulschlamm aus den Teichen entfernt, ist das sehr günstig, auch für Zwergtaucher und Laubfrosch. Die noch vor einigen Jahren am Frauenteich und am Kutschgeteich brütende Bekassine oder „Himmelsziege" hat die „Segel gestrichen".

Die Vielfalt an Vögeln und anderen Tieren an den Teichen und in den Wäldern um Moritzburg wird uns und unseren Nachfahren nur dann erhalten bleiben, wenn es gelingt, die Lebensräume zu bewahren und zu pflegen sowie Störungen weitestgehend fernzuhalten. Seit 1990 ist die Anzahl von Erholungssuchenden deutlich gewachsen und damit die Verantwortung jedes einzelnen Besuchers, die Vegetation an den Teichen zu schonen und die Tiere nicht zu beunruhigen. Im Schilf brütende Vogelarten wie Taucher, Rallen, Rohrweihe, Rohrsänger usw. brauchen insbesondere zwischen Februar und Juli Ruhe. Röhrichte

Moorfrosch – das Männchen mit blauer Unterseite

Die seltene Große Moosjungfer bevorzugt strukturreiche Kleinteiche.

Ringelnatter – kenntlich an gelben „Nacken"-Flecken

Wechselkröte – auch Grüne Kröte genannt

und Ufergebüsche dienen auch überwinternden Arten als wichtige Nahrungs-, Deckungs- und Ruhezone, und sie sollten daher für Schlittschuhläufer tabu sein. Spaziergänger sind gehalten, in Teichnähe die offiziellen Wege zu benutzen, um die Vögel nicht zu stören und zu vergrämen und auch den anderen Besuchern das Naturerlebnis nicht zu verderben. Überhaupt bekommt man von den Wegen aus meist mehr zu Gesicht, da sich Tiere an den Anblick des Menschen aus der Distanz gewöhnen. Oder aber man sucht spezielle Aussichtspunkte auf, wie den hölzernen Beobachtungsturm am Südwestufer des Frauenteiches, errichtet vom Naturschutzinstitut (NSI) Dresden des Naturschutzbundes (NABU). Unbedingt gehören Hunde an die Leine, damit sie nicht die brütenden Vögel verschrecken oder Vogelschwärme bei der Futtersuche aufscheuchen.

Auf die Nachbarschaft kommt's an!

Bei aller Wertschätzung des Frauenteiches wäre es nicht gerechtfertigt, die anderen Teiche zu übersehen! Alle verfügen sie über ein breites Spektrum an Pflanzen und Tieren und können jeweils auch mit Besonderheiten aufwarten. So liegt der Dippelsdorfer Teich fast gänzlich im Offenland, umgeben von Wiesen und Äckern. Andere, wie der Sophienteich, die Altenteiche und der Steingrundteich sind vollkommen von einer Waldkulisse eingerahmt. Einige Teiche wurden für Erholungszwecke erschlossen, andere blieben relativ ungestört. Zudem bilden die Teiche einen Komplexlebensraum, jeder einzelne Teich verkörpert darin ein Mosaiksteinchen. Manche Arten kommen mit einem Teich allein auch gar nicht aus, sie benötigen den Gesamtzusammenhang mehrerer Teiche und angrenzender Biotope, um Nahrung zu suchen und bei Störungen oder zeitweilig ungünstigen Bedingungen in die Nachbarschaft auszuweichen. Für Flora und Fauna ebenfalls wichtige an die Moritzburger Teiche angrenzende Lebensräume sind Birken-Moorwälder, Birken-Eichenwälder, Eichen-Hainbuchenwälder, Hainsimsen-Buchenwälder, Zwischenmoor- und Niedermoorbereiche sowie Grünlandflächen unterschiedlicher Ausprägung, aber auch die offene Feldmark mit Gebüschen, Hecken, kleinen Waldstücken, Halbtrockenrasen und Äckern.

Hingewiesen sei auf den Bruchwald am Mittelteich, mit Verlandungsvegetation und artenreichem Niedermoor in beispielhafter Ausprägung. Am Dippelsdorfer Teich leiten Röhrichte zu Binsen-Pfeifengraswiesen über, die sich durch mehrere botanische Raritäten auszeichnen. Im Stauwurzelbereich des Johann-Georgen-Teiches wechseln auf engem Raum Kleinseggenrieder, Naßwiesen, Erlenbruchwald und Röhrichtzonen einander ab. Ganz in der Nähe stockt an einem leicht nordwärts geneigten Hang ein geschützter Erlen-Eschen-Wald, in dem im April als Spezialität der Scheidengelbstern blüht, ein stark gefährdetes Zwiebelgewächs. Am Rande des Oberen Altenteiches gibt es bemerkenswerte Erlen-Bruchwälder auf staunassem Standort. Eine über 200jährige Rotbuche am steinigen Ufer ist wegen ihrer Auffälligkeit und Schönheit als Naturdenkmal geschützt. In den vielen hohlen Bäumen nördlich des Unteren Altenteiches finden Höhlenbrüter wie Schellente und Hohltaube geeignete Nistplätze. Nicht weit entfernt, fällt die romantisch anmutende Mückenschlucht mit offenen Felsbildungen und unverbautem Bachlauf inmitten von Buchenwald auf.

Die Teiche „schweben" keineswegs im luftleeren Raum, wie Perlen sind sie eingeflochten in ein sinnvolles Gewebe der Landschaft, beeinflußt und geprägt von ihrer Umgebung und mit ihr in vielschichtigen Wechselbeziehungen stehend.

Abendstimmung am Frauenteich

Der Sophienteich ist allseits von Wald umgeben.

Der befriedete Wald

Die Seele wird von Pflastersteinen krumm.
Mit Bäumen kann man wie mit Brüdern reden und tauscht bei ihnen reine Seele um.
Die Wälder schweigen. Doch sie sind nicht stumm,
und wer auch kommen mag, sie trösten jeden.

Erich Kästner, 1899 - 1974

Kiefern verströmen würzigen Harzgeruch, die Blätter der Birken und Eichen säuseln im Wind. Durch das Blätterdach einfallende Sonnenstrahlen zaubern ein Wechselspiel von Licht und Schatten herbei. Ein Buchfink schmettert sein Lied, unermüdlich trommelt ein Buntspecht. Am Himmel kreist ein Mäusebussard, über den Baumwipfeln krächzen zwei Raben. Von weither schallt das „krikrikri" eines Schwarzspechtes. Bunte Blütentupfer übersäen die kleine Wiese mitten im Wald. Auf den Wegen und Schneisen tummeln sich Spaziergänger, Radfahrer und Reiter, um das große Forstgebiet zwischen Moritzburg im Nordosten sowie Coswig und Weinböhla im Südwesten zu erkunden, den Friedewald.

Noch in frühgeschichtlicher Zeit war Sachsen überwiegend unerschlossenes Waldland. Nur Pfade führten durch den Urwald, durch sumpfige und moorige Niederungen. Der Friedewald trennte zu Zeiten der friedlichen Landnahme durch die Vorfahren der Sorben um 600 die Gaue Nisani und Daleminze. Zuvor Niemandsland, wurde er dann Königswald, über den der Herrscher den Bann verhängte: In ihm durften keine militärischen Aktionen stattfinden.

Der seit 1326 immer wieder in Lehens- und Vertragsakten auftauchende Name „Friedewald", Wald in dem der „Friede des Königs" galt, ist sicherlich dieser Tatsache geschuldet. Eine andere Erklärung nimmt auf eine feststehende Abgrenzung (Abfriedung) Bezug. Bei der Lehenshoheit über den Friedewald wechselten sich zunächst die Burg- und Markgrafen von Meißen und die Kirche mehrmals ab. Die Burggrafenheide, ein 150 ha großer Waldteil nordöstlich von Weinböhla, erinnert noch an vergangene Besitzverhältnisse.

Anfang des 15. Jahrhunderts gliederten die Sachsenherrscher Friedrich der Streitbare und Friedrich der Sanftmütige den gesamten Friedewald in ihr unmittelbares Eigentum ein: ... „nemelichen genannt der Friedewald den wir uns und unßn Erbn unvkaufft behalden".

Viehweide und Holzplantage

Bis zur Gründung des Bistums Meißen (968 u.Z.) blieb der Friedewald sich im wesentlichen selbst überlassen. Erst die Große Rodungsperiode brachte neue Dörfer hervor, auf Kosten des Waldes an dessen Rändern und vereinzelt auch im Waldesinneren. Bis zum 13./14. Jahrhundert war der Wald in etwa auf die heutigen Außengrenzen geschrumpft.

Gegenwärtig sind zwei Bezeichnungen gleichermaßen gebräuchlich: „Moritzburger Wald" und „Friedewald", letztere vorzugsweise für das Waldareal südwestlich von Moritzburg, unter Ausschluß des eigentlichen Teichgebietes, wobei die Grenzen absolut fließend sind.

Wenn auch – erstaunlicherweise – die Ausdehnung des Friedewaldes über die Zeiten mehr oder weniger konstant blieb und heute noch dreieinhalb Tausend Hektar kompakte Waldflächen umfaßt, so gilt das nicht für die Struktur des Waldes selbst. Versuchen wir, die Veränderungen des Waldbildes nachzuvollziehen: Die unwegsamen Urwälder und Brüche luden unsere Ahnen nicht gerade zum Verweilen ein. Noch lange Zeit waren hier Axt und Forstmann ein Fremdwort. Erlen stockten auf sumpfigem Grund, Eichen und Buchen auf den frischeren Standorten. Die ärmeren, noch trockeneren Verwitterungsböden und Sande trugen nur Birken, Espen und ein paar Kiefern. Als erste Nutzer traten die Bauern der Randdörfer auf den Plan; sie schlugen nach Bedarf Bau- und Brennholz und trieben ihre Schweine zur Eichel- und Bucheckernmast in den Wald. Mit dem wirtschaftlichen Aufschwung des Landes und der Zunahme der Bevölkerung im 15. Jahrhundert stieg der Holzbedarf enorm an. Die nahe Residenzstadt, die verschwenderische Hofhaltung und die klammen Kassen des Landesherrn verbrauchten Unmengen an Holz, ebenso wie die aufblühenden Städte und Dörfer im Elbtal mit ihren neuen Manufakturen und Gewerken. Baugewerbe, Heizöfen und Holzkohlemeiler verschlangen große Teile des Waldes. Da man diesen anfangs für ein unversiegbares Reservoir hielt, schöpfte man aus dem Vollen, an Waldpflege war nicht zu denken. Den Walderneuerungsprozeß sollte die Natur besorgen. Streunutzung, Laubrechen, Waldweide verhinderten aber eine natürliche Verjüngung und gutes Waldwachstum.

Spätestens im 16. Jahrhundert wurden die nachteiligen Auswirkungen des Raubbaues am Walde und damit auch die möglichen Folgen für das feudale Jagdvergnügen immer offensichtlicher. Abhilfe sollte das um 1550 eingeführte Amt Moritzburg schaffen, das auch für die Waldbetreuung zuständig war und die Dienstleistungen der umwohnenden Frondienstpflichtigen regelte, z.B. die Instandhaltung der Forstwege. Der Friedewald wurde in die Jagdbezirke Eisenberg, Kreyern und Steinbach verwaltungsmäßig aufgeteilt. 1557 beauftragte Kurfürst August den Mathematiker Johann Humelius mit der Vermessung des Friedewaldes, Georg Oeder brachte die Arbeiten 1574 zu Ende. Die beiden Kurfürsten Moritz (1541-1553) und August (1553-1586) erließen eine Reihe von Forstordnungen (1543, um 1550, 1560, 1580). Diese enthielten hauptsächlich Maßnahmen zum Jagd- und Wildschutz, darunter das Verbot zum Einschlag von Masteichen und Mastbuchen, die späteren befaßten sich besonders mit dem Waldzustand und den Waldberechtigungen der Gemeinden. Vorrangig waren die Verfügungen darauf ausgerichtet, die maßlosen Holzentnahmen einzuschränken und zu kontrollieren, vor allem um die Wälder als Wildbahnen für das fürstliche Jagdvergnügen zu bewahren und zu verbessern. Außerdem galt es, dem drohenden Gespenst der Holznot zu begegnen und für Bauern und Bürger eine „währende“, das heißt nachhaltige, Versorgung mit Brenn- und Bauholz zu sichern.

Allerdings hatte man erkannt, daß die von den Bauern ausgeübten forstlichen Nebennutzungen kaum zu verbieten, ja für die landwirtschaftliche Produktion geradezu unverzichtbar waren. Deshalb versuchte man, aus dem Übel wenigstens Vorteile für die kurfürstlichen Kassen herauszuholen. Aus dem Verkauf von Laub, Streu, Gras, Eicheln und Hutungsrechten ließ sich schönes Geld einnehmen, oder man konnte Gegenleistungen fordern. Ab 1543 durften die Bauern nur gegen Bezahlung Holz einschlagen, sie behielten aber das Recht, ihr Vieh in den Wäldern frei weiden zu lassen und an bestimmten Tagen Laub zu sammeln. Das System der vielfältigen Nebennutzungen und „Berechtigungen“ war dem Wald absolut unzuträglich, die Waldverwüstung schritt weiter fort. Noch um 1800 trieben die Bauern jährlich etwa 3500 Stück Vieh (2200 Schafe, 1290 Rinder, 70 Pferde) in den Friedewald und um 1830 karrten sie 3364 Fuder Streu auf ihre Felder. 1832, im Jahr der Ablösung der Servituten, gab es im Friedewald 212 ha Blößen und Räumden, das entspricht 7-8 % der Gesamtfläche.

Noch 1595 registrierte das Amt Moritzburg folgende Baumartenkombination im Friedewald:

- Schwarzes Holz, Blaseberg, Rauchenholz und Thiersberg: meistens mit Buchen, Eichen und Erlen bestockt.
- Das Hohe Holz (zwischen „Bernsdorf“ und „Großdippelsdorf“): mit alten Eichen bestockt.
- Burggrafenheide: meistens mit Eichen und einzelnen Erlen bestockt.
- Laubenberg, Spitzberg, Hohnstein, Buchholz: junge Buchen, Eichen, Erlen und einzelne Kiefern.

Rotbuchen und Hainbuchen wurden nicht getrennt ausgewiesen. Vermutlich dominierte die Hain- oder Weißbuche, da sie sich aus Stockausschlägen besser regenerieren kann.

Um 1650 nahmen Nadelhölzer nur 24 % der Holzbodenfläche des Friedewaldes ein.

Im 18. Jahrhundert war der Buchen- und Eichenanteil stark reduziert, stattdessen breiteten sich Erlen und Birken aus, nur noch kleinere Flächen waren mit Buchen und Eichen bewachsen, unter ihnen viele alte, masttragende Bäume. Ende des 18. Jahrhunderts ging man dazu über, Kiefernsamen auf Kahlschlägen auszusäen, ab 1781 existierte ein kleiner Eichgarten als Pflanzenerziehungsstätte in Moritzburg, bald darauf wurden erstmals Fremdlinge angepflanzt: 1790 Lärchen, 1792 die zum Teil noch heute vorhandenen Weymouthskiefern am Hellhaus.

Bis ins 18. Jahrhundert standen den Laubhölzern, besonders Eiche und Buche, große Absatzmöglichkeiten als Brennholz und in der Köhlerei offen und sie wurden zugunsten eines hohen Wildbestandes gefördert. Das änderte sich im 19. Jahrhundert: Es stieg die Nachfrage nach Nadelhölzern als Bau- und Grubenholz sowie als Rohstoff für die chemische Industrie, u.a. für die Papier- und Zellulosefabrikation, während der Brennstoffbedarf nun weitgehend durch Kohle gedeckt werden konnte. Ganz im Sinne Heinrich Cottas (1763-1844), der 1810 zum Direktor der sächsischen Forstvermessungsanstalt berufen wurde, begannen die Forstleute, die verlichteten, blößenreichen Wälder und Gebüsche im Kahlschlagverfahren in stammzahl- und ertragreiche Nadelholzforsten aus Fichten und vor allem Kiefern umzuwandeln. Alle Reviere wurden durch ein System von Flügeln und Schneisen in fast gleichmäßig große Abteilungen neu aufgeteilt. Erstmals stellte man auch Betriebspläne auf. Koniferenmonokulturen verdrängten bald große Teile des Laubwaldes. Außerdem begann man, die fast den halben Friedewald einnehmenden unproduktiven Sümpfe durch ein weitverzweigtes Grabensystem zu entwässern. 1848 und auch noch um 1900 hatten die Nadelhölzer mit 88 % der Holzbodenfläche absolute Vorherrschaft erlangt, insbesondere die Kiefer, während sich die Fichte auf grundfeuchte und frische Standorte beschränkte. Seit 1833 wurde das Nadelholz in speziellen Kämpen angezogen. Erst nach dem 1. Weltkrieg rückte man vom ausschließlichen Kahlschlagverfahren ab, denn in der 2. und noch augenfälliger in der 3. Generation des Reinanbaues von Koniferen sank die Ertragsleistung vieler Bestände durch Bodenversauerung oder erhöhte Anfälligkeit gegen Rauchgase und Schädlinge.

In den Nachkriegsjahren nach 1945 schlug der Forst viel Holz für den Wiederaufbau, die Dorfbewohner deckten sich mit Brennholz ein. Ab Mitte der 1960er Jahre errichtete die Sowjetarmee militärische Anlagen am X-Weg, darunter zwei massive Bunker und eine Unmenge an Fahrzeugbuchten im Waldboden. Am 12. August 1992 übergaben Offiziere der GUS-Truppen das Areal für friedliche Zwecke an Deutschland zurück.

Dem Naturwald mehr Raum!

Nach 1950 erfuhr die „vorratspflegliche Waldwirtschaft" eine höhere Wertschätzung, die Oberförsterei Moritzburg durfte sich mit dem Status eines Beispielreviers schmücken. Durch horst- und gruppenweisen Anbau von Eichen und Buchen gelang es, den Laubholzanteil wesentlich zu erhöhen. Allerdings ist der vermehrungsfreudigen amerikanischen Roteiche trotz ihres attraktiv gefärbten Herbstlaubes mit Skepsis zu begegnen, da sie die einheimische Bodenflora unterdrückt und das abgefallene Laub nur schwer verrottet. Im Jahre 1956 war der

Ehrfurchtgebietende Baumveteranen: Stieleichenallee im Tiergarten (Allee IV), abgestorbene Rotbuche am X-Weg, Rotbuche am Oberen Altenteich

Frühlingsblüher im Laubwald: Hainveilchen (links), der sehr seltene Scheidengelbstern (Mitte) und Waldsauerklee (rechts)

Anteil des Nadelholzes auf 71 % (Kiefer 62 %, Fichte 6 % und Lärche 3 %) zurückgegangen, Laubhölzer erreichten jetzt 29 % (Eiche 11 %, Erle 4 %, Birke 6 %, Buche und sonstige Hartlaubhölzer 8 %). Seitdem blieb das Verhältnis zwischen Nadel- und Laubholz in etwa konstant, die Forstleute haben sich aber das Ziel gesteckt, den Laubwaldanteil auf 50 %, besser noch auf 60 % zu erhöhen. Nadelholz-Monokulturen sind also passé, naturnahe Buchen-Eichen-Mischbestände auf dem Vormarsch. Nicht standortgerechte Forsten werden auch über Kleinkahlschäge bis 1 ha Größe umgewandelt, damit es schneller und rationeller geht. Kahlschläge haben nicht nur Nachteile, für manche Arten, die Offenflächen benötigen, sind sie sogar günstig, auch werden auf diese Weise interessante Waldbilder erzeugt.

Die Forstleute fühlen sich in wachsendem Maße den Grundsätzen der Nachhaltigkeit verpflichtet, sie bemühen sich um ökologisch stabile Wälder aus standortgerechten Baumarten und um die Bewahrung natürlicher Biotope. Um gegen Insektenkalamitäten resistente Waldbestände zu erziehen und die Artenvielfalt zu fördern, werden Alt- und Totholzbäume stehen gelassen und artenreiche, strukturierte Bestände bevorzugt. Dies kommt auch den vielen Besuchern des Friedewaldes zugute, denn der überwiegende Teil der Wälder erfüllt neben der Holzproduktion besondere Schutz- und Erholungsfunktionen. Wie jüngste Untersuchungen der Forstleute ergaben, sind die Moritzburger Wälder im großen und ganzen gesund. Obwohl keinerlei Chemie eingesetzt wird, weder zur Düngung, noch zur Schädlingsbekämpfung, kommt es kaum zu Insektenkalamitäten. An Schadinsekten treten gegenwärtig lediglich Kiefernprachtkäfer und Lärchenborkenkäfer verstärkt auf. Der Kahlfraß an Eichen durch Eichenwickler und Frostspanner zieht keine Bekämpfungsmaßnahmen nach sich, da sich die Bäume von allein wieder erholen. Vor allem Kiefern im Stangenholzalter sind aber durch Feuer gefährdet, Waldbesucher sollten sich daher strikt an das generelle Rauchverbot im Walde halten. Sehr problematisch ist der Wassermangel, hervorgerufen durch Grundwasserabsenkungen und zu geringe Niederschläge in den letzten Jahren. Das bedeutet Streß für die Bäume, besonders für die alten Buchen und Eichen, die einen höheren Grundwasserstand gewöhnt waren. Infolgedessen neigen die Kronen der Baumveteranen zur Verkahlung.

Noch ein Wort zu den Eigentumsverhältnissen: Erstmals in seiner Geschichte ist der Friedewald aufgesplittert: In den Besitz teilen sich vier große Eigentümer (zwei Wettiner, der Prinz zur Lippe, der Freistaat Sachsen) und mehr als 1000 Kleineigentümer. Im Privatwald herrscht nicht etwa blanke Willkür, sondern auch hier gelten Gesetze, Richtlinien und ökonomische Rahmenbedingungen. Das freie Betretungsrecht – mit den notwendigen Einschränkungen, z.B. dem Wegegebot in Naturschutzgebieten – ist auch im Privatwald gewährleistet, ein rücksichtsvolles und umsichtiges Verhalten im Walde sollte eigentlich selbstverständlich sein.

Nehmen wir die Pflanzenwelt etwas genauer unter die Lupe! Dem Gesteinsuntergrund angepaßt, dominieren säureliebende Arten in allen Vegetationstypen, also z.B. Drahtschmiele, Wiesenwachtelweizen, Heidel- und Preiselbeere, Adlerfarn und Pfeifengras. Von den Straucharten kommen vor allem Schwarzer und Roter Holunder, Faulbaum und Haselnuß vor. Auf ausgesprochenen Sandböden fühlt sich das Heidekraut wohl und an offenen sonnigen Orten der Besenginster. Feuchtere Stellen, wie die Talsohle des Lockwitzbaches, fallen im Frühjahr durch die weißen Blütensterne des Buschwindröschens auf oder durch die grünen Teppiche der Zittergras-Segge.

Fenster im Walde: die Wiesen

In die geschlossenen Wälder des Friedewaldes sind hier und da Wiesen eingestreut, die das Landschaftsbild beleben, spezielle Lebensräume für Flora und Fauna schaffen und damit die Artenvielfalt erhöhen. Die Waldwiesen liegen oft in Senken, in denen sich das Wasser staut.

Am bekanntesten ist wohl die 2,4 ha große Moselwiese. In ihrer Mitte entspringt der Moselbach, der in das Rote Bächel mündet. Wiesen müssen jährlich gemäht werden, damit sie nicht verbuschen und bewalden und damit die Grünlandarten genügend Licht tanken können und nicht Zugrundegehen. Zu DDR-Zeiten hat die LPG sich darum gekümmert und zweimal im Jahr Heu geworben. Ab 1990 unterblieb das zunächst, von 1992 an waren dann ABM-Kräfte am Werk und ab 1996 das bereits erwähnte Naturschutzinstitut Dresden (NSI). Die regelmäßige Mahd und der Rückbau der Entwässerungsgräben sind Spitzblütiger Binse, Wolligem Honiggras, Sumpfveilchen,

Die sagenumwobene Lobetanzwiese

Die Bohnswiese – Eldorado seltener Pflanzen und Tiere

Wassernabel, Blutwurz, Sumpflabkraut, Schmalblättrigem Wollgras und weiteren seltenen Pflanzen der Moselwiese gut bekommen. Zu den besonders artenreichen und wertvollen Waldwiesen zählt auch die Bohnswiese, deren Name sich auf die „Wüste Mark Ponewitz“ bezieht. Auch sie wird regelmäßig gepflegt, ebenso wie mehrere andere Wiesen im Friedewald. Einige Waldwiesen aber, wie die ca. 1 km südlich der Mistschänke befindliche Tote-Mann-Wiese, haben ihren Artenreichtum durch unsachgemäße Behandlung eingebüßt.

In der Talaue des Lockwitzbaches im Spitzgrund gab es zur Blütezeit der Teichwirtschaft die „Zimmermannschen Teiche“. Übrig blieben nasse Wiesen, die Teichwiese und die Brückenwiese. Die noch vorhandenen Dämme kommen dem Hochwasserschutz der Stadt Coswig zugute. Bis 1945 weideten Schafe und Ziegen auf der Teichwiese, seitdem ergreifen Hochstauden, Röhrichte und Erlengehölze von ihr Besitz.

Die Namen mancher Waldwiesen lassen auf frühere Eigentümer oder Nutzungszwecke schließen: z.B. Bauernwiese, Ziegelwiese, Försterwiese. Auf der Brummochsenwiese weidete der Gemeinde-Zuchtbulle und der Ertrag an Gras, Heu und auch Torf der Schulmeisterwiese fiel früher dem Coswiger Dorflehrer zu.

Eine besondere Bewandtnis hat es mit der einen guten halben Kilometer von Kreyern entfernten, 600m langen und bis zu 100m breiten Lobetanzwiese. Lobetanz war ein religiöser Kult heidnischer Vorzeit, ein Totentanz zum „Lobe“ der Ahnen. Nach der Christianisierung geriet dieser ernste Anlaß in Vergessenheit, und es wurde ein Jugend- oder „Verlobe“-Tanz daraus, der im Frühling unter freiem Himmel oder „grünem Laub“ (Lob) stattfand. Ihre erstmalige schriftliche Erwähnung fanden die Lobetänze allgemein im 13. Jahrhundert, in Sachsen im Jahre 1400. Der Obrigkeit waren die Lobetänze ein Dorn im Auge, und so sprach sie 1580 ein generelles Verbot aus. Dies ließ sich allerdings nur schwer durchsetzen, und so blieben diese Tänze mancherorts noch lange lebendig.

Die Waldwiesen (nicht nur) im Friedewald sind also nicht nur aus ökologischer und ästhetischer, sondern auch aus kulturhistorischer Sicht interessant. Sie zu bewahren und nicht etwa aufzuforsten oder sich selbst zu überlassen, ist somit aus mehreren Gründen gerechtfertigt und notwendig, auch wenn sie nur höchst bescheidene Erträge an Grünfutter liefern, das zudem in der heutigen leistungsorientierten Viehzucht kaum verwendet werden kann.

Frösche auf Wanderschaft

Eine herrliche Schule ist die Natur für das Herz!

Ludwig van Beethoven, 1770-1827

Wer im zeitigen Frühjahr die Straßen am Auer befährt, dem fallen Verkehrszeichen mit dem Abbild eines Frosches auf sowie niedrige grüne Plasteplanen als Absperrungen am Straßenrand, sogenannte Amphibienzäune. Frösche, Kröten und Molche haben die Angewohnheit, alljährlich im Frühling, je nach Witterung so ab Mitte Februar – koste es was es wolle – in den heimatlichen Tümpel oder Teich zurückzukehren, um dort zu laichen. Dabei überqueren sie auch Straßen. Durch den sprunghaft angestiegenen Autoverkehr nach der Wende (etwa um das 10fache) haben die Gefahren für die Tiere enorm zugenommen. Ab 1991 stellten daher die Mitglieder der „Interessengemeinschaft Friedewald“, unterstützt durch viele freiwillige Helfer, zwischen Ende Februar und Anfang April erstmals Krötenzäune entlang der Straße neben dem Ilschenteich und dem Kapellenteich auf. Sie fingen die wandernden Spring-, Gras-, Moor- und Teichfrösche, die Erdkröten und Kammolche in Eimern am Straßenrand und trugen sie hinüber. Auf der Suche nach einer dauerhaften Lösung entschied man sich 1997 für den Bau eines Amphibientunnels.

Lautes Froschquaken schallt auch im Frühling aus dem Seerosen-

Der Ilschenteich – idyllisch gelegen im Wald am Auer

teich, einem aufgegebenen kleinen Steinbruch am Gabelweg, der sich mit Wasser füllte und in ein kleines Naturparadies verwandelte. Um 1930 hatten Naturfreunde Seerosen eingesetzt; bemerkenswert sind auch die Schwimmblattpflanzenzone aus Laichkräutern, Wasserknöterich, Wasserhahnenfuß sowie am Uferrand ein breiter Gürtel aus im Mai leuchtend weiß blühendem Fieberklee. Auch der nahe Weißfischelteich, ebenfalls ein unter Wasser stehendes Steinbruchrestloch, dient vielen Pflanzen und einer Unmenge an Insekten, etlichen Weichtieren, Amphibien, Reptilien und Vögeln als Lebensraum.

Von Wildschweinen und Wölfen

Dank der abwechslungsreichen Waldtypen ist im Friedewald eine mannigfaltige Fauna beheimatet, darunter sehr viele Vogelarten, ganz zu schweigen von der breiten Palette an Insekten und anderem Kleingetier, das da kreucht und fleucht. Der vom königlichen Hofe als Edelwild hochgeschätzte Rothirsch gehört nicht mehr zu den bodenständigen Arten, seit 1990 haben sich auch keine Überläufer aus der Dresdner und der Laußnitzer Heide mehr hierher verirrt, da die ausgebaute und gezäunte Autobahn eine unüberwindliche Barriere darstellt. Dafür wurde ab 1974 Damwild eingebürgert, das sich ungeachtet eines vorübergehenden Rückganges Anfang der 1990er Jahre seitdem auf 150 bis 160 Exemplare vermehrt und ausgebreitet hat. Auch

Das Kreyerner Wolfsdenkmal im Friedewald

Es ist nicht auszudenken,
wie gefährlich die Welt ohne Tiere sein wird.

Elias Canetti, 1905 - 1994

Noch im 17. Jahrhundert war der Wolf in Sachsen allgegenwärtig. Im Hauptstaatsarchiv aufbewahrte Jagdverzeichnisse der sächsischen Kurfürsten geben Auskunft, daß allein Johann Georg I. während seiner Regierungszeit von 1611 bis 1656 nicht weniger als 3897 Wölfe zur Strecke brachte, im Schnitt also 90 im Jahr. Die Schußlisten Augusts des Starken weisen für die Zeit von 1694 bis 1717 nur noch 240 getötete Wölfe nach, das sind etwa 10 im Jahr. Da die hohe Jagd, welche den Wolfsfang mit einschloß, nicht vom Kurfürsten allein ausgeübt wurde, geben die Zahlen kein vollständiges Bild von der Menge der erlegten Wölfe. Mit Beginn des 18. Jahrhunderts war die Glanzzeit der Wölfe in Sachsen vorüber. Man hatte ihnen so nachgestellt, daß sie etwa um 1750 als bodenständige Tiere verschwanden. In der Umgebung Dresdens kam der Wolf nie in großer Zahl vor. Wechselte doch einer aus einem ferngelegenen wolfreichen Revier ein, so wurden sofort Treib- und Netzjagden veranstaltet, die fast regelmäßig mit der Vernichtung des Eindringlings endeten. Die Seltenheit des Wolfes in der hiesigen Gegend ist wohl auch daraus zu erkennen, daß man die einzelnen Erlegungen der Nachwelt urkundlich überlieferte und zur Erinnerung daran in drei Fällen besondere Wolfsdenkmäler errichtete.

Das nahe der Meißen-Moritzburger Landstraße zwischen Weinböhla und Kreyern stehende Wolfsdenkmal ist am ältesten, 1618 meißelte es der Dresdener Bildhauer S. Walther im Auftrag des Kurfürsten Johann Georg I., also aus einer Zeit, da anderwärts der Wolf noch sehr zahlreich vorkam. Es handelt sich um eine über 6 m hohe, vierseitige steinerne Säule, auf der die lebensgroße, aus Stein gehauene Gestalt eines sitzenden Wolfes ruht. Die Inschrift lautet: „Im Jahr 1618 den 20. Aprilis hat auff den Friedewalde an hiesigen ortte der durchleuchtigste Churfürst zu Sachsen und Burggraf zu Magdeburg Herr Johann George der Erste kegenwärtigen Wolff behetzet und geschossen zu welchem Gedächnüsse höchstgedachte Seine Churf. Durchl. dieses Waldt zeichen verferttigen und auffrichten lassen." Dann erscheint die namentliche Auflistung der Angehörigen der illustren Jagdgesellschaft.

Unaufhörlich nagte der Zahn der Zeit am Denkmal, so daß der Wolf mehrfach restauriert oder gar ausgetauscht werden mußte. Um 1930 hat der Landesverein Sächsischer Heimatschutz das durch Witterungseinflüsse beschädigte Wolfsdenkmal reparieren lassen. „Naturgetreu und schöner wie früher schaut nun dort der grimme Wolf, der durch unsachgemäße Ausbesserungen und die Länge der Zeit verstümmelt war, von der hohen wuchtigen Säule hinaus in den stillen Friedewald", schrieb A. Klengel (1930) in den Mitteilungen des Landesvereins, gab aber zu bedenken: „Der Wolf genoß einst, wie auch heute noch, trotz seiner Raubgier eine große Volkstümlichkeit im deutschen Lande. In Märchen und Sagen ist er eine häufig wiederkehrende Erscheinung. Der Wolf ist nicht geeignet, der Fürsorge des Naturschutzes teilhaftig zu werden, selbst wenn er noch in unserm Vaterlande vorkäme. Es würde eine sehr undankbare Aufgabe sein, in einem dichtbesiedelten Lande für seine Schonung einzutreten", – wovon die heutigen Wolfsschützer in Sachsen ein Liedlein singen können.

1996 schlugen Vandalen dem steinernen Wolf Schnauze und Ohren ab. Ein Coswiger Steinmetz restaurierte ihn im Jahre 2004 mit finanzieller Unterstützung des Wettinischen Waldbesitzers.

Rehe und Füchse sind reichlich vorhanden, selbst Dachse, die mitunter nächtliche Besuche in Gärten abstatten. Die Rehe bekommt man aber kaum noch zu sehen, da zu viel Unruhe im Walde herrscht, verursacht von Spaziergängern mit Hunden, von Reitern und Pilzesuchern. Das Wild traut sich meist erst zwischen Mitternacht und Morgengrauen aus der Dickung. Der Schalenwildbestand insgesamt beträgt derzeit etwa 30 Stück / 100 ha Waldfläche im Frühjahrsbestand, davon werden jährlich ca. 12 Stück pro 100 ha Waldfläche geschossen. Die wenigen Waldhasen genießen durchgehende Schonzeit.

Das Hauptaugenmerk der Jäger gilt derzeit dem Schwarzwild. Vor 40 bis 50 Jahren nur als Wechselwild vorhanden, fehlte es Anfang der 1970er Jahre fast gänzlich, bevor es seit 1976 zum Standwild wurde und von da ab geradezu explosionsartig zunahm. Die Hegegemeinschaft Moritzburg erlegte im Jagdjahr 2002 sage und schreibe 557 Exemplare, dies ist eine Jagdstrecke wie es sie bislang nicht gab. Die Wildschweine profitieren von den aktuell vorherrschenden großen Maisfeldern; mit weiterem Anstieg der Bestände wird gerechnet. Vor wenigen Jahren sind Waschbär und Marderhund im Friedewald aufgetaucht und haben sich seitdem reichlich vermehrt, sehr zum Mißfallen von Jägern und Vogelkundlern. Viele im Friedewald vorkommende Kleinsäugerarten führen ein sehr heimliches Leben, so die Fledermäuse, Maulwurf und Igel, die insektenfressenden Spitzmäuse und die Echten Mäuse, auch die Marderarten.

Die Zeiten, da der Wolf den Friedewald durchstreifte, sind wohl einfürallemal vorbei. Anders als in der Oberlausitz, wo sich seit 2000 aus Polen eingewechselte Wölfe aufhalten und fortpflanzen, herrscht hier einfach zu viel Trubel. An Isegrim erinnert noch die Wolfssäule, die anläßlich eines 1618 vom Kurfürsten Johann Georg I. erlegten Wolfes aufgestellt wurde.

Verschwundene Dörfer

Trotz der günstigen Lage zur Residenz der sächsischen Landesherren und der wachsenden Bevölkerungszahlen im Umfeld blieb der Friedewald als weitgehend geschlossenes Waldgebiet erhalten und wurde kaum besiedelt. Unfruchtbare Böden, die Rolle als fürstliches Jagdrevier sowie die Forstordnungen zeigten Wirkung. Dabei hielt sich der Mensch schon sehr frühzeitig in den Wäldern auf, bereits vor rund 4000 Jahren. Gefäßfunde aus dem Neolithikum, der Jungsteinzeit, am Rande der ehemaligen Kreyerner Sandgrube von 2000 v.u.Z. sprechen für eine sehr dünne halbnomadische Besiedlung. Bronzezeitliche Gräberfelder an Mosel- und Bohnswiese sowie zwischen Steinbach, Mistschänke und dem Neuen Anbau deuten auf vorübergehende Anwesenheit des Menschen vom 3. Jahrhundert bis um 750 v.u.Z. Das mit 500 m Länge und 200 m Breite größte Gräberfeld am Lindenberg zählt rund 300 Einzelgräber. Die Hügel haben verschiedene Ausmaße, von 3 bis 15 m Durchmesser und von 0,5 bis 2,4 m Höhe.

Schankstätte seit über 130 Jahren: Gasthof zum Auer

Im Zuge der bäuerlichen Kolonisation (ab 1000) erschienen neue weilerartige Dörfer auf der Bildfläche, wie Krauschen (am Neuen Anbau), Kryre (1406, Kreyern), Ponewitz (an der heutigen Bohnswiese), Droschkewitz (östlich von Oberau). Die meisten Ansiedlungen im Friedewald gingen wieder ein, da sich die armen Böden für die Landwirtschaft nicht eigneten. Hinzu kam ein rapider Rückgang der sächsischen Bevölkerung infolge von Pest und Hussiteneinfällen im 15. Jahrhundert. Die beträchtlichen Rodungen rings um die Dörfer eroberte größtenteils der Wald zurück. Geblieben sind die uralten Verbindungswege zwischen den Dörfern, so der X-Weg von Lindenau über Ponewitz (Bohnswiese) nach Kreyern. Das Dorf Krauschen gab seinen Namen dem im Oberreitschen Atlas von 1841/43 verzeichneten Karauschenbruch, in dem seinerzeit Torf gestochen wurde. Die nach Süden anschließende Wiese an der Großenhainer Straße hieß bereits 1795 Karauschenwiese.

Aus Kreyern jedoch vertrieb kurfürstlicher Befehl die Bewohner im Jahre 1556, denn sie waren ein Hindernis für Augusts Wildbahn.

Forsthaus Kreyern – nach denkmalgerechter Rekonstruktion 2005 in alter Schönheit

25 „besessene Mann", ein Förster und ein Gastwirt hatten in dem Bauerndorf (altsorbisch „Kryry": der Ort, wo es krächzt) gewohnt. Es gab eine kleine Kapelle, die bei der Namensgebung für den Kapellenteich Pate stand. Auf Geheiß des Kurfürsten wurde später in Kreyern ein großer Stall für über 100 Ochsen geschaffen, der bis 1820 existierte. Der produzierte Dung war für die kurfürstlichen Weinberge in der Lößnitz bestimmt.

In Kreyern steht eines der romantischsten Forsthäuser Sachsens, auf alle Fälle ist es das zweitälteste im Lande. 1628 erstmals als Jagdhaus erwähnt, brannte es 1847 ab und erhielt dann seine heutige Gestalt. Ein Glücksumstand für das von Pilzbefall geplagte und vernachlässigte Forsthaus ist, daß sich das Sächsische Forstamt Moritzburg entschieden hat, es denkmalgerecht instandzusetzen und mit seinen Revierförstereien Moritzburg, Fasanerie und Oberau im Jahre 2005 dort einzuziehen. Besucher werden sich über den Wald und forstliche Traditionen informieren und forsthistorische Gerätschaften bewundern, Liebhaber von Wildfleisch dieses frisch und portioniert kaufen können.

Das Forsthaus Kreyern ist Endpunkt der drei von der Interessengemeinschaft (IG) Friedewald ehrenamtlich betreuten Spitzgrund-Lehrpfade mit 14 km Gesamtlänge. Alle drei beginnen an der Spitzgrundmühle; der Talweg folgt dem Bachlauf, der Nordweg steigt zunächst zum Spitzberg, dann zum Fuchsberg hinauf, während der Südweg zum imposanten Hohen Stein und dann an der Moselwiese und am Seerosenteich vorbei nach Kreyern geleitet.

Der nahegelegene Moritzburger Ortsteil Auer verdankt seinen Namen einem 1726 gegründeten kurfürstlichen Wisentgarten. 1728 richtete ein Tierwärter einen kleinen Ausschank für die Reisenden ein. 1869 fielen alle Gebäude in Schutt und Asche, der Neubau des Gasthauses wurde unmittelbar an die Straßenkreuzung verlegt. Ab 1930 entstanden auf dem Boden des alten Auergartens längs der Großenhainer und Weinböhlaer Straße mehrere Ein- und Zweifamilienhäuser.

Launische Bäche

Vom Auer fließt der Lockwitzbach, dessen Quellgebiet westlich von Dippelsdorf zu suchen ist, auf ca. 8 km Länge durch den Spitzgrund und Coswig bis hinunter zur Elbaue. Der Name des Baches stammt aus dem Altsorbischen („Lukavica") und heißt so viel wie „sich schlängelnder Wiesenbach". Noch Anfang des 20. Jahrhunderts hatte der Bach selbst im Stadtgebiet von Coswig einen stark mäandrierenden, das heißt gewundenen Verlauf und war von Wiesen umgeben; später begradigt, gleicht er heute dort nur noch einer Abflußrinne.

Die Wasserzuführung zur 1531 erstmals aktenkundigen Spitzgrundmühle sollte der Spitzgrundteich ganzjährig sichern, da die Fließgewässer im Friedewald stark witterungsabhängig sind und im Sommer oft trockenfallen, wie jüngst wieder 2003. Das feit die Bäche nicht gegen Hochwässer, die immer mal wieder Überschwemmungen hervorriefen und sogar Teile der Stadt Coswig unter Wasser setzten. In Erinnerung ist noch das „Jahrtausendhochwasser" 2002: Der Lockwitzbach hatte sich in einen reißenden Fluß verwandelt, trat stellenweise über die Ufer, beschädigte Häuser, überspülte Dämme, überflutete die Straße und drang in Gärten und Häuser ein. Selbst kleinere Bäche im Friedewald ließen „ihre Muskeln spielen", so das Rote Bächel; der Seerosenteich lief über und die Moselwiese glich einer Wasserlache: untrügliche Zeichen des launischen Charakters und der Kraft der Natur, die sich dem Willen des Menschen nur ungern beugt!

Reichenberger Landleben

Hat man auf der Fahrt von Dresden nach Moritzburg den Anstieg aus dem Elbtal überwunden und die Ortschaft Boxdorf durchquert, so gelangt man auf die schnurgerade auf das Schloß zulaufende Kastanienallee. Linkerhand erstreckt sich auf der leicht welligen bis kuppigen, vorwiegend landwirtschaftlich genutzten Hochfläche das noch stark ländlich geprägte und gerade deshalb idyllische und liebenswerte Reichenberg. Nur eine kleine Lücke von ein, zwei Feldstücken trennt es von Boxdorf, genauer gesagt, von dessen Ortsteil Neureichenberg am Gallberg rund um die Windmühle. Der erste urkundliche Beleg des Ortes besagt, daß 1235 das Kloster St. Afra in Meißen vier Hufen in Richenberc erhielt.

Der Kern der alten bäuerlichen Siedlung besitzt die Form eines etwa 750 m langen Straßenangerdorfes. Der ausgesprochen langgezogene und markante Dorfanger liegt an einem Hang, der nach Norden zu abfällt und im unteren Drittel von der Großenhainer Straße rechtwinklig zerschnitten wird. Auf die längste Geschichte kann vermutlich das Anwesen Großenhainer Straße Nr. 32 zurückblicken, eine zum Wohnhaus umgebaute mittelalterliche Wegekapelle. Die schmalen Höfe im Ortskern von Reichenberg drängen sich eng aneinander und weisen mit dem Giebel zur Straße. Die Strohdächer von ehedem sind nirgends mehr zu finden. Mitunter hat auch ein Brand nachgeholfen, wie jener, der in der kalten Nacht vom 18. zum 19. Februar 1913 an der Stelle des späteren Gemeindeamtes drei Güter vollständig und von einem weiteren die Scheune in Schutt und Asche legte. Trotz der einheitlichen Giebel mit Zwillingsfenstern unter der Spitze wirkt das Dorfbild abwechslungsreich, da die Fluchtlinien nicht streng eingehalten wurden. Lange Umfassungsmauern der Garten- und Wiesengrundstücke aus Bruchsteinen gliedern den Ort. Die Bauern an der Westseite des Angers hatten größere Wirtschaften als ihre Nachbarn gegenüber, weshalb man heute noch von „armer Seite“ und „reicher Seite“ spricht. Sehenswert ist das schöne Fachwerkhaus des ehemaligen Pfarrgutes, das heute den Kirchgemeindesaal beherbergt.

Reichenberg von oben aus östlicher Richtung mit der Kastanienallee (vorn)

Der Schatz in der Kirche

Beachtung verdient auch die Kirche: ein einschiffiges Langhaus, an das sich nach Osten der schmalere und im Achteck abgeschlossene Chor anschließt; nördlich an den Chor ist die zweigeschossige Sakristei, an den Westgiebel des Langhauses der Turm angebaut. Verschiedene Zeitepochen hinterließen ihre architektonischen Spuren. So kam bei Abputzarbeiten die Laibung eines romanischen Portals an der Südwand zum Vorschein. 2005 erhielt die Kirche ein komplett neues Dach. Als Kirchspiel hatte Reichenberg eine zentrale Rolle, sichtbar an der ursprünglich großen Zahl an eingepfarrten Orten: Boxdorf, Dippelsdorf mit dem „Buchholze", Wahnsdorf, Eisenberg (bis 1900), Rähnitz (bis 1913). Während Reichenberg selbst im Jahre 1801 nur 398 Einwohner aufwies, war die Parochie (Pfarrei) damals eine der stärksten in der Gegend und zählte fast 2000 Seelen.

1945 versteckte der Reichenberger Pfarrer Herrmann im Kirchengelände Porzellan, Schmuck und andere wertvolle Utensilien aus dem Privatbesitz seines Schulfreundes Prinz Ernst Heinrich, darunter eine Schreibgarnitur Kaiser Karl V. Die Sowjetarmee war schon in Moritzburg einmarschiert, da schifften beherzte Einwohner bei Nacht und Nebel die Gegenstände mit dem Kahn über den Schloßteich, luden sie auf Pferdefuhrwerke und brachten sie nach Reichenberg. Die Aktion kam 1950 ans Licht, was dem Pfarrer eine Verurteilung zu fünf Jahren Zuchthaus in Waldheim und Zwickau bescherte, wovon er bis zur vorfristigen Begnadigung im Juni 1953 zweieinhalb Jahre absitzen mußte. Weitere Schätze der Hofsilberkammer, Pretiosen und Porzellan hatten die Wettiner in 43 Kisten verstaut und im Moritzburger Tiergarten unweit des Hellhauses vergraben. 1947 fielen sie in die Hände der Roten Armee, mit Ausnahme von drei Exemplaren. Fast 50 Jahre harrten sie da aus, bis am 4.10.1996 Hobbysucher auf den spektakulären „Silberschatz der Wettiner" stießen.

Die Liste der Kulturdenkmale in Reichenberg ist lang: Vorwiegend um 1850 bis 1860 erbaute Dreiseithöfe, Torbögen, Hofeinfahrtspfeiler, die bis in die 1930er Jahre betriebene Brauerei mit Terrassenvorbau aus Bruchstein und das Schulhaus von 1892 stehen darauf. Der erste Lehrer ließ sich 1578 in Reichenberg nieder, bis 1858 kamen die Wahnsdorfer Kinder hierher zur Schule, bis 1889 auch die aus Dippelsdorf. Damals war elektrisches Licht noch ein Fremdwort, der Ort ging erst 1914-1916 ans Netz, Wasser- und Gasanschlüsse wurden zwischen 1929 und 1931 installiert.

Dorfanger mit majestätischer Eiche und Pfarrgutsgebäude von Reichenberg

Der unscheinbare Reichenberger Bach floß früher frei durch's Dorf, in den Gärten gab es kleine Teiche und Tümpel, im Laufe der Jahre hat man diese aber zugeschüttet und den Bach verrohrt, angeblich um der Mückenplage Herr zu werden. An der Dorfstraße fällt die gutgewachsene und vitale Eiche auf, mit einem Stammdurchmesser von 1,2 m, einer Höhe von 21 m und einem Kronendurchmesser von 25 m. Zu Ehren des „alten" Kaiser Wilhelm I. hundertjährigen Geburtstages war sie am 22. März 1897 gepflanzt worden.

Reste bunter Wiesen

Sei dessen eingedenk, daß noch die kleinste Blume leben will,
und sei es ein wildes Kraut. Es hat seinen Sinn.

Erasmus von Rotterdam, um 1466 - 1536

Im feuchten Wiesengrund am Reichenberger Bach, an der Niedergasse, blieben einige blumenreiche Wiesen erhalten, kleinflächig auch sumpfige Stellen mit Seggenriedern. Im Frühling fallen die satt goldgelb leuchtenden Sumpfdotterblumen, der hellgelbe Scharfe Hahnenfuß und die weiß und schwachrosa gefärbten Blüten des Wiesen-Schaumkrautes auf. Später im Jahr erscheinen Echtes Mädesüß, Sumpf-Hornklee und Großer Wiesenknopf.

Farbenfrohe Wiesen und Weiden haben in der modernen Landwirtschaft einen schweren Stand, größtenteils mußten sie hochproduktivem Intensivgrasland weichen. Lag die Milchleistung 1987 noch bei 3996 (DDR) bzw. 4631 (BRD) Kilogramm pro Kuh und Jahr, so werden den Tieren heute bis zu 10.000 im Jahr abverlangt. Buntblühende Mähwiesen sind für diese ganzjährig im Stall gehaltenen Kühe nicht mehr geeignet. Anstelle des täglichen frischen Grünfutters wird vorzugsweise Gras- und Maissilage verfüttert. Deshalb sind Mähwiesen überall in großem Stile in artenarmes, hochproduktives Intensivgrasland umgewandelt worden. Sense und Heurechen haben ausgedient, auch der von Pferden gezogene Heuwender wird nicht mehr benötigt. Blütenbesuchende Schmetterlinge und Käfer bleiben aus, ebenso Insektenfresser wie Spitzmäuse und die wiesenbrütenden Vogelarten Braunkehlchen, Schafstelze und Wiesenpieper.

Sumpfdotterblumen auf einer Naßwiese

Alter Heuwender bei Reichenberg

Glücklicherweise haben attraktive Arten wie Wiesenglockenblume und Wiesenmargerite da und dort in den letzten Jahren wieder zugenommen und setzen bisweilen zur Blütezeit weithin sichtbare blaue und weiße Farbtupfer zwischen die Gräser. Als eine Spezifität und Kostbarkeit für die hiesige Gegend gilt das in ganz Sachsen stark gefährdete gelbblühende Wassergreiskraut (Foto S. 13), das behutsam gepflegte feuchte Mähwiesen verlangt, so an der Boxdorfer Waldteichstraße, am westlichen Ortsrand von Moritzburg (Eisenberg) oder an der Radeburger Straße südlich von Volkersdorf und in den Bränitzwiesen bei Bärnsdorf.

Wird Grünland über längere Zeit nicht gemäht und auch nicht beweidet, so entstehen Brachen, in denen einige Wiesenarten zwar überdauern können, nach und nach aber von den Botanikern so bezeichnete Ruderalpflanzen zuwandern, die Nährstoffreichtum anzeigen und eigentlich auf Schuttplätzen und an Wegrändern beheimatet sind, wie etwa Kanadische Goldrute, Rainfarn, Weiße Taubnessel und Große Brennessel. An sumpfigen Standorten stellen sich bei Nutzungsaufgabe Hochstaudenfluren ein, u.a. mit Mädesüß, Krausem Ampfer und Sumpfkratzdistel.

Landwirtschaft anno dazumal

Die Fluren um Reichenberg werden heute überwiegend als Ackerland genutzt, Feldgehölze und andere belebende Landschaftselemente sind nur noch wenige vorhanden. Einzeln im Acker stehende Bäume wirken zwar recht verloren, bilden aber darum um so mehr einen Blickfang, so die wundervolle große kugelkronige Silberweide südlich des Kirchweges.

Die ersten Bauern richteten zum Ackerbau die sogenannte Gewannflur ein. Mit der Dreifelderwirtschaft und dem einfachen Bodenwendepflug verbunden, wurde die Gemarkung in jeweils drei große Schläge eingeteilt, auf denen man abwechselnd Winter- und Sommergetreide aussäte, im dritten Jahr aber ein Brachestadium einschaltete. Die Felder mußten „auf einen Ritt" bestellt und abgeerntet werden, da man einzelne Parzellen nicht ohne Überfahren der benachbarten erreichte. Auf dem Anbauplan standen insbesondere Roggen, Hafer und Futter, etwa ab 1772 auch Kartoffeln. Eine Besonderheit stellte der Buchweizen dar, der so wenig mit Weizen zu tun hat wie die Fledermaus mit der Hausmaus, sondern zu den Gänsefußgewächsen gehört und ob seiner Herkunft aus Asien (von den „Heiden") auch als Heide(n)-korn bekannt geworden ist. Den Buchweizen verarbeitete man vorzugsweise zu Grütze. So erwähnt denn auch das Boxdorfer Ortsverzeichnis von 1860 u.a. acht Grützehändler.

Mit Überfluß war die Landwirtschaft hier nie gesegnet. Kleinkuppigkeit und dadurch auf engstem Raum wechselnde Standortvoraussetzungen bedingen starke Unterschiede in den Bodenwertzahlen. Ertragsausfälle kommen vor allem durch hohen Steingehalt an den Kuppen sowie durch zeitweise oberflächennah anstehendes Wasser in den Senken zustande. Die meisten Bauerngüter in Reichenberg hatten durchschnittlich nicht mehr als 10 bis 15, die größte Wirtschaft 27 Hektar unter dem Pfluge. Um zwei Personen ernähren zu können, waren mindestens vier Hektar vonnöten, es mußte aber auch das „Altenteil" im „Ausgedinge" mit Naturalien (Nahrung, Brennstoff) versorgt werden, denn das Rentensystem ist bekanntlich erst 1884 unter Bismarck eingeführt worden. Manche Leute besaßen lediglich 1 bis 2 Hektar, das reichte nur für den Nebenerwerb. Eine 1888 vom Landvermesser Berthold organisierte Flurbereinigung verfolgte das Ziel, die komplizierten Eigentumsverhältnisse an Grund und Boden zu vereinfachen und Splitterflächen zusammenzulegen, um die Bewirtschaftung zu erleichtern und den Ertrag zu erhöhen. Die zu Ehren Bertholds am Kaisermühlenweg gepflanzte starke Eiche hält die Erinnerung an diesen Vorgang wach. Viele Wirtschafts- und Hausbesitzer gingen den Sommer über als Maurer und Zimmerleute auf Bauarbeit. Seit Ende des 19. Jahrhunderts lockten auch die Fabriken in Dresden, Radebeul und Umgebung. Umgekehrt zogen neue Bewohner aus der Fremde zu, die als Arbeiter, Angestellte, Beamte in der Nähe ihr Brot verdienten.

In den ersten Nachkriegsjahren nach 1945 wuchsen neben Roggen, Kartoffeln, Weizen, Hafer und Futterrüben sogar ein wenig Tabak und Flachs auf den Feldern. Ab den 1950er Jahren kam es wiederholt zu Kartoffelkäferbefall, zweimal wöchentlich gingen die Bauern und viele Helfer hinaus, um die aus Nordamerika stammenden Käfer und ihre Larven abzusammeln. Auf den Bauernhöfen tummelten sich Milchkühe, Schweine, Hühner, Enten, Gänse, manchmal ein paar Schafe, nach 1945 viele Ziegen. Als Zugtiere dienten neben Pferden auch Ochsen und Kühe. Mitte der 1950er Jahre verrichteten sage und schreibe 54 Zugpferde in Reichenberg ihre Pflicht. Um 1973, zur Zeit der Trennung der Landwirtschaft in Tier- und Pflanzenproduktion, standen 420 Milchkühe und 350 Jungrinder in den Ställen.

Die Bodenreform hat hier keine große Rolle gespielt. Arbeiteten die Bauern bis in die 1950er Jahre im Einzelbetrieb, so kam es dann zur Gründung Landwirtschaftlicher Produktionsgenossenschaften (LPG): 1953 in Boxdorf (anfangs 3 Bauern) und 1960 in Reichenberg. Der Zusammenschluß der anfangs kleinen LPG zu immer größeren und über mehrere Gemarkungen ausufernden Großbetrieben führte zu schwerfälligen und nicht immer effektiv arbeitenden Strukturen. Das Jahr 1991 bedeutete das Aus für die für Boxdorf und Reichenberg zuständige LPG (Pflanzenproduktion) Dresden-Nord.

Irrgarten, Kürbisse und Erdbeerland

Heute betreut – abgesehen von Nebenerwerbsbetrieben – vor allem die Agrargenossenschaft Radeburg die Felder. Letztere baut derzeit vorwiegend Weizen, Mais und Raps an und hält Jungrinder in der Stallanlage am westlichen Ortsrand von Reichenberg. Im Vormarsch ist die pfluglose Bodenbearbeitung, allerdings mit dem Nachteil, daß verstärkt Herbizide zur Unkrautbekämpfung eingesetzt werden müssen. Die Großflächenwirtschaft kommt zwar dem Einsatz der modernen Agrartechnik entgegen, birgt aber auch Risiken. So sind die Ackerböden in Hanglage durch Wassererosion gefährdet, das heißt, die nackte

Ackerkrume läuft Gefahr, bei Starkregen abgespült zu werden. Die Armut an schützenden Gehölzen, Wiesen und Rainen begünstigt Winderosion.

Die „Ausräumung“ der Landschaft ist ein Erbe der zweiten Hälfte des 20. Jahrhunderts, als im Zuge der intensiven Agrarwirtschaft großflächig entwässert (melioriert) wurde und man Schläge zusammengelegte, vor allem zwischen 1971 (Gründung der KAP, der sogenannten „Kooperativen Abteilung Pflanzenproduktion“) und Mitte der 1980er Jahre. Blickt man auf alte Landkarten, etwa auf die Meilenblätter von 1825 oder die Meßtischblätter von 1920, so sieht man noch ein ziemlich engmaschiges Netz von Bächen und Gräben, fast ausschließlich durch Grünland fließend. Das damalige Nutzungsmosaik zeichnete deutlich die Standortsunterschiede nach, die Äcker an flachen Rücken und Kuppen, in den Senken fast nur Grünland. Die Bäche um Reichenberg wurden inzwischen größtenteils verrohrt oder in tiefe, mit Betongitterplatten ausgekleidete Rinnen verbannt.

Erntezeit im Reichenberger „Kürbisland“

Zwischen dem Ortsausgang von Reichenberg und dem Moritzburger Wald wird seit einigen Jahren das übliche Einerlei der Feldkulturen aufgelockert: Eine Erdbeerplantage lädt Leckermäuler zum Selbstpflücken der köstlichen Früchte ein – gegen Obolus, versteht sich. Gegenüber hat ein pfiffiger Landwirt Kulturheidelbeeren in 10.000 Töpfen sowie 1500 laufende Meter Himbeersträucher gepflanzt – mit Tröpfchenbewässerung und die Wege mit Stroh oder Rindenmulch ausgelegt. Unmengen dicker Kürbisse türmen sich im Herbst zu großen gelben Bergen. Gleich daneben lockt ein Labyrinth im Maisfeld. Durch das über zwei Meter hohe Maisdickicht schlängeln sich fast fünf Kilometer Irrwege.

Vogelleben auf den Äckern

Im Märzen der Bauer
den Traktor besteigt.
Er fährt über'n Acker,
der ist noch durchweicht.
Er spritzt Pestizide
und dünget zu Hauf.
Das Gift kommt zu Dir auch
beim Supermarktkauf!

*Herbert Zucchi, *1950*

Daß die Moritzburger Teiche reich an Vogelarten sind, braucht nicht extra betont zu werden. Daß aber auf Feldern und Wiesen rings um Reichenberg und Boxdorf immerhin ca. 100 Vogelarten vorkommen, davon 70 brütend, bedarf schon der Erwähnung. Sechs Brutvogelarten sind sogar in der Roten Liste gefährdeter Organismen des Freistaates Sachsen verzeichnet und 13 in der Roten Liste Deutschlands. Von den Wintergästen, Durchzüglern und Nahrungsgästen stehen 16 Arten auf der Deutschland- und 15 Arten auf der Sachsen-Liste. Ein Grund für diesen trotz der überwiegend intensiven landwirtschaftlichen Nutzung beachtlichen Artenreichtum ist das kleinräumige Mosaik von trockenwarmen Kuppen und feuchten Senken mit der daraus entspringenden Lebensraumvielfalt. Hervorzuheben sind Wachtel, Rebhuhn, Kiebitz, Schafstelze, Neuntöter, Braunkehlchen, aber auch die Feldlerche. Es handelt sich allerdings um Restbestände, die ganz besonderer Aufmerksamkeit und Fürsorge bedürfen.

Während größere Kiebitzschwärme regelmäßig zu den Zugzeiten

hier rasten, so deuten Kiwitt-Rufe ab April gewöhnlich auf Brutgeschehen hin. So war es denn auch: Im Frühjahr 2003 hatten zwei Kiebitzpaare den schütteren Maisacker nördlich vom Kirchweg zwischen Reichenberg und Boxdorf ausgewählt. Als der Landwirt mit seiner Giftspritze anrückte, nahm der Altvogel die Jungen unter seine schützenden Fittiche. Den abendlichen „Schlag" der Wachtel am Ortsrand zu vernehmen, gelingt nur selten, ebenso wie spät abends dem im Frühjahr aus dem großen Getreidefeld schallenden Rebhuhn-Rufen „Kärrack" zu lauschen. Zu Gesicht bekommt man die Rebhühner kaum, am ehesten bisweilen im Winterhalbjahr, wenn sie Wegraine oder nicht vollständig abgeerntete Felder nach Nahrung absuchen. Auffälliger sind die Greife, wie der Rotmilan, denn die großen Feldflächen halten ein gutes Nahrungsangebot für ihn bereit. Mit etwas Glück kann man den gewandten Flieger mit dem tief gegabelten Schwanz beobachten. Der Turmfalke nutzt gern die Wipfel von Koniferen in Gärten als Spähwarte für die Mäusejagd. Bei der Wahl seines Brutplatzes freundet er sich sogar mit Dachfirsten an. Auch der Weißstorch erscheint häufig zur Nahrungssuche am Ortsrand, vorzugsweise auf abgemähten Wiesen, um der Jagd auf Mäuse, Frösche und anderes Kleingetier zu frönen.

Das Schweigen der Lerchen

In früheren Zeiten waren Feld und Flur viel belebter als heute, es gab mehr Hasen und Rebhühner, sogar mehr Feldlerchen trillerten am Himmel. Vogelfänger stellten den gefiederten Sängern erbarmungslos nach. So galten die „Leipziger Lerchen" als eine Delikatesse. Sie wurden unter diesem Namen nicht nur in der Messestadt und am Dresdner Hof verspeist, sondern als Leckerei in Papier und Holzschachteln verpackt und hinaus in die Welt versandt. Der Dichter Johann Christoph Gottsched schrieb anno 1727: „**Die Äcker wimmeln gleichsam von diesem Geflügel, und die Art des Fanges selbst, welcher mit großen Netzen geschieht, zeugt von dem Überfluß.**"

Noch bis zur Mitte der 1980er Jahre hielt sich zwischen Großem Gallberg und Wetterberg ein großes Rebhuhn-Volk auf. Hasen waren so häufig, daß man bis in die 1960er Jahre hinein regelmäßig im November Treibjagden auf sie veranstaltete. Etwa 40 Exemplare kamen jedes Jahr zur Strecke, vor 1945 waren es sogar 180 bis 200. Selbst der letzte sächsische König ging auf den Feldern um Reichenberg zur Hasenjagd. Folgende Anekdote ist überliefert: Im Jahre 1912 oder 1913 hatte Friedrich August III. (bekannt geworden durch den bei der Abdankung 1918 getätigten Ausspruch „Macht Euern Dreck alleene!") wieder einmal dem Weidwerk gehuldigt. Nach dem Umtrunk verließ er den Reichenberger Gasthof. Draußen war eine Schar Kinder versammelt. Der kinderliebe Monarch nahm ein kleines Mädchen auf den Arm und fragte es: „Weißt du denn, wer ich bin?" Das Mädchen

Kiebitz – brütet auch auf Maisäckern

Feldsperling – im Bestand stark abgenommen

Mehlschwalbe – geselliger Brutvogel an Gebäuden

antwortete freimütig: „Ja, du bist der König. Du hängst bei uns zu Hause in der Stube!"

In einigen Teilen Deutschlands sind ehemals typische und häufige Arten wie Rebhuhn, Kiebitz oder gar Feldlerche bereits ganz verschwunden. Was, wenn eines Tages der Frühlingshimmel über unseren Feldern verstummt, die Lerche nicht mehr tiriliert? Eine traurige Vision, die niemals Wirklichkeit werden möge!

Wie kam es zu dem massiven Rückgang der ackerlandbewohnenden Vogelarten und des Niederwildes? Ein entscheidender Faktor ist Nahrungsmangel, nicht nur in der Brutperiode, sondern auch in der kalten Jahreszeit, da es ja kaum noch winterliche Stoppelfelder gibt. Hieran hat die namentlich in der zweiten Hälfte des 20. Jahrhunderts einsetzende intensive Landwirtschaft eine gehörige Aktie. Feldraine und Hecken wurden beseitigt, Wiesen umgebrochen, Bäche und Gräben verrohrt, riesige Ackerschläge geschaffen. Der massive Einsatz chemischer Unkraut- und Schädlingsbekämpfungsmittel, eintönige Fruchtfolgen, der weitgehende Wegfall von Brachejahren, die häufige mechanische Bearbeitung der Flächen taten ein übriges. Dichter Wuchs der Kulturpflanzen sowie gezielte Bekämpfungsmaßnahmen haben die Ackerwildkräuter und Kerbtiere (Insekten, Spinnen) in den Feldern so sehr vermindert, daß der Aufzuchterfolg der Feldvögel stark nachgelassen hat. Um 1970 sah man noch die zum Unkrautjäten unerläßlichen Hack-Kolonnen von Frauen und Jugendlichen auf Rübenfeldern. Diese manuelle Tätigkeit und auch das maschinelle Hacken der Kartoffeln (daher der Name „Hackfrüchte") wurde durch arbeitssparende Spritzgeräte zur chemischen „Reinigung" der Felder ersetzt. Bekamen um 1950 nur etwa 5 % der Ackerfläche, und zwar ausschließlich Getreide, Unkrautvertilgungsmittel (Herbizide) verabreicht, so stieg diese Zahl schließlich auf etwa 80 %.

In Sachsen schrumpfte die Artenzahl der Brutvögel und ihre Siedlungsdichte im reinen Ackerland auf nur ein Zehntel der Anzahl in reichstrukturierten Agrarfluren. Allein der Rebhuhnbestand ist im Verlauf von 100 Jahren um ca. 99 % zurückgegangen. Gegenwärtig werden in großem Stile Mais und – als „nachwachsender Rohstoff" – Raps angebaut, mit besonders negativen Folgen für die Vogelwelt: eine selbst im Vergleich mit Getreidefeldern auffällige Artenarmut und eine sehr geringe Siedlungsdichte. Wer von den großen Maisäckern profitiert, sind die Wildschweine, die sich im Halmdickicht gut verstecken und mästen können, seit Jahren enorm zugenommen haben und bisweilen schon Gärten und Friedhöfe heimsuchen.

Feldlerche – einer unserer populärsten Frühlingsboten

Vom mannigfaltigen Nutzen einer Agrarlandschaft

Trotz der aktuellen Umweltprobleme kann der waldarmen Kleinkuppenlandschaft um Reichenberg aufgrund der interessanten Oberflächengestalt, aber auch aus ökologischer, landschaftsästhetischer und kulturhistorischer Sicht eine sehr hohe Bedeutung bescheinigt werden. Dank ihrer Lage in unmittelbarer Nachbarschaft zum dicht besiedelten Oberen Elbtal erfüllt sie vielfältige Ausgleichsfunktionen.

Worin bestehen nun die Werte und Leistungen dieser Landschaft ganz konkret? Hier leben viele geschützte Pflanzen- und Tierarten. Das kleinräumige Mosaik von trockenen (warmen) Kuppen und feuchten Senken ermöglicht trotz der intensiven Agrarnutzung eine ungewöhnliche Vielfalt an Lebensräumen (Biotopen) und Arten, insbesondere der Äcker und des Grünlandes. Als Bindeglied im Biotopverbund vermittelt die unverbaute Landschaft zwischen der Landeshauptstadt Dresden, den Elbhängen sowie dem Moritzburger Wald- und Teichgebiet.

Zu nennen wäre außerdem ihre Rolle als Entstehungs- und Austauschraum für Frischluft. Die offene Landschaft bietet die Möglichkeit für stadtnahes Naturerleben und Erholen, und sie ist ein beliebtes Gebiet zum Wandern und Fahrradfahren, so auf dem Wege zum

Moritzburger Wald und zu den Freibädern an den Teichen. Landwirtschaft kann aus nächster Nähe erlebt werden. Wie wichtig ist es gerade für Großstadtkinder, lebendige Pferde und Rinder auf der Weide zu erblicken, den Duft von Heu zu atmen, das Getreide auf den Feldern wachsen zu sehen, den jahreszeitlichen Ablauf der Feldarbeiten von der Frühjahrsbestellung bis zur Einbringung der Ernte verfolgen zu können!

Für einen naturverbundenen Tourismus könnte in der waldarmen Feldlandschaft noch allerhand getan werden! Einige Kuppen bieten gute Aussichten, teilweise sogar Rundblicke. Manche Feldwege – wie der Strakenweg zwischen Wahnsdorf und Reichenberg – besitzen artenreiche Wegraine, die Spaziergängern einen schönen und selten gewordenen Anblick bieten. Farbenfroh blühende Ränder und Mittelstreifen sind auch an einigen Wegen zwischen Reichenberg und dem Dippelsdorfer Teich zu finden. Es mangelt aber noch an landschaftsgliedernden Gehölzen (Einzelbäume, Baumgruppen, Hecken) und attraktiven Wegeverbindungen.

Insgesamt bestehen gute Chancen, die Vielfalt und Schönheit dieser Landschaft weitgehend zu regenerieren und zu verbessern. Schützenswert ist vor allem das in Mitteleuropa nahezu einmalige Kleinkuppenrelief, das auf den landwirtschaftlich genutzten Flächen besonders gut zur Geltung kommt. Wichtig ist auch, die Böden vor Erosion und

Ackerwildkräuter um Reichenberg: Sandmohn und Ackersteinsame

Farbenfrohe Äcker mit Phazelie (Büschelschön) westlich von Reichenberg. Im Hintergrund Bad Sonnenland und die Kirche von Moritzburg

Schadstoffeinträgen zu bewahren und die kleinen Fließgewässer in einen naturnäheren Zustand zu versetzen. Zur Bepflanzung mit Gehölzen bieten sich ausgewählte Kuppen, Grundstücksgrenzen und Feldwege an. Weitere typische Bestandteile der historisch gewachsenen Kulturlandschaft, die gepflegt bzw. wiederhergestellt werden müßten, sind: Wiesen, unversiegelte Feldwege und ihre Raine, Trockenrasen und kleine Teiche, Feldhecken, Streuobstwiesen an Siedlungsrändern.

Auch der Vogelwelt kämen diese Maßnahmen zugute, so den Schwalben, Sperlingen und Schleiereulen die Erhaltung historischer Ortskerne. Von Streuobstwiesen würden Grün- und Kleinspecht sowie viele Singvögel profitieren. Ein höherer Grünlandanteil, kleine Teiche und Tümpel wären für Weißstorch, Schafstelze und Braunkehlchen günstig, Hecken und Gehölzinseln für Dorngrasmücke und Neuntöter, ungespritzte Ackerrandstreifen für Feldhase, Rebhuhn und Feldlerche, straßenbegleitende Alleen für Gold- und Grauammer, der Anbau von Sommergetreide für die Wachtel.

Die Gemeinde Moritzburg, zu der Reichenberg seit 1999 gehört, hat sich einen Landschaftsplan „verordnet“, der als Wegweiser zu verstehen ist, die „Wunden“ der Landschaft zu „heilen“ und sie immer „gesünder“ und anziehender werden zu lassen.

Boxdorfer Windmühlengeschichten

Jede Landschaft hat ihre eigene
besondere Seele,
wie ein Mensch, dem du gegenüberlebst.
Christian Morgenstern, 1871 - 1914

Man braucht nur eine Hand, um sie abzuzählen, die offiziellen Anlässe, zu denen die ehemalige Boxdorfer Windmühle ihre Pforte für Besucher öffnet. Das Dorffest zur Sonnenwendfeier, der Tag des Offenen Denkmals, der Deutsche Mühlentag und die Weihnachtsfeier sind solche Tage, an denen man von der Aussichtsplattform des Wahrzeichens von Boxdorf den einzigartigen Rundblick genießen kann. Die steinerne Holländer-Windmühle thront auf dem 240 m hohen Gallberg. Dieser überragt einen Landstrich zwischen den Randhöhen über dem Radebeuler Elbtal und dem Moritzburger Wald, der so gar nicht das Klischee der Wald- und Teichlandschaft bedient: kaum Gehölze, geschweige denn Teiche, dafür große Felder, eine Vielzahl kleiner Bergkuppen und Hügel, Dörfer, die ihren bäuerlichen Charakter zum Teil bewahren konnten. Dabei ist die offene Landschaft keineswegs frei von Reizen, sie besitzt ihre eigene Schönheit, die sich aber erst auf den zweiten Blick dem aufmerksamen Betrachter erschließt und jedem naturkundlich Interessierten lohnenswerte Eindrücke vermittelt. Die meisten Touristen aber durcheilen diese Gegend hastig auf dem Wege zum Moritzburger Schloß.

Die am häufigsten benutzte Zufahrt von Dresden aus ist die alte Poststraße, die heute stark befahrene Großenhainer Straße, die am Wilden Mann die Grenze des Elbtalkessels in nordwestlicher Richtung passiert, in zwei Absätzen ziemlich steil ansteigt und zunächst die Heidesandterrasse erklimmt, den Heidefriedhof tangiert und sich schließlich am Boxdorfer Berg zur Hochfläche emporwindet. Der Name „Wilder Mann“ bezieht sich auf ein um 1680 gegründetes Weingut, aus dem später eine Gastwirtschaft hervorging. Der Sage nach soll das Areal nach Ende des Dreißigjährigen Krieges vom Kurfürsten an einen Einsiedler verschenkt worden sein, nachdem dieser dem Landesherren bei einem Raubüberfall das Leben gerettet hatte.

Am Boxdorfer Berg mußten die Fahrgäste der Postkutsche desöfteren aussteigen, um das Gefährt selbst hochzuschieben. Auch heute ist der Berg noch gefürchtet, denn bei plötzlichem Wintereinbruch mit Glatteis kann der Verkehr stundenlang zum Erliegen kommen. Einst hatte die Großenhainer Straße wohl nur lokale Bedeutung, denn in einer Urkunde von 1495 heißt sie „Reichenberger Steig“. Für 1517 ist bereits die Bezeichnung „Hainischer Weg“ überliefert. 1462 hatte die Obrigkeit festgelegt, für den ständig zunehmenden Gütertransport von Dresden über Großenhain in die Niederlausitz, nach Brandenburg und in Richtung Ostsee die Strecke „durch den Hain“ zu wählen. In Deutschland war es damals üblich, Straßenzölle zu erheben. Davon kündet noch das im Jahre 1762 am Ortsrand erbaute Chausseegeld-Einnehmerhaus, ein nach 1930 überputzter Fachwerkbau mit Scheune und Nebengebäuden und der heutigen Postanschrift „Boxdorf, Schulstraße Nr. 1“, unterhalb des Gallberges, schräg gegenüber einer stattlichen Villa namens Begerburg.

Mühle mit Rundblick

Die Geschichte des Mühlenbetriebes auf dem Gallberg reicht bis ins 19. Jahrhundert zurück. Früher mußte das Getreide in bestimmten Herrschafts- oder Pachtmühlen gemahlen werden. Obwohl es im Lößnitzgrund schon mehrere Wassermühlen gab, hatten die Boxdorfer und Reichenberger Bauern zunächst die Hofemühle im Plauenschen Grund aufzusuchen, nach vorsichtigem Einspruch gestattete das kurfürstliche Amt, die etwas nähere Erbpachtmühle Ockrilla nördlich von Meißen in Anspruch zu nehmen. In den Zwangmühlen stand den Bauern das Recht auf unentgeltliche Gewährung von Stallung, Licht und Nachtlager zu. Es galt die Regel: „Wer zuerst kommt, mahlt zuerst“, und das dauerte seine Zeit. Der drückende Mahlzwang fiel erst mit Inkrafttreten der ersten sächsischen Verfassung am 4. September 1831 weg. 1839 baute ein aus Zaschendorf bei Pillnitz stammender Müller namens Münch eine Bockwindmühle auf dem zur Flur Neureichenberg gehörenden Gallberg. Der damalige Name Gallberg läßt vermuten, daß im frühen Mittelalter hier eine Richtstätte existierte.

Bockwindmühlen bestehen aus Holz und können auf senkrechtem Stamme – dem Bock – herumgedreht und nach dem Winde gestellt werden. Die exponierte windoffene Lage erwies sich geradezu als prädestiniert, zumal der Berg damals frei von Gehölzen und Bebauung war. Die Mühle hatte nur einen Mahlgang und bewältigte 8 bis 10 Zentner Mehl täglich. Allerdings war ihr keine lange Lebensdauer beschieden, ein Brand setzte 1849 ihrem Dasein ein Ende. Im gleichen Jahr erfolgte der Wiederaufbau in Gestalt einer steinernen wehrturmartigen Holländer-Windmühle mit drei Mahlgängen.

Der Feuerteufel schlug im Jahre 1887 wieder zu. Ein Blitzschlag vernichtete Dach, Flügel und Welle. Angesichts des Aufschwunges der rationeller arbeitenden maschinellen Großindustrie lohnte es sich nicht, die 100 Taler zur Ausbesserung des Schadens aufzubringen. Dafür errichtete der Besitzer auf dem noch standhaften Turme ein viereckiges Holzgerüst zu Aussichtszwecken und daneben einen Kaffee- und Bierausschank, um den Wünschen der wanderlustigen Ausflügler entgegenzukommen. Das Holzgerüst wurde 1904 durch den noch heute vorhandenen steinernen, mit Zinnen verzierten Aufbau mit Plattform ersetzt. Auch die ursprüngliche Zweckbestimmung der Mühle feierte Anfang der 1920er Jahre vorübergehend Wiederauferstehung, nun aber mit elektrischem Antrieb, ohne Flügel.

1962 kaufte die Gemeinde Boxdorf den Turm mit sämtlichen Nebengebäuden zum Ausbau einer Turnhalle, eines Kinderhortes und für Wohnungen. 1956 war Neureichenberg mit 650 Einwohnern nach Boxdorf umgemeindet worden, bis dahin stand die Windmühle auf Reichenberger Grund und Boden. Seit 1974 genießt sie Denkmalschutz, der sich eigentlich auch auf die Umgebung bezieht. Leider hielt man sich nicht daran, so daß heute der Hang des Gallberges mit Einfamilienhäusern bebaut ist und die exponierte Lage der Mühle kaum noch in Erscheinung tritt. Anläßlich der 750-Jahrfeier von Boxdorf wurde der Turm 1992 einer Generalüberholung unterzogen, weitere Sanierungen bzw. Umbauten schlossen sich 2005 an.

Heute beherbergt die Windmühle eine Heimatstube, Ausstellungen zur Naturausstattung und zur Ortsgeschichte sowie die bereits erwähnte Aussichtsplattform. Bei klarer Sicht ist der Rundblick zauberhaft: Im Südosten das Elbtal mit der Stadt Dresden, die Elbhänge mit dem Wachwitzer Fernsehturm, das Schönfelder Hochland und in der Ferne die Tafelberge der Sächsischen Schweiz einschließlich des Hohen Schneeberges (722,8 m) im tschechischen Teil des Elbsandsteingebirges. Weiter in südliche Richtung das Osterzgebirge mit

Landschaft am Gallberg mit der Boxdorfer Windmühle

seinem Vorland und markante Berge wie der Wilisch (476 m), der Luchberg (576 m), der Geising (824 m) und der böhmische Sattelberg (Špičák, 723 m). Im Südwesten die Wahnsdorfer Hochfläche und die Lößnitz, dann die Orte Reichenberg und Dippelsdorf mit dem Teich, weit dahinter im Dunst die Wantewitzer Kirche bei Priestewitz sowie der Collmberg bei Oschatz. Im Norden die nahe Feldlandschaft mit dem Wetterberg, dahinter der Moritzburger Wald. Der Kirchturm von Moritzburg ragt über die Baumwipfel hinweg, vom Schloß sind nur die Spitzen der vier Türme zu sehen. Ganz am Horizont dann die Schornsteine des neuen Kronospanwerkes Lampertswalde in der Großenhainer Pflege, die Endmoränenzüge südlich von Ortrand und Hirschfeld, die Radeburger und Laußnitzer Heide mit den Buchbergen sowie weiter im Nordosten der markante Keulenberg (413 m) in der Westlausitz. Der Kreis schließt sich mit dem Blick auf die Dresdner Stadtteile Wilschdorf, Rähnitz und Klotzsche im Osten, dahinter einige Erhebungen des Oberlausitzer Berglandes, so der 586 m hohe Valtenberg.

Doch unmittelbar zu den Füßen des Betrachters schmiegen sich die Dächer von Boxdorf an den Berg. Zum Greifen nahe auch der alte Dorfkern mit seinen großen Bauernhäusern, gesäumt von Bauten jüngeren Datums an der Schulstraße, der Grund- und der Waldteichstraße.

Gemeindesiegel mit Ziegenbock

Begerburg (um 1890 erbaut) und Bauernhaus (von 1843)

Der Ort Boxdorf nimmt den Ostteil der von Löß beeinflußten Hochfläche „Wahnsdorfer Plateau" in ca. 210 m über dem Meeresspiegel ein. Der Ortsname ist slawischen Ursprungs und wird auf die Person eines Bogan zurückgeführt. 1242 taucht die Bezeichnung Bokoisdorph auf, 1279 Bokendorf, 1470 Bucksdorf und 1561 Poxdorff. Später schrieb man Bocksdorff, um1700 dann endgültig Boxdorf. Das Gemeindesiegel enthielt zu jener Zeit die Darstellung eines Ziegenbockes. Die ersten Häuser von Boxdorf standen am heutigen Dorfplatz. Sie bildeten einen später zu einem Straßenangerdorf erweiterten Rundling. Die Bewohner hatten im Dreißigjährigen Krieg mehrere Pestjahre zu ertragen, im 19. Jahrhundert verheerende Brände, wobei am 28. Juni 1828 20 von 42 Behausungen in Schutt und Asche fielen.

Enge Bebauung, schmale, aber tiefe Höfe und, mit Ausnahme des rustikal eingerichteten Alten Gasthofs sowie eines Nachbargebäudes, giebelseitig zum Dorfanger stehende Häuser, wuchtige, gemauerte und verputzte Torsäulen, vereinzelt auch Bogentore, dazu Hofmauern aus Bruchsteinen, kennzeichnen die erhaltene, gepflegte Altbausubstanz des einst von Bauern und Handwerkern besiedelten Dorfes. Vieles davon steht unter Denkmalschutz, so auch im Peukert´schen Winkelhof (Hauptstraße Nr. 5) ein geständertes Taubenhaus, das ein krähender Hahn bekrönt, oder auch die Dorfplatzeiche, die an das 25jährige Regierungsjubiläum und den 70. Geburtstag des sächsischen Königs Albert im Jahre 1898 erinnert. Eine Kuriosität ist das an der Ostseite des Angers stehende, weit vorragende und die Straße verengende Haus: Hier wohnte nach dem großen Dorfbrand von 1828 der Bürgermeister, wohl um das Geschehen im Ort besser beobachten zu können. Die wachsende Schar der Kinder ergriff 1882 vom neuen Schulhaus Besitz, dem seinerzeit stattlichsten und modernsten weit und breit. Seine eindrucksvolle Gestalt erhielt es 1907 durch den Erweiterungsbau mit Turm und Uhr über dem Eingang. Heute kommen die Schüler nicht nur aus Boxdorf, sondern auch aus der Umgebung, einschließlich aus Dresden. Seit dem 22. Januar 2004 heißt die Mittelschule als Reverenz an den im 16. Jahrhundert in Sachsen regierenden Landesherrn „Kurfürst-Moritz-Schule"; angesichts allgemein sinkender Schülerzahlen ist ihre Zukunft allerdings nicht gesichert. Der alte Ortskern ist von zahlreichen ein- und zweigeschossigen Wohnhäusern umringt, denn dank der landschaftlich reizvollen Lage und der Nähe zu Dresden kam es vor allem in den 1930er und 1980er Jahren sowie nach 1989 zu verstärkter Bautätigkeit. Die Zahl der Einwohner wuchs von 1375 (im Jahre 1990) auf heute ca. 2000. 1994 verlor Boxdorf seine Eigenständigkeit und wurde zunächst mit Friedewald und Reichenberg zusammengeschlossen und schließlich (1999) in die Großgemeinde Moritzburg eingegliedert.

150jähriges Taubenhaus

Über „kurze Äcker“ zur „Arche Noah“

Was ist alle gemachte Poesie
in einer großen Stadt gegen
die Schönheit eines Kornfeldes?

Peter Rosegger, 1843 - 1918

Doch zurück zur Aussicht von der Windmühle! Eine langgezogene schmale Straße führt von der Schule an nordwärts, bis sie sich am Waldrand aus dem Blickfeld verliert. Es ist die Waldteichstraße, die bis zum Ende der 1920er Jahre Krutzschgenweg hieß und allenfalls einen besseren Feldweg abgab. Heute wird sie beidseitig von Häusern oder ganzen Siedlungen umrahmt. Nach Osten zu schließt sich gar ein seit Anfang der 1990er Jahre auf „grüner Wiese“ errichtetes Gewerbegebiet an, über dessen Architektur und Einbindung in die Landschaft man geteilter Meinung sein kann. Der Blick auf das Meßtischblatt des Jahres 1934 läßt keinen Zweifel: Mit Ausnahme einer Handvoll zerstreut liegender Häuser befand sich hier nichts als Felder und Wiesen. Der Name Krutzschgen macht stutzig: „Krottcyca“ ist sorbisch und heißt so viel wie „kurze Ackerstücke“. Auf einer uralten Flurkarte sind diese westlich der heutigen Waldteichstraße bis hin zur nahen Grenze gegen Reichenberg verzeichnet. Noch weitere Flurnamen haben ihren Ursprung in slawischer Zeit, so die Rietzschge, ein kleiner Bach („rjetsch“) an der Nordostecke der Gemarkung Boxdorf.

Blick von der Windmühle über Boxdorf zum Keulenberg

Heilpflanzengarten in Boxdorf; Blick zum Kirchweg nach Reichenberg

Die Fluren zwischen Boxdorf und Reichenberg waren Austragungsort geschichtsträchtiger Ereignisse. So tobten im Siebenjährigen Krieg 1760 erbitterte Gefechte um die von den Österreichern zwischen dem Oberen Waldteich und dem Boxdorfer Galgenberg errichteten fünf Schanzen. Der Name der neuen Wohnsiedlung „Sternschanze“ erinnert an diese Begebenheit. Am 5. November 1813 versuchten die in Dresden eingeschlossenen Franzosen auszubrechen, sie wurden aber auf den Boxdorfer Höhen von russischen Truppen zurückgeschlagen. Für ganz kurze Zeit existierte zwischen Windmühle und Wetterberg der erste Dresdner Flugplatz. Am 31. August und 1. September 1913 fand die Eröffnung mit Schauflügen statt. Diese erste Flugveranstaltung war aber zugleich die letzte, denn inzwischen war ein zu Dresden verkehrsgünstiger gelegener Standort in Kaditz für den Flugplatz ausgewählt worden.

Apropos Wetterberg: Diese waldfreie 210,8 m hohe Kuppe aus Monzonit (früher sagte man Syenit bzw. Syenodiorit zu diesem Gestein) ragt immerhin 15 m über die Umgebung empor. Von oben überblickt man die Besonderheiten der Kleinkuppenlandschaft besonders gut. Das exponierte Gehöft am Oberhang des Berges hat den Volksmund zur Bezeichnung „Arche Noah“ inspiriert. Bis 1889 wurde am trockenen und sonnigen Südhang des Wetterberges erwerbsmäßiger Weinanbau betrieben, bis die Reblauskatastrophe dem ein

„Tierische" Gartenbewohner: Distelfalter an einer Blüte des Roten Sonnenhutes sowie Igel

Ende setzte. Heute befindet sich dort ein geschützter Halbtrockenrasen mit allerlei interessanten Pflanzenarten, darunter Frühlingsspörgel, Kleines Habichtskraut, Tüpfeljohanniskraut, Feldhainsimse (auch als Hasenbrot bezeichnet) und Zypressenwolfsmilch. Obwohl die großflächige landwirtschaftliche Nutzung nur wenigen und meist anspruchslosen Pflanzenarten Lebensraum bietet, haben aber auch seltene und durch den Einsatz von Herbiziden gefährdete Ackerwildpflanzen rings um den Wetterberg überlebt, wie die Ackersteinsame, der Dreiteilige Ehrenpreis und das Wilde Stiefmütterchen.

Stille Erholung an den Waldteichen

Vom Wetterberg ist es nicht mehr weit zu den Waldteichen. An der Kreuzung des Weges mit der Alten Dresdner Straße von Moritzburg nach Wilschdorf mag früher einmal das Dorf Komersdorf oder Cunnersdorf gestanden haben, das aber schon um 1400 als wüste Mark oder als „villa desolata" bekannt war. Wenige 100 m weiter endet die Offenlandschaft. Gleich hinter dem Waldrand verbirgt sich rechterhand der 26 ha große Obere Waldteich, den der sächsische Herzog Georg „der Bärtige" schon 1501 zur Fischzucht für die höfische Tafel an der nördlichen Grenze von Boxdorf in einer breiten Geländemulde anlegen ließ.

Oberer und Niederer Waldteich waren gegen Ende des 16. Jahrhunderts unter der Bezeichnung Under- und Ober-Folckersdorffer Teich bekannt. Zwischen 1915 und 1920 wurden Badegelegenheiten an beiden Waldteichen geschaffen. Von Vorteil hierfür war die Absenkung des Wasserspiegels um 1 bis 1,5 m. Dadurch verwandelten sich die Inseln zu Halbinseln, die mit schütterem Baumbestand bewachsen und als Liegeplätze besonders beliebt sind. Neben Zelt- und Stellplätzen für Wohnwagen entstanden zahlreiche Sommerhäuschen im Kiefernwald. Streckenweise blieben Ufergehölze und Röhrichte erhalten, so daß auch verschiedene Wasservogelarten hier leben können.

Am Ostufer des Oberen Waldteiches, auf Wilschdorfer Seite, gründete der Arbeiterverein „Volksgesundheit" ein Familienbad und das Jugendamt der Stadt Dresden richtete im Jahre 1927 eine Erholungsstätte für Dresdener Kinder ein. 1960 wurde daraus ein Kinderkurheim, in dem seit einigen Jahren Kinder aus der Umgebung des verunglückten Atommeilers von Tschernobyl erholsame Ferien verleben können.

Der Niedere Waldteich ist seit fast 100 Jahren fest in der Hand der Nacktbader. Elf Hektar Wald und Wiesen entlang des Teiches nennt der Verein „Waldteichfreunde Moritzburg" sein Eigen, dem 700 FKK-Freunde angehören. Eine umzäunte Fläche, so groß wie 15 Fußballplätze, mit hunderten Wohnwagen und Zelten zwischen den Bäumen, ein kleines Dorf im Schatten des Waldes! Nicht zum Baden gedacht sind die westlich der Waldteichstraße inmitten von Wald gelegenen, erst um 1700 aufgestauten Teiche namens Johann-Georgen-Teich, Steingrund-, Fischer- und Jägerteich.

Kuppenlandschaft an der Promnitz

Am eindrucksvollsten zeigt sich die Moritzburger Kleinkuppenlandschaft, das engräumige, sich vielfach wiederholende Auf und Ab von Hügeln und Senken, in der Gegend um Volkersdorf, Bärnsdorf und Marsdorf. Lediglich die obersten Partien der Kuppen tragen inselhafte Waldreste, deren isolierte Lage inmitten von Äckern den unruhigen Charakter des Reliefs noch verstärkt, anders als im Friedewald, wo der geschlossene Waldbestand das Gelände einem Mantel gleich verhüllt.

Die kuppig-welligen Oberflächenformen waren dem Landbau, insbesondere dem Einsatz schwerer Technik, nicht gerade förderlich, und so überdauerte eine außerordentlich abwechslungsreiche Landschaft mit einer Fülle von Gehölzen, Rainen, Wiesen und Magerrasen zwischen nicht zu großen Ackerschlägen. Im Vergleich zu anderen Agrargebieten findet hier eine große Zahl an Pflanzen- und Tierarten günstige Lebensbedingungen.

Rundblick vom Buckenberg

Am Querweg, der Ortsverbindungsstraße zwischen Weixdorf und Bärnsdorf, erhebt sich als markante Kuppe der kahle, 212,8 m hohe Buckenberg. Von ihm aus hat man bei halbwegs klarer Sicht einen beeindruckenden Rundblick: zu Füßen die Feldfluren, dahinter bewaldete, aber auch gehölzfreie Bergkuppen, wie der Kleine und der Große Galgenberg sowie der Mittagsberg, die Ortschaft Marsdorf und schließlich die Wälder und Höhenzüge in der Ferne. Im Osten wird das Blickfeld vom Weixdorfer Kuppengebiet begrenzt, so vom Schelsberg und vom Hornsberg, auf denen aus Ablagerungen zweier alter Elbläufe stammende trockene und nährstoffarme Kiese, Sande und Schotter nur schlechtwüchsige Kiefernforste gedeihen lassen. Dahinter verbirgt sich die bis 1914 aus den vier Dörfern Lausa, Friedersdorf, Weixdorf und Gomlitz hervorgegangene und 1999 an Dresden angeschlossene Ortschaft Weixdorf im Muldental des Lausenbaches. Schaut man in westliche Richtung, so sieht man im Vordergrund das Kuppengebiet um die Nußberge und Eckeberge, die Türme des Barockschlosses Moritzburg und die Fasanerie sowie schließlich die neugebauten Häuser am Meißner Berg in Radeburg. Aus der Ferne im Nordwesten grüßt die Kirche von Bärwalde.

Blütenpracht an Feldrainen

Ich fand eine Feldblume, bewunderte ihre Schönheit,
ihre Vollendung in allen Teilen, und rief aus:
„Aber alles dieses, in ihr und Tausenden ihresgleichen,
prangt und verblüht, von niemandem betrachtet,
ja oft von keinem Auge auch nur gesehen.“
Sie aber antwortete:
„Du Tor! Meinst du, ich blühe, um gesehen zu werden?“

Arthur Schopenhauer, 1788 - 1860

Für botanisch Interessierte lohnt ein Abstecher vom Buckenberg aus einige hundert Meter nach Süden Richtung Kahlenberg und Spitzenberg. Dort findet man markante Beispiele der für das Kleinkuppengebiet typischen buntblühenden Wegraine, Waldsäume und Böschungen. Den Reigen des Blumenflors eröffnet im Mai die an Wegrändern und auf Halbtrockenrasen häufige Zypressenwolfsmilch mit ihren zunächst gelben, später roten Hüllchenblättern an den doldenähnlichen Blütenständen. Im kräftigen Gelb erstrahlen dann die gelben Blütentrauben des im Unterschied zum Besenginster dornenlosen Färberginsters. Zitronen- bis goldgelb schmückt sich im Sommer das Echte Labkraut. Im Kontrast hierzu stehen die Büschel der zierlichen Heidenelke mit ihren karminroten, mit weißen Punkten und einem dunklen Ring gezeichneten Kronenblättern. Die kugeligen Blütenköpfe der Grasnelke sind rosa bis hellpurpurn gefärbt. Hellrot gezeichnete Blütenblätter, gelegentlich auch Dornen an den niederliegenden Stengeln, kennzeichnen die Kriechende Hauhechel.

Die Skabiosenflockenblume hat dunkelviolette Blütenblätter an mehr als 2 cm langen Köpfchen, während die Bunte Kronwicke weiße Blüten mit rötlicher Fahne und violetter Schiffchenspitze besitzt.

Ein Kleinod ist der direkt an der Autobahn nach Berlin gelegene, als Flächennaturdenkmal geschützte Tannenberg. Trockenwarmer Kiefern-Eichenwald, Gebüsche, Saumzonen, Halbtrockenrasen, nicht mehr bewirtschaftete Ackerterrassen und sonnenexponierte Ackerraine kommen den Ansprüchen vieler seltener Arten entgegen, wie dem Ackersteinsamen und der Mehligen Königskerze; auch gefährdete Vögel, Kriechtiere und Insekten leben hier.

Der Berg bleibt!

Im Herzen der Moritzburger Kleinkuppenlandschaft gelegen, ist der Buckenberg für Naturschutz und Landschaftsbild höchst bedeutsam. Dennoch hatte 1992 eine baden-württembergische Bergbaufirma den Antrag auf Abbau von Festgestein gestellt und vom Sächsischen Oberbergamt Freiberg trotz stichhaltig begründeter Ablehnungen seitens der Fachleute, Behörden und der breiten Öffentlichkeit eine Bewilligung bekommen. Der Steinbruch sollte mehr als 10 ha groß sein und ein 70 m tiefes Loch in den Berg reißen. Doch es regte sich Widerstand. Die Bürgerinitiative Buckenberg wurde gegründet. Sie bekam Unterstützung aus dem Sächsischen Landtag, vom Landkreis, den angrenzenden Kommunen, von Fachämtern, Wissenschaftlern und Naturschutzverbänden. Alle bekannten sich einmütig zum Erhalt dieser landschaftsprägenden Kuppe. Jahrelang kündete ein großes Schild mit der Aufschrift „Der Berg bleibt" vom Willen der mit der einzigartigen Landschaft fest verbundenen Bürger.

Wäldchen am Buckenberg mit blühenden Schlehen

Der Bergwerksbetreiber klagte gegen die im Dezember 1996 erfolgte Festsetzung des LSG „Moritzburger Kleinkuppenlandschaft". In dieser für das Schutzgebiet kritischen Zeit befaßte sich die von mehr als 240 Teilnehmern besuchte Fachtagung „Die Moritzburger Kleinkuppenlandschaft – einmalig in Mitteleuropa!" am 1. März 1997 im Landhaus Marsdorf mit den Werten dieses Landschaftsraumes und mit aktuellen Gefahren, die insbesondere durch den Steinbruch drohten. Ein Gesteinsabbau im Volkersdorf-Marsdorfer Kuppenrelief, so war man sich einig, würde dem Schutzziel vollkommen zuwiderlaufen, selbst wenn als Folge der Steinbruchtätigkeit eines Tages vielleicht einmal reizvolle und artenreiche, aber beliebig wiederholbare Felsbiotope aus zweiter Hand entstehen mögen.

Willensbekundung 1997: Das Ziel wurde erreicht!

Einen Etappensieg erzielten die Steinbruch-Gegner 1998: Das zuständige Bergamt in Hoyerswerda lehnte den von der Firma vorgelegten Rahmenbetriebsplan ab. Der Unternehmer ging in Widerspruch und reichte zwei Jahre später einen neuen Plan ein, mit etwas verkleinerter Abbaufläche und einigen „kosmetischen" Änderungen.

Unterstützung für den Naturschutz kam auch vom Chiphersteller AMD, der für sein 3,5 km entfernt liegendes Werk durch die Sprengungen und die damit verbundenen Erschütterungen Schäden in Millionenhöhe befürchtete. Rund 10 Jahre hat der Kampf um den Buckenberg schließlich gedauert. Im Oktober 2003 wurde er entschieden. Mit der Rücknahme des 1996 erteilten Bewilligungsbescheides zum Gesteinsabbau stoppte das Freiberger Oberbergamt die Steinbruch-Pläne endgültig.

Blumen der trockenen Waldsäume und Wegraine

Kriechende Hauhechel *Zypressenwolfsmilch* *Grasnelke*

Seltene Ackerwildkräuter in der Moritzburger Landschaft

Dreiteiliger Ehrenpreis *Feldlöwenmaul* *Lämmersalat*

Zurückgekehrt zum Buckenberg, betrachten wir aufmerksam den Acker: Lose liegen kleine Felsbrocken umher. Das Grundgestein reicht bis wenige Dezimeter unter die Oberfläche, die Verwitterung hat nur flachgründige Böden mit dünner Krume hervorgebracht.

Die steinigen und mageren Äcker bieten Lebensraum für manch bemerkenswerte Vertreter der im Volksmund als „Unkraut" geschmähten Ackerwildpflanzen. Neben Allerweltsarten entdecken wir als Zeiger dürftiger Bodenqualitäten den Kleinen Sauerampfer und das prächtige weiß, gelb und blau blühende Wilde Stiefmütterchen. Zwei äußerst unscheinbare Nelkengewächse sind der Ackerspörgel und der Einjährige Knäuel. In kräftigem Rot erblühen Saat- und Sandmohn. Schon im zeitigen Frühjahr entfaltet der Dreiteilige Ehrenpreis seine kleinen dunkelblauen Blüten.

Echte Raritäten der Äcker des Kleinkuppengebietes sind der Rote Zahntrost, das blaßrote, stark gefährdete Feldlöwenmaul sowie der gleichfalls in den Roten Listen geführte Lämmersalat (auch Lammkraut genannt), ein hellgelber Korbblütler mit rosettig angeordneten, gezähnten Blättern und einem oberwärts auffällig keulig verdickten Stengelschaft.

Bauernwälder und Weinberge

Unmittelbar westlich des Buckenberges ragt als breiter Rücken im sonst kuppigen Relief der kaum höhere, aber bewaldete Simonsberg (213 m) empor. Der artenarme Kiefern-Eichenmischwald mit Drahtschmiele, Schafschwingel, Rotstraußgras, Weichem Honiggras, Wiesenwachtelweizen, Heidelbeere und Brombeere im Unterwuchs entspricht den sauren und mageren Standortverhältnissen. Für Kuppen und Flachrücken sind Straußgras-Eichenwälder oder die etwas anspruchsvolleren Honiggras-Eichenwälder charakteristisch. Bestände, in denen die Hainbuche in größerem Umfang beigemischt ist oder gar bestandesbildend in Erscheinung tritt, gehören vegetationskundlich zum trockenen Labkraut-Hainbuchen-Eichenwald, beispielsweise am Kahlenberg, an den Nußbergen und am Berbisdorfer Homrich. Die Krautschicht der Hainbuchenwälder zeichnet sich aus durch Arten wie Hain-Rispengras, Maiglöckchen, Echte Sternmiere, Vielblütige und Duftende Weißwurz (Salomonsiegel).

Die Waldreste in den stauvernäßten Senken gehören meist dem Sternmieren- und dem Gilbweiderich-Stieleichenwald an. Als Mischbaumarten sind Birke, Vogelkirsche, Eberesche und seltener Winter- und Sommerlinde, Rotbuche, Berg- und Spitzahorn zu erwähnen, an feuchten Standorten auch Schwarzerle, Esche und Zitterpappel, bei stärkerer forstlicher Beeinflussung vor allem Kiefer, teilweise im Reinbestand. Die Strauchschicht vieler Kuppenwälder setzt sich aus Schwarzem Holunder, Weißdorn, Schlehe und Haselnuß zusammen.

Kuppenlandschaft „von oben", mit Seifenbachaue (Mitte) und Bärnsdorf (hinten)

Echtes Labkraut am Tannenberg bei Volkersdorf

Vor mehr als 100 Jahren wurde an süd- und südwestexponierten Hängen des Simonsberges Weinbau betrieben, wovon heute noch im Wald gelegene Mauerreste von zwei Terrassen Zeugnis ablegen. Außerdem verlaufen am Waldrand langgestreckte Steinrücken, entstanden durch das Ablagern der vom Acker abgelesenen Steine an der Grundstücksgrenze. Offenbar hatte die Bodenerosion einen vollständigen Abtrag der Bodenkrume bewirkt, wodurch die in historischer Zeit landwirtschaftlich genutzten Flächen wertlos wurden und später der natürlichen Bewaldung überlassen blieben. Ebensolche Steinrücken verstecken sich in Feldgehölzen südöstlich der Eggeholzberge und nordöstlich vom Mittagsberg.

Aufgegebene Weinberge, Lesesteinhaufen und Steinrücken gelten als kulturgeschichtlich wertvolle Objekte. Siedlungs- und Nutzungsgeschichte unserer Vorfahren sind durch eine Vielzahl weiterer Elemente der historischen Kulturlandschaft im Kleinkuppengebiet dokumentiert: Trockenmauern, Fischteiche, Ackerterrassen, Ackerraine, Hecken, obstbaumgesäumte Feldwege, Kopfweiden, Solitärbäume, Streuobstwiesen und Bauerngärten sind hier einzuordnen. Daneben stellen sie wichtige Elemente eines unverwechselbaren Landschaftsbildes und Lebensstätten geschützter Tiere und Pflanzen dar.

Kleinteich und Berg aus zweiter Hand

Die Natur versteht gar keinen Spaß,
sie ist immer wahr, immer ernst, immer strenge;
sie hat immer recht,
und die Fehler und Irrtümer sind immer die des Menschen.
Goethe zu Eckermann, 13. Februar 1829

An den Unterhängen des Simonsberges ist noch in den 1980er Jahren Ackerbau betrieben worden, die Flurstücke fielen mangels Rentabilität brach. Das am Hangfuße fließende kleine Bächlein verschwand zu Zeiten der LPG-Großflächenwirtschaft in Betonröhren, das feuchte Dellengrünland kam unter den Pflug. Südöstlich vom Simonsberg liegen beiderseits der Autobahn zwei kleine Teiche, teilweise mit Schilfgürtel und Feuchtwiesensaum umgeben. In großer Zahl blühen hier im Mai sattgelbe Sumpfdotterblumen. In den Teichen laichen mehrere Amphibienarten, vor allem Erdkröte, Gras- und Teichfrosch. Im Unterschied zur benachbarten Moritzburger Teichlandschaft sind stehende Gewässer im Kuppengebiet an der Promnitz nicht gerade häufig. Um so erfreulicher ist es daher, daß der durch Melioration trockengefallene und mit Müll verfüllte Kleinteich östlich von Volkersdorf auf Initiative der Naturschutzbund-Fachgruppe „Ornithologie Großdittmannsdorf" 1995/96 wieder instandgesetzt und als Biotop gestaltet wurde.

Einen Katzensprung südwestlich vom Simonsberg trägt eine bewaldete, als Flächennaturdenkmal geschützte Kuppe den Namen „Pauligs Busch". Eichen bestimmen das Waldbild, aber auch Hainbuchen, Kiefern, Birken, Ebereschen und Rotbuchen. Bemerkenswert sind hier einige seltene Kräuter, wie der Berghaarstrang, ein Doldenblütler, sowie die im Unterschied zur Vielblütigen Weißwurz mit einem kantigen Stengel ausgestattete Duftende Weißwurz. Am trockenwarmen, sonnigen Waldrand blühen Nickendes Leimkraut und die selten gewordene Pechnelke, die Felsen, trockene Wiesen und Böschungen bevorzugt, außerdem Bauernsenf, Kriechende Hauhechel und Bunte Kronwicke.

Der Acker südlich von Pauligs Busch ist kürzlich aufgeforstet worden, als Ausgleich für die Verbreiterung der unweit verlaufenden Berliner Autobahn A 13. So positiv die Zunahme von Wald ist, so müssen doch die geeignetsten Stellen für Aufforstungen ausgewählt werden. Im vorliegenden Falle kann man das nicht behaupten, denn die aufwachsenden Gehölze werden den Waldsaum an Pauligs Busch beschatten und die lichtliebenden Pflanzen vertreiben. Sinnvoller war da schon die Anpflanzung vieler hochstämmiger Obstbäume am Ortsrand von Volkersdorf, die in nicht zu ferner Zukunft eine prächtige Streuobstwiese ergeben werden.

Ein Beispiel für den Landschaftswandel aus jüngster Zeit ist auch der merkwürdige, künstlich anmutende, von Rasen bewachsene Hügel gleich neben Pauligs Busch: Seine bewegte Geschichte begann als bewaldete Kuppe wie eine unter vielen ringsumher, bis er einem Steinbruch zum Opfer fiel und schließlich eine Mülldeponie aufnehmen mußte. Diese ist glücklicherweise abgedeckt und rekultiviert worden, so daß man heute auf steilem Pfad zum Gipfel gelangen und den phantastischen Rundblick über die Moritzburger Kuppenlandschaft genießen kann.

Kleinteich am Tannenberg, mit Horstunterlage für den Weißstorch

Eldorado für Feldvögel und Insekten

Kleine Gehölze, Büsche, Hecken, Waldstreifen und Einzelbäume sind in der Kuppenlandschaft allenthalben vorhanden und säumen viele Feldwege. Neuntöter, Dorn- und Sperbergrasmücke bevorzugen Dornstrauchhecken aus Schlehe, Weißdorn sowie Wildrosen als Nistplatz. Der reichlich sperlingsgroße rotrückige Neuntöter, auch Dorndreher genannt, sitzt gern auf Strauchspitzen und Pfählen, von wo er sich auf die erspähte Beute stürzt, vorwiegend auf Insekten und deren Larven sowie auf kleine Wirbeltiere, die er oft auf Dornen spießt.

Der an Kopf und Hals graugrün gefärbte, an Kehle und Wangenstreif gelbe, unterseits aber zimtbraune Ortolan (oder Gartenammer) sorgt mit seinem schwermütig klingenden Gesang für ein besonderes Flair. Der bundesweit stark gefährdete Vogel brütet an Waldrändern am Boden von Getreideäckern, bevorzugt Sommergerste und kann ob seines hohen Brutbestandes geradezu als Charaktervogel der Moritzburger Kleinkuppenlandschaft bezeichnet werden. Der Ornithologe Kersten Hänel registrierte in den Jahren 2000-2002 auf einer 18 km² großen Testfläche 34 bis 40 Singplätze an Waldinseln und Feldgehölzen. Naturschutzgerechte Ackerbewirtschaftung soll den Ortolan unterstützen. So baut die Agrargenossenschaft Radeburg neben dem Waldstück Homrich östlich von Berbisdorf Getreide an, jedoch weder Mais noch Raps, und sie verzichtet auf Dünger und Gifte. Am Buckenberg richtet sich der Agrarbetrieb Johne & Lorenz GbR Volkersdorf nach den Ansprüchen von Ortolan, Kiebitz, Rebhuhn, Feldhase und seltenen Ackerwildpflanzen. Keine Chemie – das ist die Devise, nur dünne Aussaat genau festgelegter Feldfrüchte, da und dort dauerhafte Brachestreifen und die Ernte wird nicht einmal eingefahren, sie bleibt auf dem Halm stehen als Nahrung für die Tiere. Dafür gibt es einen Vertrag und Fördermittel vom Naturschutz. Die Ausgabe braucht niemanden zu reuen, das Geld ist gut angelegt!

Zu den selten gewordenen und gefährdeten Bodenbrütern zählen auch die Grauammer, ein lerchenfarbiger, etwas größer und plumper als ein Sperling wirkender Vogel mit metallisch klingendem Gesang, ferner Rebhuhn, Wachtel, Kiebitz, Schafstelze und Braunkehlchen. Im Kuppengebiet haben 5-6 Brutpaare des Weißstorches ihre Horste, außerdem neun Greifvogelarten: Mäuse- und Wespenbussard, Sperber, Habicht, Rot- und Schwarzmilan, Rohrweihe, Baum- und Turmfalke. Insgesamt konnten mehr als 160 Vogelarten nachgewiesen werden, davon über 105 im Gebiet brütend, darunter sogar das 1997 erstmalig als Brutvogel entdeckte Schwarzkehlchen.

Im LSG „Moritzburger Kleinkuppenlandschaft“ leben auch etliche Lurch- und Kriechtierarten: Kamm-, Berg- und Teichmolch, Knoblauch-, Erd- und Wechselkröte, Teich-, See-, Gras- und Moorfrosch, Zaun- und Waldeidechse, Blindschleiche und Ringelnatter. Im Südteil des LSG fanden Entomologen 1355 Käfer-, 109 Grabwespen-, 225 Pflanzenwespen-, 120 Schwebfliegen-, 21 Heuschrecken- und

Neuntöter, auch Dorndreher oder Rotrückenwürger

Dorngrasmücke

Ortolan, auch Gartenammer genannt

Mit sanften Schwingen

Seit den 1970er Jahren nahmen die Brutbestände des Rotmilans zu. Nach 1980 wurden 3 bis 4 und nach 1990 bereits 8 Brutpaare im LSG „Moritzburger Kleinkuppenlandschaft" festgestellt. Auch der Brutbestand des Schwarzmilans hat sich verdoppelt, aktuell sind bis zu fünf Brutpaare heimisch. Im Oktober ziehen die Rotmilane ans Mittelmeer, zunehmend überwintern sie aber auch in Mitteleuropa. In der Kuppenlandschaft sind die ersten Rückkehrer an sonnigen Februartagen zu beobachten.

Mäuse, kleine Vögel und Insekten bilden die Nahrung, auch Abfall und Aas werden aufgenommen. Darin ähneln Milane den Geiern als Gesundheitspolizisten. Während der Wiesenmahd mit schnellfahrender Mähtechnik und großer Arbeitsbreite ist der Tisch für Greifvögel, Störche und Krähen reich gedeckt. Schmale Flügel mit einer Spannweite bis zu 165 cm und der lange, rostrote und tief gegabelte Schwanz (daher auch der Name Gabelweihe!) verleihen dem Rotmilan ein elegantes Flugbild. Schwanz und Flügel bilden zugleich ein Kraftkreuz, das sich für den Transport großer Beutetiere über lange Strecken eignet. Der Baumhorst beider Milanarten ist an den herabhängenden Papier-, Stoff- und Folienfetzen zu erkennen, die zum Auskleiden der Nestmulde eingetragen werden. Habicht und Mäusebussard verwenden hierfür grüne Kiefern- oder Fichtenzweige, der Wespenbussard frische Zweige von Laubbäumen. Der als „Hain" oder „Promnitzwäldchen" bezeichnete nasse Birken-Erlen-Eichenwald zwischen Bärnsdorf und Berbisdorf ist beliebter Aufenthaltsort für beide Milanarten.

Flügge Rotmilane am Horst

Mit 9.200 bis 12.100 Brutpaaren beherbergt Deutschland etwa 50 - 60 % des reichlich 20.000 Brutpaare umfassenden Weltbestandes des Rotmilans. Davon wiederum brütet der Hauptteil in Ostdeutschland. In Sachsen zählten Ornithologen im Jahr 2000 etwa 800 Brutpaare. Somit trägt unser Land eine besondere Verantwortung für den Erhalt dieser Art. Naturschutz darf eben nicht nur aus lokaler Sicht betrachtet werden. Der Ruf einzelner Personen nach Wiederbejagung von Greifvögeln zeugt von Unwissen und Engstirnigkeit. Glücklicherweise verhallt er dank der seit Mitte des 20. Jahrhunderts positiv veränderten Einstellung der Fachwelt, der ernstzunehmenden Jägerschaft und großer Teile der Bevölkerung gegenüber Beutegreifern.

12 Hummelarten! Der 8,5 ha große Wald am Simonsberg wird von mindestens 698 Käferarten bevölkert, ein erstaunlicher Artenreichtum! Selbst in relativ naturnahen, nur 1 ha großen Gehölzen wurden über 500 Arten dieser Krabbeltiere festgestellt und in kleinsten Gehölzen und Gebüschgruppen von lediglich 700-800 m² waren es noch 300 Arten. Der Nachweis von insgesamt 144 im Rückgang befindlichen, in der Roten Liste verzeichneten Insektenarten, darunter 15 vom Aussterben bedrohten und 40 stark gefährdeten, kennzeichnet das Kuppengebiet um Bärnsdorf und Volkersdorf als Refugium von überregionaler Bedeutung und hoher Schutzwürdigkeit.

Am Oberlauf der Promnitz: Volkersdorf

Das für den Moritzburger Raum bedeutendste Fließgewässer ist die 13 km lange Promnitz. Im Oberlauf als Ilschengraben bezeichnet, entspringt sie in den Wiesen östlich von Dresden-Wilschdorf und fließt in einem schwach eingetieften Muldental über Bärnsdorf nach Norden, wo sie bei Radeburg in die Große Röder mündet. Unterwegs nimmt die Promnitz Zuflüsse von Westen aus den Moritzburger Teichen auf, aus den Waldteichen, den Großteichen und dem Frauenteich; aus der östlich gelegenen Kuppenlandschaft fließen u.a. Bränitzbach und Langer Graben zu. Leider ist das Bachbett fast im gesamten Verlauf begradigt. Als noch die zahlreichen Bachschlingen (Mäander) günstige Lebensbedingungen boten, lebten Forellen, Döbel, Hechte, Rotaugen und sogar Aale in der Promnitz.

In der Aue ziehen sich, wie an einer Perlenkette aufgefädelt, die Orte Volkersdorf, Bärnsdorf und Berbisdorf entlang. Von 1994 bis 1999 bildeten sie die Promnitztalgemeinde, sind danach aber in die Stadt Radeburg eingegliedert worden.

Das 1378 erstmals urkundlich erwähnte Straßenangerdorf Volkersdorf liegt von allen drei Orten am weitesten im Süden und der Promnitzquelle am nächsten. In der Bronzezeit existierte eine größere Siedlung am südwestlichen Ortsrand. Im Mittelalter bestand südöstlich von Volkersdorf am Fürstenweg in den Hofewiesen, nahe der heutigen Autobahnspinne, das Vorwerk Knapsdorf, eine kleine, später wüstgefallene Ansiedlung, von der bis zu Beginn des 17. Jahrhunderts nur noch ein stattliches Gehöft übrig geblieben war. Bislang konnte sich Volkersdorf seine dörfliche Bauweise mit großen Dreiseithöfen, starken Torpfeilern und Bruchsteingartenmauern weitestgehend bewahren. Die drei Teiche an der Straße nach Rähnitz – Mühlteich, Langer Teich und Hinterer Teich – wurden im 16. Jahrhundert aufgestaut und seitdem zur Karpfenzucht genutzt.

Das Geheimnis der Schneitelbäume

Nicht weit entfernt, ist die Kopfbaumreihe entlang eines Rinnsals namens Bartlake sehenswert. Ebenso wie die beiden gut gepflegten alten Kopfweiden in den Wiesen zwischen Fuchsberg und den Spitzen Bergen unweit der Autobahn in Richtung Bautzen entstammen sie der historischen Schneitelwirtschaft.

Um Kopfweiden heranzuziehen, werden starke Weidenäste am unteren Ende von der Rinde befreit, 70 cm tief eingepflanzt und zwei Jahre später in 2 m Höhe geköpft. Unterhalb der Schnittstelle treiben sie mit langen, rutenförmigen Zweigen wieder aus. Früher wurden die Äste regelmäßig geschnitten, um Viehfutter, Stalleinstreu und Flechtmaterial für Korbwaren, z.B. Kartoffelkörbe, zu gewinnen. Das regelmäßige Schneiteln in Abständen von 10 bis 15 Jahren in ca. 2 m Höhe, möglichst nahe am Kopf, verleiht den weichholzigen Weiden ihre typische kopfartige Form. Rasch bildet sich Moderholz, ein wertvoller Lebensraum für die Larven von Weberbock, Moschusbock, Weidenbohrer und weitere Totholz-Bewohner. Über 100 Käferarten sind auf Weiden angewiesen.

Nicht nur Weiden, sondern auch Eschen, Pappeln, Eichen, Feldulmen, Rot- und Hainbuchen können durch Neuausschlag Kopfbäume hervorbringen. Auf dem Kahlenberg östlich von Volkersdorf und in anderen Feldholzinseln finden wir Schneitel-Hainbuchen. Diese auch als Weißbuche bezeichnete strapazierfähige Baumart lieferte Brenn- und Nutzholz, außerdem Laubheu als Winterfutter für Haustiere. Die höhlenreichen Stammverdickungen werden gern von Grauschnäpper, Gartenrotschwanz, Feldsperling, aber auch von Hornissen sowie von Wald- und Gelbhalsmaus aufgesucht.

Kopfweiden südöstlich von Marsdorf

Bärnsdorf: Ort des Bernhard

Bereits von weitem erkennbar ist Bärnsdorf an seiner 1875 erbauten Kirche mit ihrem hohen, von zweigeschossigen Emporen umzogenen Schiff. Der Name des Waldhufendorfes erinnert an einen Gründer namens Bernhard, denn aus dem Jahre 1309 ist die Bezeichnung Bernhardistorf belegt. Wie in den benachbarten Dörfern sind die Höfe mit wenigen Ausnahmen ziemlich schmal und tief, die Wohnhäuser stehen mit dem Giebel zur Straße, die Scheune gewöhnlich weiter hinten. Durch geschickte Stauhaltung mittels mehrerer Teiche war es möglich, wenigstens ab und zu die Mahlmühle neben dem Gasthof zu betreiben, was bei der geringen Abflußmenge und dem schwachen Gefälle der Promnitz sonst illusorisch gewesen wäre. Das alte Mühl- und Wohnhaus besitzt ein mit Brettern verkleidetes Fachwerkobergeschoß, befindet sich momentan aber in einem schlechten Erhaltungszustand. Das kleine Seitengebäude soll früher als Brennerei mit Ausschank gedient haben.

Zu Bärnsdorf gehört der kleine Weiler Cunnertswalde, bestehend aus drei ehemaligen Bauernhöfen, dem Niederhof im Westen, dem Mittelhof und – im Osten – dem Oberhof. Heute bieten dort Reiterhof und Wochenendhäuser Möglichkeiten zur Freizeitgestaltung.

Kleiner Ort mit Wasserschloß: Berbisdorf

Auch das Straßenangerdorf Berbisdorf tauchte im 14. Jahrhundert erstmals in den Urkunden auf und zwar 1357 als Berwigistorf. Von einer unbekannten Stelle der Dorfflur stammt ein Fund aus der Bronzezeit (etwa 900 v.u.Z.), der sich im Britischen Museum in London befindet. Es handelt sich um eine bronzene Plattenfibel mit Schälchenaufsätzen und ein Messer mit Antennengriff.

Die bäuerlichen Anwesen sind schmal und stehen dicht benachbart mit den Giebeln zur Straße. Die meist in Stein aufgemauerten und verputzten Giebel tragen in der Spitze oft ein Rundbogenzwillingsfenster, dessen Sprossenwerk durch in Zinn gegossene Ornamente filigranartig geschmückt wurde. Im Gehöft Dammweg 33 thront auf einem starken Pfeiler ein großer, liebevoll erhaltener Taubenschlag aus alter Zeit. Einige Höfe besitzen noch eine hölzerne Wasserpumpe, angefertigt von einem Reichenberger Brunnenbauer, dessen Arbeiten auch in den Nachbarorten gefragt waren.

Berbisdorf verfügt über ein kleines Schloß, das Herrenhaus des ehemaligen Rittergutes. An drei Seiten ist es von einem breiten

Die Kirche in Bärnsdorf

Das Wasserschloß von Berbisdorf

Das wunderliche Leben eines Falters namens Wiesenknopf-Ameisenbläuling

Die Natur kennt das große Geheimnis und lächelt.
Victor Hugo, 1802 - 1885

In der malerischen Promnitzaue zwischen Bärnsdorf und Berbisdorf wechseln Gehölze und kleinteilige feuchte Hochstaudenfluren, Wiesen- und Ackerflächen einander ab. Die Massenvorkommen des Großen Wiesenknopfes, einer zu den Rosengewächsen zählenden Wiesenblume nutzt ein unauffälliger, jedoch auf europäischer Ebene geschützter Tagfalter als Wirtspflanze, der Schwarzblaue Bläuling, auch Dunkler Wiesenknopf-Ameisenbläuling genannt.

Die erste Mahd zur Heuwerbung ist bis zum 10. Juni des Jahres abgeschlossen. Danach wächst der Große Wiesenknopf heran und erreicht im Juli bis August sein Blühstadium. In dieser Zeit fliegen die kleinen Falter und legen ihre Eier an den Blütenköpfen ab. Die daraus schlüpfenden purpurroten Räupchen fressen zunächst im Blütenkopf. Ende August, Anfang September sondern die Larven ein süßliches Sekret ab, das die Knötchenameise *Myrmica rubra* anlockt. Diese schleppt die Raupen in ihren Bau und füttert sie wie den eigenen Nachwuchs. Die Schmetterlingslarven „mißbrauchen“ allerdings die „Gastfreundschaft“ und ernähren sich gleichzeitig von der Ameisenbrut. Als junge Raupe überwintern die Falter im Ameisenbau. Im Jahr darauf schlüpft aus den Puppen die nächste Schmetterlingsgeneration.

Falter am Blütenstand des Großen Wiesenknopfes

Das Überleben beider Arten ist maßgeblich vom Vorhandensein geeigneter Flächen als Vermehrungsstätten abhängig. Der komplizierte Fortpflanzungsmechanismus macht sie anfällig gegenüber intensiver Bewirtschaftung. Hohe Düngergaben verdrängen die Wirtspflanze. Der zweite Grasschnitt sollte spät erfolgen, frühestens ab 15. August, besser erst ab 10. September. Manchmal reicht schon das Stehenlassen von Rändern an Gräben, Bächen und Wegen mit reichem Blühaspekt des Großen Wiesenknopfes bis in den Spätsommer. Gemäht werden darf weder zu tief, noch mit schwerer Technik, weil die Bodenverdichtung die Erdbaue der Ameisen beschädigt.

Zur Erhaltung des Wiesenknopf-Ameisenbläulings und weiterer Arten wurde an der Promnitz und an einigen Zuflüssen wie dem Seifenbach am Homrich sowie am Bränitzbach ein Schutzgebiet nach EU-Recht (FFH) ausgewiesen.

Wassergraben umgeben, der mit der Promnitz in Verbindung steht. Die Anlage deutet auf eine frühmittelalterliche Wasserburg hin. Das heutige Schloß geht auf einen dreiflügeligen, mehrfach veränderten Renaissance-Bau aus der Mitte des 16. Jahrhunderts zurück. Der Treppenturm an der Nordseite wurde erst 1889 angebaut. Nach Westen schließt sich der Wirtschaftshof an, der heute gewerblich und als Reitstall verwendet wird. Der von einer Bruchsteinmauer umgebene Gutspark ist um die Mitte des 19. Jahrhunderts als ummauerter, 12 ha großer Landschaftspark mit Alleen, Lichtungen und Blickachsen planmäßig angelegt worden. Nach dem 2. Weltkrieg wurden der Gutsbereich mit dem südlichen Parkteil im Zuge der Bodenreform aus der Gesamtanlage herausgelöst und an die Landwirtschaft übergeben, das Wasserschloß mit Kapelle und Torhäusern als Kinderheim und Sonderschule genutzt, während im nördlichen Teil des Parks Sport- und

Gehölzreiche Feldlandschaft bei Berbisdorf

Freizeitanlagen entstanden. Markante Eichen, Linden und Schwarzkiefern im Ostteil lassen die Erinnerung an einen Park aufleben, der übrige Baumbestand aber hat sich in einen dichten Wald verwandelt, weil Wildgehölze ungehindert aufwachsen konnten. Die Gesamtanlage des Schlosses muß dringend saniert werden, als Lichtblick erscheinen die Pläne, im Schloß Wohnungen einzurichten.

Die Marsdorfer Dorfgemeinschaft verschönert ihre Landschaft

Verfolgt man von Bärnsdorf aus den Lauf des Bränitzbaches, eines Neben„flusses" der Promnitz, aufwärts, so kommt man zu den Bränitzwiesen. Drei Teilstücke sind als Flächennaturdenkmal geschützt: Feuchtwiesen beiderseits des Baches mit Hochstaudenfluren, einzelnen Bäumen und Gebüschen sowie einem naturnahen Wiesenteich, in dem Erdkröte und Grasfrosch laichen. Anschließend passiert man in einem Taleinschnitt die Eckeberge, ein langgestrecktes Feldgehölz und erreicht dann die obere Talmulde des Bränitzbaches mit dem 1350 erstmals als Maroldisdorf erwähnten Straßenangerdorf Marsdorf. Große Dreiseithöfe in Nachbarschaft mit Winkelhöfen prägen das Ortsbild. Nach 1960 wurden die Felder in 30 bis 40 ha große Schlagkomplexe eingeteilt.

Heute ist der 300-Seelen-Ort zwar nach wie vor ländlich geprägt, seit 1990 findet aber auf den meisten Bauernhöfen keine Landwirtschaft oder individuelle Tierhaltung mehr statt. 1965 kam Marsdorf als Ortsteil zu Weixdorf und mit diesem 1999 zu Dresden.

Am Südrand von Marsdorf sind die langgestreckten, handtuchförmigen Hufen der sogenannten Gelängeflur (siehe Seite 20) besonders deutlich sichtbar. Südlich des Querweges hingegen kann man im Bereich der Galgenberge eine andere Flurform betrachten, die Blockflur mit unregelmäßig geformten Ackerblöcken in den trockenen Kuppen- und Hangbereichen sowie Wiesen in den feuchten Senken. In der eintönigen Ackerlandschaft zwischen Ortsrand und Querweg wurden im November 1998 in einer nachahmenswerten Aktion vor allem von Marsdorfer Bürgern einschließlich der Landeigentümer und -pächter, fachlich begleitet von der „Fachgruppe Ornithologie Großdittmannsdorf", 435 Bäume und 600 Sträucher angepflanzt. Dies erfolgte nach dem historischen Vorbild entlang einer Grundstücksgrenze quer über den Acker vom Dorfrand bis zum Buckenberg, an drei bestehenden Feldwegen sowie an zwei Ackerrainen. Damit sind wesentliche Teile der ehemaligen Gelängeflur und der Charakter der historischen Kulturlandschaft wieder erlebbar geworden. Die Begrünung gliedert die ausgeräumte Ackerfläche und bereichert das Landschaftsbild. Die Bäume und Sträucher bilden Trittsteine und Leitlinien im Biotopverbund.

Für ihr Engagement sind die Marsdorfer im Oktober 2003 mit dem Umweltpreis des ZDF ausgezeichnet worden. Feldhase, Mauswiesel, Hermelin, Rebhuhn, Neuntöter, Raubwürger und Grasmücke haben eine Chance bekommen, inmitten von Straßenverkehr und Agrarwirtschaft weiterzuleben.

An der Großen Röder: Medingen und Großdittmannsdorf

Es gibt sie noch: Ursprüngliche Feldwege, frei von Asphalt oder Bauschuttauffüllungen, mit begrüntem Mittelstreifen und beiderseits von artenreichen Feldrainen, Obstbäumen und Feldhecken aus Schlehe, Weißdorn, Wildrose und Holunder gesäumt.

Ein Musterbeispiel nimmt unweit vom Gasthof „Landhaus Marsdorf“ seinen Anfang und verläuft in Richtung Medingen: die „Alte Marsdorfer Straße“. Hier bemerkenswerte Vogelarten wie Rebhuhn, Raubwürger, Neuntöter, Dorn- und Sperbergrasmücke oder Braunkehlchen zu Gesicht zu bekommen, ist so unwahrscheinlich nicht. Solche, vom Kraftfahrzeugverkehr freien Wirtschaftswege sind für eine stille und erlebnisreiche Erholung in der Natur geradezu wie geschaffen. Mittlerweile selten geworden, dokumentieren sie auch die Tätigkeit früherer Generationen und sollten demzufolge schonungsvoll behandelt werden.

Waldgeschichte am Birkhübel

Kurz vor der Ortslage Medingen führt die „Alte Marsdorfer Straße“ am Birkhübel vorüber. Auf diesem wächst ein naturnaher Hainbuchen-Eichenwald mit vielen Haselsträuchern. Wir haben den einzigen noch erhaltenen Mittelwald der Moritzburger Kleinkuppenlandschaft vor uns. Mittelwälder bestehen aus zwei Schichten: dem älteren und höheren Oberholz und der Unterschicht, den Stockausschlägen, die sich nach dem Fällen an den frischen Baumstubben bilden. Seit Jahrzehnten wird der Mittelwald am Birkhübel allerdings nicht mehr gepflegt. Hochgewachsene Stockausschläge schaffen im Sommer ein dichtes, schattenspendendes Blätterdach, unter dem sich eine üppige Krautschicht mit Maiglöckchen, Vielblütiger Weißwurz, Efeu und Schattenblümchen verbirgt. An den Rändern gedeihen Heidenelke, Zypressenwolfsmilch und weitere Vertreter trockenwarmer Wald- und Wegsäume.

Die Hasel verträgt einen starken Rückschnitt, denn sie ist in der Lage, aus den Stöcken rasch wieder auszutreiben. Das schwer spaltbare Holz wurde für Faßreifen, Flechtzäune, Spazierstöcke und Korbbügel, aber auch für Drechslerarbeiten oder zur Erzeugung von Holzkohle und als Brennmaterial verwendet. Auch der Name der Nußberge nordwestlich von Marsdorf läßt vermuten, daß in alter Zeit hier vornehmlich Haselsträucher wuchsen, deren nahrhafte Nüsse ein schmackhaftes Lebensmittel abgaben.

Als historisches landeskundliches Dokument stellen Mittelwälder ein unbedingt erhaltenswertes Museumsstück im Freien dar.

Lebensader zwischen Kuppengebiet und Heide

Nicht weit hinter dem Birkhübel verlassen wir die Kuppenlandschaft und betreten bei Medingen die Aue des Röderflusses. Unmittelbar am jenseitigen Ufer fängt die Radeburger und Laußnitzer Heide an, ein riesiges, von der Kiefer beherrschtes Waldgebiet. Darin liegt aber auch der besondere Reiz dieses Landstrichs: im Übergang von der strukturreichen Feldmark zur Flußaue mit dem von Gehölzen und Wiesen gesäumten Fließgewässer bis hin zum schier endlos anmutenden Heidewald.

Die 105 km lange Große Röder entspringt im Luchsenburgwald östlich von Ohorn in der Oberlausitz in einer Höhenlage von 326 m und mündet bei Elsterwerda 88 m über dem Meeresspiegel in die Schwarze Elster. Der etwa 8 km lange Abschnitt zwischen Hermsdorf und Großdittmannsdorf ist aus geomorphologischer Sicht sehr inter-

Röderaue an der Mündung des Pechflusses bei Hochwasser

essant, weil der Wasserlauf hier mächtige Terrassen aus Kies und Sand abgelagert hat. Früher soll die Große Röder zu den fischreichsten Gewässern Sachsens gezählt haben, aber bereits am Ende des 19. Jahrhunderts wurde auf eingetretene Rückgänge hingewiesen. Immerhin konnten zu jener Zeit neben Karpfen, Forelle, Plötze, Rotfeder, Hecht und Barsch, noch Raritäten wie Döbel, Gründling, Schmerle und Ellritze beobachtet werden. Zunehmende Einleitung von Abwässern hat damals den Fischbesatz geschädigt.

Die Inbetriebnahme von Kläranlagen entlang der Großen Röder half seit 1990, die Wasserqualität spürbar zu verbessern, so daß viele Fischarten zurückkehrten.

In jüngster Zeit pflanzt sich sogar die Grüne Keiljungfer wieder in der Großen Röder fort. Die Larven dieser Libellenart benötigen sauberes Wasser und unverschlämmte Sandbänke als Jagd- und Deckungsraum. Sie zählt ebenso wie Fischotter und Eisvogel, die gleichfalls unterhalb von Medingen-Bergtannen heimisch sind, zu den aus europäischer Sicht ganz besonders schutzbedürftigen Tierarten.

Ein Gebirge bei Medingen

Doch statten wir den Ortschaften an der Röder einen Besuch ab! Die erste urkundliche Erwähnung von Medingen stammt aus dem Jahre 1288: Medegowe wurde das Sackgassendorf genannt, wobei die niederdeutschen Bezeichnungen für „Mähwiese“ (mede) und für „Gau“ Pate gestanden haben dürften. Die Ortsgeschichte ist eng mit dem Rittergut verbunden, das von 1637 bis zur Mitte des 19. Jahrhunderts die niedere und hohe Gerichtsbarkeit ausübte. Die Altbauten im Ortskern, Dreiseit- und Winkelhöfe sowie Häusleranwesen, spiegeln die ehemaligen Besitzverhältnisse wider. Einzelne Häuser weisen noch altes Fachwerk auf massivem Untergeschoss aus Bruchsteinen auf. Der Fachwerkbau gegenüber der Dorfkirche, das ehemalige Pfarrhaus, in das eine Kunstgalerie eingezogen ist, steht unter Denkmalschutz: Andreaskreuze schmücken das Giebeldreieck und die Brüstungsfelder des Obergeschosses. Auch Balken und Füllholz zeigen Schmuckbearbeitungen. Die mit einem laternenbekrönten Dachreiter auf dem First

Bauerngehöft mit Fachwerk (links) und Pfarrhaus mit Andreaskreuzen in Medingen sowie Vorratskeller in Großdittmannsdorf

versehene Kirche erhielt ihre heutige Gestalt im Jahre 1747, ihre Geschichte läßt sich aber bis 1477 zurückverfolgen.

Von 1830 bis 1912 besaß Medingen eine beachtliche Brauerei, die auch Magen- und Gesundheitsbier herstellte und das Wasser dem nahen Goldborn, einer starken Mineralquelle, entnahm. Ab 1920 produzierten in den Gebäuden der Brauerei die Gebrüder Haake unter der Firmenbezeichnung Malta-Betrieb Lebensmittel unter Verwendung von Colanüssen und Kartoffelstärke, außerdem ab 1922 als „Chemische Fabrik und Apparatebau" verschiedene Geräte. Dies war die Ausgangsbasis des späteren Prüfgerätewerkes, das nach 1990 aber schließen mußte.

1835 entstand der vom Hauptort abgelegene Neue Anbau auf den Hufen zweier Bauernhöfe. Ab 1930 kamen hier weitere Ein- und Zweifamilienhäuser hinzu, ebenso Wohn- und Wochenendsiedlungen auf parzelliertem Rittergutsboden an den Bergtannen und auf dem Kronenberg. Nach 1990 haben Bautätigkeit und Bodenversiegelung deutlich zugenommen. Dafür verantwortlich sind das neue Gewerbegebiet am Eichelberg sowie weitere Wohnbauflächen. Am 1.1.1999 verlor Medingen seine Eigenständigkeit als Gemeinde an Ottendorf-Okrilla.

Für den Titel „Alpen" hat es zwar nicht gereicht, aber immerhin besitzt Medingen sein „Gebirge": Das sich nach Südosten an den Ort anschließende hügelige Gelände wird – in gelinder Übertreibung der Tatsachen – als „Medinger Gebirge" bezeichnet. Zweifellos sind einige Partien recht steil, schließlich tritt der Lausitzer Granodiorit an mehreren Stellen, insbesondere in mehreren aufgelassenen Steinbrüchen, zutage.

In einer flachen Muldenform, auch Tilke genannt, erstreckt sich auf wenigen Quadratmetern eine Feuchtwiese, die wegen ihres Massenvorkommens des Breitblättrigen Knabenkrautes als Flächennaturdenkmal „Orchideenwiese Medinger Gebirge" geschützt wird. Eine Tilke (mundartlich für „Tälchen") ist eine vor allem in Lößlandschaften häufige, nicht sehr tiefe Hohlform mit einem annähernd dem Kerbsohlental entsprechenden Querprofil. Der mehr oder weniger ebene Talboden der Tilke wird von steilen Hängen begrenzt. Die Tilke verfügt über kein fließendes Gewässer. Sie fehlt im Wald, scheint also eine Sonderform des offenen Kulturlandes zu sein, die besonders dort entsteht, wo größere Mengen abgetragenen Bodens alte Talrisse auffüllen. Das Überdauern der Form wird durch Grünlandnutzung begünstigt. Gebietsweise sind die Tilken zugeschüttet und in Ackerland umgewandelt worden. Als interessante erdgeschichtliche Erscheinungen sind Tilken unbedingt bewahrenswert, ebenso wie Orchideenwiesen. Damit die seltenen Pflanzenarten überleben, müssen die pflegliche Wiesennutzung fortgeführt und die Nährstoffeinträge aus den Äckern der Umgebung unterbunden werden.

Alles andere als groß: Großdittmannsdorf

Ein paar Kilometer westlich von Medingen liegt auf der Niederterrasse am Rand der Talmulde, die von der Großen Röder durchflossen wird, Großdittmannsdorf. Erstmals tauchte das Straßendorf 1366 als Dytmarsdorf in den Urkunden auf, 1420 dann als Dytmanstorf. Der Volksmund sagt kurz und bündig „Dittsdorf"; die Geschicke des Ortes werden seit 1999 von Radeburg aus gelenkt.

Die Kirche feierte 2005 ihr 400jähriges Jubiläum. Nachdem sie im 18. und 19. Jahrhundert mehrfach umgebaut worden war, mußte

Bewaldete Bergkuppe in der Agrarlandschaft südwestlich von Großdittmannsdorf

ab 2002 die längst überfällige Rekonstruktion von Glockenturm und Obergeschoß des Kirchenschiffes nach historischem Vorbild in Angriff genommen und die Kirche damit in einer atemberaubenden Sanierungsaktion vor dem Verfall gerettet werden. Die heutige Kirche nimmt den Platz eines viel älteren Vorgängers ein, einer Kapelle, von der an der Nordseite ein spätgotisches Portal aus der Zeit um 1500 erhalten blieb.

Alte Akten nennen unter den dörflichen Handwerkern 1661 einen Müller und 1797 einen Schmied. Die ehedem an der Röder betriebene Schneide- und Mahlmühle, die 1721 drei, 1816 nur noch zwei Gänge besaß, produzierte bis 1950 auch als Bäckerei. Für 1937 werden 82 landwirtschaftliche Betriebe angegeben. Den unterschiedlichen Betriebsgrößen gemäß stehen in dem 700-Seelen-Dorf vorwiegend Dreiseithöfe, daneben kleinere Winkelhöfe.

Die bäuerlichen Altbauten wurden seit den 1960er Jahren und verstärkt nach 1990 dem wirtschaftlichen Wandel entsprechend umgewidmet, vorwiegend zu Wohnzwecken. Einige Häuser weisen noch gepflegtes Fachwerk an Giebel- und Traufseiten auf, die meisten aber sind massiv ausgebaut oder verputzt. Ein ehrwürdiges Naturdenkmal stellt die gutgewachsene Dorflinde vor der ehemaligen Schmiede dar. Sie wurde angeblich schon 1680 gepflanzt. In den letzten Jahren entstanden neue Ein- und Zweifamilienhäuser innerorts auf dem Scheunenberg sowie in den Ortsrandlagen am Aalberg und im Ortsteil Boden.

Geschützte Streuobstwiese am Metzenberg

Nicht bloß eine Obstplantage

Wandert man von Großdittmannsdorf aus südwärts, so tauchen nach wenigen hundert Metern recht unvermittelt Obstbäume auf. Nicht nur eine Handvoll, sondern gleich eine Fläche von 3 ha Größe. Es ist das Flächennaturdenkmal (FND) „Metzenberg", ein etwa fünfzigjähriger strukturreicher, aus botanischer, zoologischer und kulturhistorischer Sicht sehr wertvoller Streuobstbestand. Ganz verloren wirkt er inmitten der weiten Feldlandschaft. 1984 sollten die 19 Obstbaumreihen gerodet und in Ackerland umgewandelt werden. Eine gemeinsame Initiative der NABU-Fachgruppe „Ornithologie Großdittmannsdorf" mit der LPG Pflanzenproduktion und der Gemeindeverwaltung bewahrte die Obstbäume vor ihrem Untergang.

Wieso macht man so viel Aufhebens um ein paar Obstbäume? Gehen wir der Sache auf den Grund! Als landschafts- und nutzungsgeschichtliche Sachzeugen gewähren Streuobstwiesen Einblick in die Lebensweise und das Wirken unserer Vorfahren. Die Früchte der hochstämmigen Apfel-, Birnen-, Pflaumen- und Kirschbäume dienten den Menschen zur Selbstversorgung mit Frisch- und Dörrobst, mit Obstsäften und Mus. Das zwischen den Bäumen wachsende Gras wurde als Grünfutter oder Heu den Haustieren verfüttert, als Einstreu genutzt oder von Schafen, Ziegen und Rindern beweidet. Der Baumschnitt konnte als Brennholz verwendet werden. Die prächtige Obstblüte im Frühjahr verleiht nicht nur den Dörfern ein schmuckes Aussehen und erfreut den erholungssuchenden Menschen, sondern lockt blütenbesuchende Insekten (Wild- und Honigbienen, Tagfalter, Schwebfliegen, Käfer) zur Bestäubung an. Angelegt wurden die Streuobstwiesen bevorzugt in der Nähe der Bauerngehöfte oder an ackerbaulich ertragsarmen sonnenexponierten Hanglagen.

Die Streuobstwiese am Metzenberg bietet sowohl den Tieren und Pflanzen lichter Wälder als auch des gehölzreichen Offenlandes eine günstige Lebensstätte. Für Tiere bedeutsam sind vor allem die Altersstadien der hoch- und mittelstämmigen Obstbäume mit rissiger Borke, vielen Baumhöhlen und abgestorbenen Stämmen sowie eingelagerten Hecken und Lesesteinhaufen. Ein artenreiches Insektenleben, darunter zahlreiche blütenbesuchende Schmetterlinge und Käfer, fördert das Vorkommen seltener Wirbeltiere, die das üppige Nahrungsangebot nutzen. Das Mähen der Wiese oder ihre behutsame Beweidung mit Schafen ohne Düngergaben kommt den Blütenpflanzen zugute, darunter Heidenelke, Johanniskraut, Fetthenne, Natternkopf und

Zauneidechse

Goldammer

Hermelin

Wiesenglockenblume. Der jung eßbare Eierbovist, der bekannte Wiesenchampignon, der stattliche Riesenschirmling und der wohlschmeckende Nelkenschwindling treten ebenso auf wie mehrere Baumpilze, darunter der kräftiggelbe Schwefelporling. Typische Vogelarten sind – neben den weitverbreiteten Kohl- und Blaumeisen, Amseln, Singdrosseln und Buchfinken – Rebhuhn, Wachtel, Neuntöter, Dorn- und Sperbergrasmücke, Gartenrotschwanz, Goldammer und Kernbeißer. Mit Mauswiesel und Hermelin, Blindschleiche und Zauneidechse, Schwalbenschwanz und Rosenkäfer siedeln hier weitere auffällige Vertreter der heimischen Fauna.

In den Spätsommer- bis Wintermonaten bietet der obstbaumbestandene Metzenberg für rastende und überwinternde Vögel, darunter Schwärme von Wacholderdrossel, Kernbeißer und Pirol, ebenso eine willkommene Nahrung wie für Rehe, Hasen, Füchse und Steinmarder sowie für Wanderfalter, darunter den farbenprächtigen Admiral. Hängengebliebenes und herabgefallenes, auch verfaultes Obst bereichert deren Speisezettel in den nahrungsarmen Wintermonaten oder während des beschwerlichen Zuges in die Winterquartiere.

Zwischen Metzenberg und Marsdorf gibt es in Nachbarschaft eines anderen Streuobstbestandes ein weiteres Juwel heimatlicher Natur, das Flächennaturdenkmal (FND) „Salweiden-Feuchtgebiet nördlich Weixdorf", wo Sibirische Schwertlilie, Heilbetonie, Färberscharte, Herbstzeitlose und Wiesen-Margerite noch eine Heimstatt besitzen. Jährliche Mahd mit anschließender Entfernung der abgeschnittenen Grünmasse ist auch für diese Wiese überlebenswichtig.

Ein Torfloch in den Sohlwiesen

Zwischen Großdittmannsdorf und Berbisdorf liegen, oder besser gesagt, lagen die nassen Sohlwiesen, denn brachiale Entwässerung hat nicht viel von ihnen übriggelassen. Vor 50 Jahren boten hier ein Kleinteich, mehrere Bäche und offene Wassergräben Lebensstätten für Libellen, Amphibien, Sumpf- und Wasserpflanzen. Überdauert hat lediglich das Torfloch, das heute noch gern von sumpf- und wiesenbewohnenden Vogelarten aufgesucht wird.

Wie ist das Torfloch eigentlich entstanden?

Man nimmt an, daß beim Zurückweichen der letzten Eiszeit ein sogenannter Toteisblock liegengeblieben und langsam abgeschmolzen ist. In dem nährstoffarmen Wasser siedelten Moose und Wasserpflanzen, die nach dem Absterben zum Gewässergrund absanken und sich unter Luftabschluß in eine Torfmudde verwandelten. Langsam ist das Moor höher und höher gewachsen, zunehmend gespeist aus dem Wasserzufluß der Umgebung. Wasserüberschuß – das ist Geheimnis und Motor der Moorentwicklung. Nach dem Zweiten Weltkrieg hat die örtliche Bevölkerung letztmals Torf für Heizzwecke gestochen.

In den 1960er Jahren wurde der hier fließende Wiesenbach zunächst in ein naturfernes Grabenprofil gezwängt und später unterirdisch verrohrt. Hartnäckige Bemühungen zum Trockenlegen des Kleinmoores und der angrenzenden, reich mit Kuckuckslichtnelken und Hahnenfuß bewachsenen Feucht- und Naßwiese schlossen sich an. Nährstoffeinschwemmungen aus den übermäßig mit Gülle versorgten Äckern und Wiesen der Nachbarschaft förderten das Aufkommen von Schilf und Erlen im Torfloch, das bei sommerlicher Hitze periodisch austrocknete. Wildschweine und Füchse konnten sich der Nachkommenschaft der Sumpfbewohner bemächtigen, so der Gelege und Jungvögel der Rohrweihe. Trotz jährlich wiederkehrender Verluste hielt der Greif aber am Brutplatz fest.

In den Sohlwiesen zwischen Großdittmannsdorf und Berbisdorf

Werden Moore entwässert, zersetzt sich unter Luftzutritt der Torf und verliert an Volumen, wodurch es zu leichten Bodensackungen kommt. In den Sohlwiesen bildeten sich mehrere flache Wiesensenken, die im Frühjahr und bei sommerlichen Starkniederschlägen voller Wasser sind. Kiebitz und Flußregenpfeifer finden hier Brutstätten, auch Knäk- und Krickente fühlen sich heimisch und die Limikolen-Arten Bekassine, Zwergschnepfe, Kampfläufer und Bruchwasserläufer rasten alljährlich auf dem Durchzug. Seit 2003 richtet sich die zuständige Agrargenossenschaft Radeburg bei der Bewirtschaftung eines knapp 5 ha großen Wiesengeländes nach den speziellen Ansprüchen der Kiebitze.

Hilfe für Adebar

Getreu dem Motto „Der Grundeigentümer ist Herr“ kaufte das NABU-Naturschutzinstitut Region Dresden (NSI) eine etwa 5,3 ha große Fläche in den Sohlwiesen, um die Wiederherstellung des Torfloches voranzubringen. Als Pilotprojekt für das Artenschutzprogramm „Weißstorch in Sachsen“ wurde 1997 – zusätzlich zum Torfloch – eine ca. 1000 m² große Wasserfläche neu angelegt. Parallel dazu fördert Wiedervernässung das Moorwachstum im Torfloch und die Rückkehr artenreicher Feucht- und Naßwiesen. Wiesenpieper, Braunkehlchen, Rohrammer und Schafstelze haben sich bereits wieder eingefunden und brüten in dieser Oase inmitten eines nach wie vor naturwidrigen, artenarmen Intensivgraslandes. Auch Erdkröte, Gras- und Moorfrosch sind da, ebenso der seltene Kammolch.

Inzwischen ist das Torfloch ganzjährig von Wasser überstaut. Graugans, Wasser- und Teichralle, Rohrweihe, Teich- und Drosselrohrsänger nisten im Schilfrohr. Längst handelt es sich jedoch nicht mehr um ein nährstoffarmes Moor. Permanente Nährstoffeinträge aus den Agrarflächen haben zur Überversorgung geführt, ein sogenanntes Reichmoor ist entstanden.

Im Verbund mit den Grünlandgebieten der Umgebung, wie am Kahlenberg bei Volkersdorf, am Hohen Berg bei Berbisdorf, in der Schelsaue bei Weixdorf sowie um Bärwalde und Marsdorf dienen die Sohlwiesen als wichtiger Nahrungsraum der Brutstörche umliegender Orte. Alle diese Horste werden seit Jahrzehnten von der Arbeitsgruppe „Weißstorch“ unter Leitung von Dr. Peter Hummitzsch betreut. Nicht nur die gründliche Dokumentation der Brutbestände, sondern auch Maßnahmen zur Erhaltung und Verbesserung der Horst-

Seifenbachaue – Mosaik von Wiesenbächen, Naßgrünland und Gehölzen

Weißstorch bei der Futtersuche

plätze, Nahrungs- und Durchzugsräume fallen in deren Zuständigkeit. In der Seifenbachaue nördlich des Hohen Berges bei Berbisdorf hat das NSI Dresden mit Unterstützung des Landeigentümers ebenfalls etwas für Adebar und viele andere Tier- und Pflanzenarten getan, indem es 1999 bis 2000 drei kleine Wiesenteiche neu anlegte.

Mehr Herz für Wildgänse

Jede Waffe, die wir gegen Tiere
anwenden, sollte uns mit Scham
erfüllen über die Ungleichheit des Kampfes.
Reinhold Schneider, 1903 - 1958

Gewiß, Äcker sind für die Natur nicht gerade „das Gelbe vom Ei", zumal wenn sie sehr groß sind, wenn die „falschen" Feldfrüchte kultiviert und wenn zu viele Chemikalien versprüht werden. Dennoch wählen manche Tierarten die Äcker im Kleinkuppengebiet als Aufenthaltsort. Auf den Feldern leben Kiebitz, Feldlerche und Feldhase; Rotfuchs, Greifvögel und Eulen erbeuten hier ihre Hauptnahrung, die Feldmäuse. Störche, Lachmöwenschwärme, Bachstelzen folgen dem pflügenden Bauern, immer Ausschau haltend nach Kleinnagern, Würmern und Insekten.

Und wer kennt sie nicht, die großen Vogelschwärme während des Herbstzuges: Zehntausende Stare, riesige Finkenschwärme und nordische Gänse rasten auf den Ackerschlägen. Nach wie vor fallen diese Gänse fragwürdigen Jagdleidenschaften zum Opfer, obwohl sich die Schäden an landwirtschaftlichen Kulturen in Grenzen halten und auch auf andere Weise abgewehrt werden könnten.

Bevorzugt sitzen die Schnattertiere auf abgeernteten Maisschlägen. Unterbleibt das Umpflügen von Teilen dieser Äcker bis zur Frühjahrbestellung, so haben die Gänse hier genügend Futter. Bei Beschuß aufgescheucht, teilen sich die Schwärme und weichen aus, auch auf Raps- und Getreidesaaten. Wildgänse mit mangelhaften Fettreserven sind bei der Brut weniger erfolgreich. Jeder Beschuß kann zu Verletzungen weiterer Vögel führen, die dann an Bleivergiftungen leiden und daran verenden. Schrotschüsse auf Flugwildgruppen, wie zum Beispiel Wildgänse, sind seit 2002 mit dem neuen Tierschutzparagraphen im Grundgesetz nicht mehr vereinbar. Im Verzicht auf die Bejagung ziehender Wildgänse würde sich zeigen, wie ernst es diese Jäger damit meinen, in erster Linie Naturschützer zu sein.

Radeburg – Kleinstadt zwischen Kuppen- und Heidelandschaft

Det war sein Milljöh – dieser berühmte Ausspruch über den „Ur-Berliner" Maler Heinrich Zille bezieht sich zwar auf die deutsche Metropole an der Spree, doch die Wiege von „Pinsel-Heinrich" stand 1858 an der Röder, am Markt Nr. 11 in Radeburg, der kleinen Stadt an der Nahtstelle zwischen Moritzburger Kleinkuppengebiet, Großenhainer Pflege und Königsbrück-Ruhlander Heiden.

Schauen wir beim Heimatmuseum vorbei, so können wir die Entwicklung des Städtchens und des Lebens der Menschen von der Ur- und Frühgeschichte, über die Ersterwähnung im 13. Jahrhundert bis hin zur Gegenwart nachvollziehen und auch Pinsel-Heinrichs gedenken.

Der Röder-Fluß grenzte bis zum Jahre 1288 die wettinischen von den böhmischen Landen ab. Zu jener Zeit wurde vermutlich ein unbedeutendes Fischerdorf zum Burgwart aufgerüstet. Eine alte Urkunde verrät, daß der von 1288 bis 1307 regierende Markgraf von Meißen Albrecht II. („der Entartete") das „oppidum" Radeburg, neben vielen anderen Städten der Region, seinem Sohn Friedrich, genannt „der Freidige" oder „der Gebissene", überließ. Radeburg blieb bis ins 19. Jahrhundert eine unbedeutende Ackerbürger- und Töpferstadt. Die Gründerzeit um 1900 ging hier ohne größere Spuren vorüber, oder besser gesagt, die Stadtväter empfingen Investoren nicht gerade offenherzig, von einem Schamotte- und einem Glasproduzenten einmal abgesehen. Den in der Braunkohlenzeit (Tertiär) unter tropischen, feuchtwarmen Klimabedingungen aus feldspatreichem Tiefengestein entstandenen Rohstoff für die Schamotteproduktion lieferten auf halbem Wege nach Bärwalde gelegene Tongruben, die heute mit Wasser vollgelaufen oder mit Schutt verfüllt sind.

Die Kirche in Bärwalde

Apropos Bärwalde: Knapp 4 Kilometer trennen die Zille-Stadt von ihrer „Exklave" Bärwalde, einem idyllischen Bauerndorf, westwärts gelegen in der sehr flachen Mulde eines kleinen Baches auf einer landwirtschaftlich genutzten Hochfläche am Rande der fruchtbaren Großenhainer Pflege. Dessen Erstnennung als „Berenwalde" im Jahre 1403 könnte auf die im Friedewald seinerzeit heimischen Bären hindeuten. Die 1867 gebaute, imposante Kirche des Straßenangerdorfes ist weithin sichtbar. An den südlichen Dorfrand hat die „Radeburger Fensterbau GmbH" ein modernes, mit viel Glas gestaltetes Produktionsgebäude plaziert.

Radeburg lag schon bei vielen Feldzügen „im Wege" zwischen Berlin und Dresden, wen wundert es da, daß auch der Autobahnbau 1938/39 die Stadt tangierte, diese sogar eine eigene Anschlußstelle bekam und damit etwas näher an die Wirtschaftszentren und „die Welt" heranrückte? Im 2. Weltkrieg verhinderten besonnene Radeburger, daß über der Stadt nicht mehr niederging als eine Salve sowjetischer Geschosse und daß wesentliche Zerstörungen ausblieben.

Zu DDR-Zeiten hielt in Radeburg die industriemäßige Hühner- und Eierproduktion Einzug. Dieser Umstand bescherte der Stadt zwei Neubaugebiete und einigen Zuwachs an Bevölkerung, aber auch verdorbene Luft. Nach 1990 schrumpften die meisten Betrie-

Marktplatz von Radeburg: Der Brunnen wurde 1784 errichtet und erhielt 1907 seine jetzige Gestalt.

be oder gingen ganz den „Bach hinunter". Neben Schatten strahlt aber auch Licht: Am Meißner Berg wuchs eine Wohnanlage, und die wirtschaftlichen Hoffnungen ruhen auf dem Gewerbegebiet am Rande der Autobahn. Daß der Optimismus die Radeburger nicht verläßt, dafür wird das fröhliche Wesen der Menschen in der Karnevals-Hochburg „RaBu" schon sorgen.

Noch heute atmet das Städtchen eine gewisse Idylle, strahlt einen romantischen, teils mittelalterlichen Charme aus, mit dem es sich hervorragend leben und wohnen läßt – mit genügend Abstand zum industrialisierten Ballungszentrum „Oberes Elbtal".

Der Marktplatz von Radeburg vereint alle Attribute einer organisch gewachsenen Stadtstruktur, mit Bürgerhäusern, Gastwirtschaften, Geschäften, der mehr als 340 Jahre alten Löwen-Apotheke und dem Springbrunnen.

Alle Blicke richten sich zu Radeburgs höchstem Punkt, der Kirche.

Die Postmeilensäule von Radeburg vor dem Haus der Stadtverwaltung

Im Radeburger Rathaus

Pechsieder im Heidewald

Weißt du was ein Wald ist?
Ist ein Wald etwa nur zehntausend Klafter Holz?
Oder ist er eine grüne Menschenfreude?

Bertolt Brecht, 1898 - 1956

Gleich hinter Radeburg erstrecken sich in nordöstliche Richtung bis zur Schwarzen Elster bei Ruhland/Senftenberg die weiten Wälder der Königsbrück-Ruhlander Heiden. Vor allem im Südteil, der Laußnitzer und Radeburger Heide, haben Kiese und Sande des sogenannten Senftenberger Elbelaufes ausgedehnte trockene Hochflächen geformt. Treibsand-Decken der Weichselkaltzeit wurden örtlich zu Dünen aufgeweht. Örtlich ragt das Grundgebirge aus Granodiorit oder Grauwacke hindurch, so der 248 m hohe Große Buchberg, der sich auch durch seine Laubwaldbedeckung – vorwiegend Rotbuche und Traubeneiche – von seiner Umgebung abhebt. Die ausgesprochen nährstoffarmen Sandböden der Heide tragen meist Kiefernforsten, der Laubholzanteil ist sehr gering. Das war keineswegs immer so, denn für die Zeit um 1500 wird die Baumartenzusammensetzung wie folgt angegeben: Kiefer 24 %, Birke 22 %, Eichenmischwald 14 %, Erle 13 %, Buche 12 %, Tanne 8 %, Fichte 4 % und Hasel/Weide 3 %. Eine Bestokkungsbeschreibung von 1591 berichtete von einem **„groß wohl bestanden Holz an Eichen, Rot- und Hainbuchen, Tannen, Fichten und Kiefern auch an etlichen Orten Birken, Erlen, Linden, Aspen, Ahorn und Leinbäume“** (gemeint sind Linden).

Wie kam es zu dieser Verarmung, um nicht zu sagen Verödung? Die bis 1756 im Zusammenhang mit der Eisenverarbeitung betriebene Ruß- und Pechherstellung sowie die Köhlerei setzten den Wäldern hart zu; Holzeinschlag und Nebennutzungen wie Streurechen, Hutung, Leseholzentnahme, Gräserei, Pechsiederei und überhöhte Wilddichten übertrafen die Regenerationsfähigkeit bei weitem. Die Wälder verlichteten, die Böden wurden ausgelaugt. Alte Quellen belegen das ganz klar: **„Durch ganz übermäßiges Streurechen, ... teils allerdings auch durch eine früher nicht zweckmäßig gewählte Bewirtschaftung und Nachzucht ist der Boden zum größeren Teil völlig verödet, die edleren Holzarten sind verschwunden und da, wo sonst schöne Buchen, Eichen und Tannen erwuchsen, windet sich jetzt elendes Kieferngestrüpp empor... beinahe sämtliche alte Bestände mit reißender Schnelligkeit absterben, während die jüngeren Hölzer vom Wildbret ruiniert werden und fast kein Stämmchen ungeschält bleibt ...“** Von dieser Situation konnten Zwergsträucher profitieren und sich ausbreiten, allen voran die Besenheide, das bekannte Heidekraut. Waren die Zustände bei Radeburg zwar zu keiner Zeit mit der Lüneburger Heide vergleichbar, so hat sich auch hier der Heidebegriff eingebürgert und behauptet, selbst wenn man angesichts der heute wieder geschlossenen Wälder viel Phantasie benötigt, sich „kahle“ Heiden vorzustellen.

Auf die Pechgewinnung aus Holzteer und Harz nehmen die Namen Pechgraben, Pechfluß, Pechloch, Pechweg und Pechofenweg auf topographischen, Forst- und Wanderkarten Bezug. Im 19. Jahrhundert wurde der übernutzte und ruinierte Wald vorwiegend mit Kiefern und Fichten aufgeforstet, um seine wirtschaftliche Leistungsfähigkeit wieder herzustellen. Dazu erfolgte 1827 eine Neuvermessung der Heidewälder. Zu den historisch frühzeitig entstandenen Wegen wie etwa Diebsteig, Pechweg und Pechofenweg kam nun noch das System der Flügelwege und Schneisen. Die geradlinigen Flügelwege verlaufen von Südwest nach Nordost und sind mit Buchstaben markiert, wogegen die Schneisen einen Südost-Nordwest-Verlauf haben und eine Numerierung tragen. An den Kreuzungspunkten stehende Granitsäulen helfen sich zurechtzufinden. Waldwege, Schneisen- und Flügelsystem, Grenzsteine, Forst- und Wegesäulen in der Radeburger und Laußnitzer Heide sind forstgeschichtlich von hohem Wert.

Tieflands-Fichten-Kiefernwald in der Radeburger Heide

Tausendjährige Moore

„Nur was man weiß, das sieht man!“
Mahatma Gandhi, 1869 - 1948

Diesen tiefsinnigen Ausspruch sollten wir uns vor Augen halten, wenn wir Wald und Flur durchstreifen. Anhand der Vegetation können wir klar die Bodenverhältnisse ablesen, das heißt Bäume, Sträucher, Gräser und Kräuter zeigen an, ob der Standort, auf dem sie wachsen, trocken, feucht oder naß ist und wie es um seinen Nährstoffgehalt bestellt ist. Bioindikation nennt man das.

Im ganz konkreten Falle weisen zum Teil recht schlechtwüchsige Kiefernmonokulturen in der Radeburger und Laußnitzer Heide mit niedrigen Gräsern, Heidel- und Preiselbeersträuchern im Unterwuchs auf nährstoffarme, trockene, sandige Böden hin: Wir befinden uns auf einer Kieshochfläche. Ist die Krautschicht voller Pfeifengras oder von Adlerfarn überwuchert, so bedeutet das, wir haben feuchte, bisweilen sogar nasse Böden vor uns. Dann fehlt in der Regel auch die Fichte im Bestandesaufbau nicht. Die Pflanzen zeigen uns also etwas an, vorausgesetzt, wir sind in der Lage, uns aus unseren Beobachtungen ein Bild zu machen.

An den Hangfüßen der nach Süden abgeflachten Kieshochflächen kann örtlich, vor allem in Geländewannen, so viel Nässe vorhanden sein, daß vom Grund- und Bodenwasser Quellen gespeist werden und sich sogar Moore entwickelten. Das Moorwachstum ging nicht von heute auf morgen vonstatten, sondern beanspruchte einen Zeitraum von ungefähr 6500 Jahren. Diese Waldmoore unterscheiden sich schon durch ihr kühl-feuchtes Mikroklima mit hoher Nebelneigung und Spätfrostgefährdung von den trockenwarmen Kieshochflächen. Dort, wo beide Extrembereiche und ihre jeweiligen Vegetationstypen, die Moore und Moorwälder einerseits und die trockenen Kiefernforsten andererseits, aneinanderstoßen und sich verzahnen, leben besonders viele Tier- und Pflanzenarten.

Waldmoor mit Torfmoosen und Schmalblättrigem Wollgras

Rundblättriger Sonnentau (links), Straußblütiger Gilbweiderich (Mitte) und Südlicher Wasserschlauch in Blüte (rechts)

Moore und ihre Bewohner haben ein entscheidendes Problem: ihre Empfindlichkeit gegenüber Wasserentzug. Auch Nährstoffeinträge durch ungefilterten Wasserzulauf oder Veränderungen des Lokalklimas durch großräumige Entwaldung können irreversible Schäden verursachen. Torfmoose brauchen ständig „nasse Füße“, bei anhaltenden Grundwasserabsenkungen schon im Zentimeterbereich trocknen sie aus und werden – ebenso wie bei Nährstoffeinträgen – durch andere Pflanzenarten verdrängt. Da Moore, Quellen, Feucht- und Naßwälder so verwundbar, hochgradig gefährdet und kaum regenerierbar sind, kann die Festsetzung zweier Naturschutzgebiete, des NSG „Waldmoore bei Großdittmannsdorf“ und des NSG „Moorwald am Pechfluss Medingen“, gar nicht hoch genug geschätzt werden.

Ganz in der Nähe gibt es ein weiteres kleines Naturparadies: Unmittelbar am Südrand der Radeburger Heide nördlich von Medingen drängen sich auf engstem Raum winzige Teiche, in denen man wahrscheinlich schon im 16. Jahrhundert Fische hielt. 1902 bis 1903 als Forellen- und Karpfenteiche ausgebaut, werden sie jetzt vom Anglerverband betreut. Die Kleinteiche sind ein Tierparadies: See- und Teichfrosch, Gras- und Moorfrosch, Erd- und Knoblauchkröte geben sich hier ein Stelldichein, immer auf der Hut vor den Ringelnattern, die schwimmend und tauchend Frösche und kleine Fische erbeuten. Gebirgsstelzen machen Jagd auf Libellen, der leuchtend blau gefärbte Eisvogel, auch als „fliegender Edelstein“ bezeichnet, ist eine Augenweide. Nachts flattern insektenfangende Fledermäuse umher, und auch der Fischotter mischt sich hin und wieder unter die Kostgänger.

Kreuzottern contra Kiesabbau

Die Idylle trügt: Der so friedlich scheinende Heide- und Moorwald ist kein Garten Eden. Kies stellt einen begehrten Rohstoff der Bauindustrie dar, und wo er in großer Menge lagert, dort weckt er die Begehrlichkeiten der Bergwerksbetreiber. Eine riesige Kiesgrube frißt sich schon seit Jahrzehnten immer weiter in die Heide nördlich von Ottendorf-Okrilla. Doch das Kieswerk will weiter wachsen und eine Fläche von wenigstens 6 km^2 bis hinauf nach Würschnitz auskiesen. Gemeinden und Umweltbehörden lehnen das ab, Bürgerinitiativen machen mobil. Gründe gibt es viele: Der Kiesabbau würde die Wohnumwelt für die Bürger der heidenahen Ortschaften und ein als Erholungsraum in Großstadtnähe bedeutsames, ausgedehntes Waldgebiet zerstören. Viele seltene und gefährdete Arten und Biotope, das großflächige, zusammenhängende Waldmosaik sowie zahlreiche Elemente der historisch wertvollen Kulturlandschaft wären betroffen. Auch wenn die Moore selbst nunmehr Naturschutzgebiet sind, wäre die Umwandlung der umgebenden Waldlandschaft in eine Kiesgrube gleichbedeutend mit einem Tod auf Raten durch allmähliche Austrocknung. Einmal zerstört, sind solche Moore für immer verloren!

Die vom Kieswerk versprochene „Natur aus zweiter Hand“ wiegt die Verluste in keiner Weise auf. Baggerseen können überall angelegt werden, auch auf Äckern. Das zeigen die vielerorts entstandenen Restlöcher und stillgelegten Tagebaue. Die Wälder und vor allem die Moore der Radeburger und Laußnitzer Heide hingegen sind Unikate, die weit und breit ihresgleichen suchen. Sonnentau, Kreuzotter, Rauhfuß- und Sperlingskauz, bestimmte Libellen- und Wasserkäferarten überleben den Kiesabbau eben nicht und werden sich auch nicht wieder einstellen! Ebensowenig wie die Moore und Moorwälder, die Jahrtausende zu ihrer Entstehung benötigten, die zu den gefährdetsten und seltensten Lebensräumen in Mitteleuropa gehören und deren Flächenanteile sich in Sachsen im Promillebereich bewegen. Sie der Nachwelt zu erhalten, ist möglich und dringend geboten. Das geht aber nur, indem das Kieswerk seine Ansprüche zurückschraubt und die besonders empfindlichen Zonen gänzlich ausspart.

Kreuzotter am Sonnplatz

Von der Wasserburg zum Dorf der Kinder: Steinbach

Man muß die Vergangenheit kennen,
ohne dieses Wissen verirrt man sich im Leben.

Maxim Gorki, 1868 - 1936

In alten Zeiten wurde mit allem Möglichen Handel getrieben, selbst ganze Dörfer blieben davon nicht verschont. So verkauften 1547 die von Miltitz zu Naunhof das Bauerndorf Steinbach dem Kurfürsten Johann Friedrich von Sachsen, jenem Herrscher, der Martin Luther zeitlebens unterstützte und der Reformation auf den Weg half. Die Steinbacher Bauern mußten nunmehr den Zins „dem neuen Schlosse, izt Moritzburg genant“ entrichten. Da hatte das beiderseits des Bindebaches angelegte Waldhufendorf aber schon mindestens 300 Jahre „auf dem Buckel“.

Blättern wir in der Ortschronik, so finden wir einen Hinweis auf eine Urkunde vom 4. März 1250, gedruckt im *Codex diplomaticus Saxoniae*, in der berichtet wird, daß das Meißnische Domkapitel „in etlichen Dörfern des Kreises“ Getreide einkaufte, nämlich „je 31 Schöfe Hainisches Maß Roggen und Hafer in Steinbach...“. Das war die erste schriftlich überlieferte Erwähnung des Ortes. Eine Verwechslung mit anderen Steinbachs scheint ausgeschlossen, weil in der Urkunde vom Hainischen Maß die Rede ist, dem Großenhainer Maß. Es war die Epoche, in der die Söhne Dshingis Khans nach Europa vordrangen, die Zeit der ersten Frankfurter Messe und der Gründung der Hanse. Im Erzgebirge florierte der Silberbergbau. In Sachsen regierte Markgraf Heinrich, das Haus Wettin erlebte die Zeit größter Machtentfaltung. Sein Besitz reichte seit 1247 für mehrere Jahrhunderte vom äußersten Westen des Thüringer Waldes über die Saale nach der mittleren Elbe und bis zur Oder.

Die nächste Urkunde findet sich erst im Jahre 1361, als Markgraf Friedrich „der Ernsthafte“ einem Hermann Koraz „villam liberam Steynbach“, also das „freie Dorf Steinbach“ vermachte. Steinbach wechselte nun alle Nas' lang den Besitzer, denn so richtig froh schien keiner damit zu werden, vermutete der Ortschronist. 1459 gehörte es dem Nickel von Köckeritz (der Familienname findet sich beim Köckritzteich wieder), 1465 hatten es „die von Schönfeld auf Naunhof“, 1527 deren Erben.

Das Gelände der Wasserburg

Geschichtsträchtigem begegnet man in Steinbach allenthalben, so unmittelbar am östlichen Ortsrand, in der Sumpfniederung östlich des Bindebaches in Gestalt von Resten einer Wasserburg. Vom Burgareal sind noch Stau- und Grabensysteme, ein niedriger Bühl (eine für das Burginnere verwendete Anhöhe) und der Ringwall erkennbar. Letzterer hat etwa 80 Meter Durchmesser und eine Höhe von 2,5 bis 3 Metern. Die Entstehungszeit der Wasserburg namens „alte Mool“ liegt allerdings im Dunkeln. Ein schmaler, ringförmiger Fußpfad geleitet durch das Gelände, das etwas versumpft und mit Laubwald aus Stieleichen, Hainbuchen und Erlen bestanden ist. In den Gräben blüht im Frühsommer die zierliche weiße Sumpfwasserfeder, auch Wasserprimel genannt, und am Waldrand der Hainwachtelweizen mit seinen goldgelben Blütentrauben und blauviolett überlaufenen Hochblättern, der mit Getreide aber überhaupt nichts zu tun hat.

Bei Ausgrabungsarbeiten kamen Keramikmaterial und Kachelreste des 15./16. Jahrhunderts sowie Scherben von mittelalterlichem Geschirr zum Vorschein, sogar ein sogenanntes, wahrscheinlich aus der 2. Hälfte des 13. Jahrhunderts stammendes „Kugelgefäß“. Das „Mool“ im Kriegholz zählt zu den wertvollsten frühgeschichtlichen Anlagen der weiteren Dresdner

Umgebung. Seit 1936 ist es in der sächsischen Landesdenkmalliste verzeichnet. Der Sage nach haben im Mittelalter in der Wasserburg Ritter gehaust, welche mit einem Rittergeschlecht in Weinböhla in Urfehde standen. Die durch die Rivalität und Feindschaft bedingten Kämpfe wurden im Walde neben der Wasserburg ausgetragen, daher soll der Name Kriegholz stammen.

Auf ein ehrwürdiges Alter kann auch die in Bruchstein ausgeführte Kirche von Steinbach verweisen. Ursprünglich als Wegekapelle an einer Handelsstraße errichtet und zeitweise als Wallfahrtskirche genutzt, ist sie romanischen Ursprungs. Ab dem 16./17. Jahrhundert wurde der aus der Gründungszeit des Ortes im 13. Jahrhundert stammende Bau mehrfach umgestaltet. Wiederum aus der Ortschronik erfahren wir, daß sich der im Jahre 1580 nach Steinbach entsandte Pfarrer beklagte, daß die Steinbacher Ortsbewohner „**die Pfarre, wie ihnen befohlen, nicht bauen. Und ob sie schon etliche Stämme Holzes aus Gnaden von unserem gnädigen Herrn** (Kurfürst) **dazu geschenkt bekommen, lassen sie doch die abgehauenen Bäume liegen und in der Nässe verfaulen. Bittet den Bauern aufzuerlegen, daß die Pfarre möchte gebaut werden.**“ Und in der Visitation (Besichtigung) der Superintendantur Großenhain aus den Jahren 1672 bis 1675 heißt es gar aus Naunhof, mit dem Steinbach seit 1547 zu einer Kirchgemeinde zusammengeschlossen war: „**Die Undankbarkeit zu Gottes Wort nimmt sehr überhand, und will bei den Leuten keine Ermahnung helfen. Das Stehlen am Sonntag unter der Predigt ist sehr gemein** (verbreitet), **und das Spielen** (Glücksspiel) **im Vilial** (Dorf) **wird ohne Scheu getrieben. Des Nachts werden dem Pfarrherrn die Wiesen ausgehütet, und wird das Pfarrholz sehr gestohlen.**“

So verdorben und eigennützig sind die Steinbacher nun aber doch wieder nicht. Hätten sie denn sonst bei sich am 21. September 1996 das Albert-Schweitzer-Kinderdorf eröffnet? In jedem der sieben Häuser wohnt eine Familie, die bis zu sieben elternlose oder aus zerrütteten sozialen bzw. familiären Verhältnissen kommende Kinder aufnimmt und diesen ein neues Zuhause gibt.

Schauen wir uns weiter um in Steinbach, dem schönsten Dorf im Landkreis Meißen des Jahres 2004, so verdienen einige Bauernhöfe an der Dorfstraße als Baudenkmale Beachtung, die ein Wohnstallhaus, zum Teil mit Fachwerk-Obergeschoß und Pfeiler an der Hofeinfahrt, besitzen. Mehr noch: der mittelalterliche Dorfkern ist als Ganzheit geschützt.

Der Ort ist gehörig gewachsen. Ab dem Ende des 19. Jahrhunderts entstanden die Splittersiedlungen am Zehnweg Richtung Heidehof und an der Großenhainer Straße. Nach 1995 kamen zwei Eigenheimstandorte hinzu. Waren im Jahr 1990 „nur“ 540 Menschen in Steinbach zu Hause, so besaß der seit 1996 zur Gemeinde Moritzburg gehörende Ort 2003 schon 941 Einwohner.

Ansichten von Steinbach: Kirche, Bauernhaus und Kindergarten

Narrenköpfchen und Hopfenbach

Landschaft westlich von Steinbach

Einen schönen Blick auf Steinbach hat man vom Narrenköpfchen, einem kleinen, von Stieleichen, Kiefern und Ginsterbüschen bewachsenen Hügel westlich des Ortes in Richtung Buschhaus. Vor uns weite Äcker, fast ohne Baum und Strauch, die etwas Auflockerung hätten bringen können. Hinter den Feldern schmiegen sich die Häuser des langgezogenen Ortes in die flache Talmulde des Bindebaches. Linkerhand stehen an der Straße nach Radeburg die Gebäude der Löblein'schen Fleischfabrik, bachabwärts folgt die Ortschaft Naunhof, in der Ferne die Wälder um Schönfeld und Thiendorf. Am Horizont erscheinen der Hintere Buchberg (mit Turm) in der Laußnitzer Heide und der viel höhere, an seiner unverwechselbaren sattelförmigen Gestalt erkennbare Keulenberg. Rechts an der Straße zum Heidehof sind viele neugebaute Häuser zu erblicken, dahinter das Waldgebiet um die Altenteiche. Im Süden lugt bei klarer Sicht der erzgebirgische Geisingberg durch die Baumwipfel hindurch.

Besenginster am Narrenköpfchen

Der auf Steinbacher Flur entspringende Hopfenbach ist (auf dem Papier) schon bis in die Amtsstuben der Europäischen Union vorgedrungen. Die Brüsseler Naturschützer interessieren sich für die wertvolle Naturausstattung des über weite Strecken unverfälschten Bachtales mit seinen Auwaldresten sowie kleinflächigen Niedermooren und Sümpfen. Eingeschlossen sind naturnahe Stillgewässer mit Verlandungsvegetation, wie der Köckritzteich, seine kleineren Nachbarn (der Neuteich im Westen, der Furtteich im Süden und der Silberteich im Osten), aber auch der seit langer Zeit aufgegebene und verlandete, vollständig von Röhrichten eingenommene ehemalige Rohrteich. Fischotter und Biber führen am Hopfenbach ein heimliches Dasein; auch Kammolch und Rotbauchunke wurden festgestellt.

In der feuchten Wiesenaue östlich von Steinbach steht auf einem hölzernen Mast ein Horst des Weißstorches. Gut einsehbar ist er vom unbewaldeten Südhang der kleinen Bergkuppe rund 250 Meter nordwestlich des Neuteiches. Auch der Pflanzenfreund kommt hier auf seine Kosten, schmückt sich der sonnenverwöhnte Halbtrockenrasen doch im Sommer mit bunten Farbtupfern: mit dem Gelb des Echten Labkrautes, dem Hellviolett der Knautien und – unmittelbar am Wegrand – mit dem Rot der selten gewordenen wilden Karthäusernelken.

Wilde Karthäusernelken

Am Köckritzteich kann man bei etwas Glück mehrere Großvogelarten gleichzeitig zu Gesicht bekommen, vor allem zu den Zugzeiten: Meister Adebar durch die sumpfigen Wiesen stolzierend,

Östlicher Nachbar des Köckritzteiches – der nur 4 ha große Silberteich

Kraniche trompetend auf dem nahen Ackerhügel, Graureiher am Teichufer, bei viel Glück sogar einen Fischadler im Sturzflug Beute schlagend. Kopf und Unterseite weiß, rüttelt der schnittige Greif in 10 bis 40 Meter Höhe über dem Teich, stößt mit vorgestreckten Füßen herab und taucht zum Fischfang völlig unter Wasser.

Einkehr in der Mistschänke

Steinbach liegt an der Nahtstelle von der Kuppenlandschaft um Moritzburg zur Großenhainer Pflege. Als „Pflege" bezeichnet man fruchtbares flaches Land mit günstigen Bodenverhältnissen für den Ackerbau, wo der Wald aus dem Landschaftsbild weit zurückgedrängt worden ist. Die Eiszeit hat hier ihre Spuren hinterlassen: Ablagerungen in Form von Schotter- und Moränenplatten, Endmoränenrücken, aber auch vom Wind herbeigewehte Sedimente in Form von Löß, Sandlöß, Treib- und Flugsand. Diese Partikel erreichen in der Großenhainer Pflege örtlich bis zu 50 Meter Mächtigkeit, stellenweise aber auch nur wenige Dezimeter. Da bei Steinbach die Großenhainer Pflege gerade erst mal beginnt, ist es hier noch nicht so berauschend mit der Bodengüte. Die fruchtbareren Lößböden konzentrieren sich erst weiter im Norden, hinter Naunhof, wo sie den Steinbacher Treibsand ablösen.

Weit außerhalb des Ortes, im tiefsten Friedewalde, aber noch zur Steinbacher Flur gehörig, trägt eine Gaststätte den gar merkwürdigen Namen „Mistschänke". Was hat das zu bedeuten?

Früher waren die Bauern der Dörfer um Radeburg verpflichtet, mit ihren Gespannen den Dünger in die kurfürstlichen Weinberge nach Weinböhla zu fahren. Dazu benutzten sie den Mistweg, der Weinböhla durch die Burggrafenheide mit der Großenhainer Straße verbindet. Umgekehrt nahmen sie Kalk von den dortigen staatlichen Brüchen mit nach Hause. Ein geschäftstüchtiger Naunhofer Rittergutsbesitzer witterte eine gute Einnahmequelle. Zur Bewirtung der Fuhrleute ließ er 1795 mitten im Walde eine Raststätte errichten, die Mistschänke, in der er zunächst über viele Jahre Bier- und Branntwein ohne Konzession ausschenkte.

Die Gebäude der heutigen Gaststätte sind jüngeren Datums, aus dem Jahre 1904, der Umbau zur heute vielbesuchten Ausflugsgaststätte erfolgte um 1960. Gleichgültig, in welche Himmelsrichtung man geht, lohnende Wanderziele finden sich in nächster Nähe zuhauf: Gleich „um die Ecke" der Großteich und der als Naturschutzgebiet ausgewiesene Neuteich (nicht zu verwechseln mit dem gleichnamigen kleinen Nachbarn des Köckritzteiches!), die Burggrafenheide sowie die Höhen und Elbtalhänge oberhalb von Weinböhla.

Mistschänke zur Zeit der Kastanienblüte

Balkon der Lößnitz: Wahnsdorf und die Elbtalhänge

Begibt man sich von Moritzburg aus nach Süden, so steigt der Weg hinter Reichenberg nochmals zu einem leicht gewölbten Plateau empor, bevor der Steilhang endgültig zum Elbtal hin abfällt. Den mit 249 m höchsten Punkt krönt ein auffälliger viereckiger Turm, der zum 1916 gegründeten meteorologischen Observatorium von Wahnsdorf gehört, heute Außenstelle des Sächsischen Landesamtes für Umwelt und Geologie.

Im 1350 erstmals urkundlich erwähnten „Wahendorf" lebten 17 „besessene" Mann (Hausbesitzer) mit acht Armbrüsten und neun Spießen. Zu jener Zeit gab es bereits Weinberge. 1935 kam Wahnsdorf zur Stadt Radebeul und hat sich inzwischen – dank seiner landschaftlich reizvollen Lage – zu einem begehrten Wohnort und beliebten Ausflugsziel gemausert. Der alte Dorfkern, der Anger rings um den Feuerlöschteich, hält seinen bäuerlichen Charakter wach, in einzelnen Gehöften sind sogar noch Milchkühe aufgestallt. Die Wahnsdorfer Bauern hatten es so schlecht nicht, denn sie konnten die weit und breit besten Ackerböden ihr eigen nennen.

Altwahnsdorf – ländlich geprägter Anger

Fette Böden – wohlhabende Bauern

Selbst dem Unkundigen fällt auf, daß die oberste Bodenschicht der Wahnsdorfer Hochfläche aus einem völlig andersartigen Material besteht als dies im Moritzburger Kuppengebiet der Fall ist. Es handelt sich um Lößlehm, der nach Osten hin immer sandiger wird und schließlich über einen Sandlöß in den Treibsand um Wilschdorf und Hellerau übergeht. Das Areal der Lößlehmauflage mißt allerdings nur knappe 6 km². Zudem ist die Lößschicht viel dünner als beispielsweise in der Lommatzscher Pflege oder gar in der Magdeburger Börde, sie beträgt in ebener Lage etwa 1 m, an den Hängen 50-80 cm und an den Kuppen lediglich 25 cm oder sie fehlt hier völlig. Höherer Steingehalt und Anfälligkeit gegenüber Trockenheit vermindern die ansonsten hohe Bodenfruchtbarkeit. Ein weiteres Merkmal der Wahnsdorfer Lößlandschaft ist die Anfälligkeit des feinerdereichen Materials zu einer oberflächlichen Verschlämmung, besonders aber zur Bodenerosion.

Die Bauern haben sich den von der Natur gebotenen Schatz für den Ackerbau zunutze gemacht und nur wenige Flurelemente inmitten der Felder übrig gelassen, so in den beiden Vogelgründchen zwischen Wahnsdorf und Reichenberg. Eine Handvoll Bäume, dafür aber viele Holunder- und Brombeersträucher wachsen im Kleinen Vogelgründchen, dazu erstaunliche Reste von Halbtrockenrasen voller purpurroter Skabiosenflockenblumen mit gelbem Labkraut und blauem Natternkopf. Im Großen Vogelgründchen entspringt eine Quelle, deren Wasser früher in mit Eisenringen beschlagenen Holzrohren zum Schloß Moritzburg geleitet wurde.

Im Zeichen des Weines

Die wesentlichen Wirkungen der Landschaft erfahren wir als inneres Erlebnis.

*Siegfried Lenz, * 1926*

Von Wahnsdorf führt eine schmale Straße zum Spitzhaus hinüber. Als Weinberghaus im 17. Jahrhundert errichtet, beherbergt es heute eine beliebte Ausflugsgaststätte. Anfangs beschränkte sich das Bauwerk auf den quadratischen spitztürmigen Mittelteil, die Seitenflügel und die Veranda kamen im Jahre 1902 hinzu. In exponierter Lage an der Hangkante hoch über dem Elbtal weithin sichtbar thronend, genießt es ebenso wie die weiter westlich gelegene Friedensburg den Ruf eines Wahrzeichens der Lößnitz.

Die Aussicht ist wirklich grandios: zu Füßen die heiter-südlich anmutende Lößnitz mit ihren sonnenzugewandten Rebhängen, den pittoresken Lusthäusern und Villen, die wunderbare Stadt Radebeul, das sächsische Nizza, hervorgegangen aus zehn einzelnen Ortschaften, die sich bis 1935 nach und nach zusammenschlossen. Im Hintergrund das silberne Band des Elbestroms, links die turmreiche Silhouette Dresdens. Der Blick schweift zum Meißner Burgberg mit dem Dom und weit in die Ferne zu den Höhen des Erz- und Elbsandsteingebirges.

Wenige Schritte vom Spitzhaus entfernt steht ein funktionsloser klobiger Rundturm: Es gehörte um die Wende zum 20. Jahrhundert zum guten Ton, dem verdienten „eisernen" Kanzler Otto von Bismarck zu Ehren, der Deutschland 1871 „von oben" unter Kaiser Wilhelm I. vereinte, Bäume zu pflanzen, Denkmale zu errichten oder Straßen zu benennen. So gründete man einen Verein und sammelte Geld mit einer Lotterie für den nach knapp anderthalbjähriger Bauzeit am 2. September 1907 eingeweihten Bismarckturm.

Ein nahegelegener kleiner Pavillon markiert den Beginn der 397 Sandstein-Stufen zählenden Großen Treppe, auch Spitzhaustreppe

Weinbergtor und Spitzhaustreppe

Blick über die Weinberge am Spitzhaus auf Radebeul-Oberlößnitz und Dresden

genannt. Die Idee hierfür hatte August der Starke, der das 1710 erworbene Vorwerk Hoflößnitz mit dem „Hohen Haus“ (dem späteren Spitzhaus) verbinden wollte. Erst 1747-1750 wurde das Vorhaben nach einem bereits von Matthias Daniel Pöppelmann (1662-1736) gezeichneten Entwurf verwirklicht. 1992 war eine umfassende Sanierung fällig, für die man nur sieben Monate Bauzeit brauchte. Wer die Strapaze des Treppensteigens auf sich nimmt, berührt nicht nur „hautnah“ den „Goldenen Wagen“, einen der ältesten und bedeutendsten Weinberge der Hoflößnitz, sondern tut auch etwas für die Kondition. Für die 73,3 m Höhenunterschied darf man beim

Das im 17. Jahrhundert gebaute Meinholdsche Turmhaus

Minckwitzsches Herrenhaus an der Oberen Bergstraße

Aufstieg getrost etwas mehr als nur zwei Minuten veranschlagen, es sei denn, man will Sieger des seit 2000 alljährlich veranstalteten Radebeuler Spitzhaustreppenlaufes werden.

Doch zurück zur Lößnitz: Sachsens Kurfürsten hatten sie dereinst zu ihrem Obst- und Weingarten erkoren. Im 17. Jahrhundert war es üblich, daß die Vertreter des Hofadels und begüterte Dresdner Bürger Weinberge mit Lusthäuschen oder Winzereien anlegen ließen, deren Bewohner die Pflege und Ernte der Reben übertragen bekamen. Winzerhäuser und kostbare Herren- oder Lusthäuser entstanden im Renaissance-, Barock-, Empirestil. Minckwitzsches Berghaus, Neu-Friedstein, Meinholdsches Turmhaus, Haus Sorgenfrei, Hohenhaus sind nur einige der klangvollen Namen. Der Besitz eines großen Lusthauses war Ausdruck feiner Sitten, der Repräsentation und Macht.

Nicht zu vergessen Schloß Hoflößnitz: Ursprünglich nur ein Weinpreßhaus mit Verwalterwohnung, wurde es 1605 im Auftrag Johann Georgs I. (1585-1656) zum kurfürstlichen Wohnhaus für die Tage der Weinlese ausgebaut. Das Fachwerkhaus mit Walmdach und haubenbedecktem Treppenturm ist Domizil des einzigen Weinbaumuseums an der Sächsischen Weinstraße. Im großen Festsaal, dessen Holzbalkendecke 80 Leinwandbilder brasilianischer Vögel schmükken, finden regelmäßig Kulturveranstaltungen statt. In den Kellern des Weingutes reifen ökologisch angebaute Weine heran, die im Guts-

Das Spitzhaus – Ausflugsgaststätte über den Weinbergen

verkauf angeboten sowie in der Weinstube ausgeschenkt werden. In unmittelbarer Nachbarschaft gibt es weitere Weinlokale bzw. Strauß-wirtschaften, außerdem viele noble Villen, errichtet von wohlhabenden Ruheständlern, Industriellen und Kaufleuten in den schönsten Lagen der Ober- und Niederlößnitz, anknüpfend an die Tradition der Land- und Weingüter in verschiedensten Stilmischungen und -nachahmungen.

Eigentlich ist das Klima in Sachsen vorwiegend ungeeignet für den Weinbau. Im Elbtal zwischen Pillnitz und Diesbar-Seußlitz spielt das Thermometer aber einigermaßen mit. An den nach Süden geneigten Steilhängen findet die Weinrebe ganz passable Bedingungen, genügend Wärme und Sonneneinstrahlung, nur die Spätfröste im Frühjahr machen ihr in manchen Jahren zu schaffen.

Immerhin kann sich das mit 421 Hektar kleinste Weinanbaugebiet

Schloß Hoflößnitz (links), Winzerhäuser an der Weinbergstraße (rechts oben) und Haus Lorenz (rechts unten)

Deutschlands (das sind ca. 0,4 % der Anbaufläche des Bundesgebietes) mit schmackhaften Weinen sehen lassen. 15 bis 75 Hektoliter sind es pro Jahr, eine vergleichsweise winzige Menge, aber eben eine Exklusivität, die man sich schon etwas kosten läßt.

Der höhere Preis der sächsischen Weine kommt unter anderem dadurch zustande, daß viele Weinberge am Steilhang liegen und die Winzer einen Großteil der Arbeit nur sehr aufwendig in Handarbeit erledigen können. Dies hat aber auch eine positive Seite: die Kleinteiligkeit der Weinberge mit ihren Stützmauern, schon seit dem 17. Jahrhundert errichtet, kunstvoll und ohne Bindemittel, den Hang terrassenförmig gliedernd, zwischen den Rebflächen eingelagerte Brachen und Biotopstrukturen. Kurzum: Das unverwechselbare Flair der historischen Kulturlandschaft tritt uns weitgehend unverfälscht entgegen.

Der Weinbau war hierzulande früher viel weiter verbreitet, nicht nur im klimatisch begünstigten Elbtal; im Mittelalter hegte man die edlen Reben gar in weiten Teilen Sachsens, bis 1887 die Reblauskatastrophe hereinbrach. Alte Schriften erwähnen 1418 erstmals Weinberge in Reichenberg. 1630 wurden zu Boxdorf 4 Faß Wein für die kurfürstliche Kelterei verkauft. 1659 nannten 6 Boxdorfer einen Weinberg auf Wilschdorfer Flur ihr eigen. Fast alle Bauernhöfe besaßen Weinstöcke mit „wenig und saurem Wein". Die Weinbergstraße an der Boxdorfer Baumwiese und das benachbarte „Weingebirge" mit Terrassen und Mauern erinnern an weinselige Zeiten, ebenso wie ein Hügel namens „Weinberg" westlich von Berbisdorf oder das Moritzburger Weinberghaus.

Von der Wärme und Trockenheit der Weinberglandschaft fühlen sich Pflanzen- und Tierarten angezogen, deren Heimat eigentlich im Mittelmeerraum oder in den Steppen Ost- und Südosteuropas zu suchen ist. Mit etwas Glück kann man einige Vertreter an den Lößnitzhängen entdecken. Unterm Spitzhaus zum Beispiel leben Weinbergschnecken, farbenprächtige Schmetterlinge wie der Schwalbenschwanz, auch seltene Laufkäfer, Bockkäfer und Wanzen. Auch Zauneidechse und Wechselkröte verstecken sich in den alten Weinbergmauern.

Als Kleinod gilt der 211 m hohe Zechstein oberhalb von Radebeul-Zitzschewig, nicht nur wegen der vorzüglichen Aussicht. Auf schwer zugänglichem südwestexponiertem Hang überdauerten unmittelbar am Rande bewirtschafteter Weinberge lichtbedürftige südländische Pflanzenarten. Ästige Graslilie, Gewöhnliches Sonnenröschen, Blutstorchschnabel, Hügelmeier, Frühlingsfingerkraut, Weiße Schwalbenwurz und Weinbergslauch lassen die Herzen der Botaniker höher schlagen. Entomologen wissen eine an diese Flora angepaßte wärmeliebende Insektenwelt zu würdigen. Mehrere Arten an Widderchen (Blutströpfchen) und 36 verschiedene Tagfalter flattern hier von Blüte zu Blüte.

Wärmeliebende Pflanzenarten an den Lößnitzhängen: Frühlingsfingerkraut (links), Blutroter Storchschnabel (Mitte), Weiße Schwalbenwurz (rechts)

Durch Wälder und Schluchten des Lößnitz-„Gebirges“

„Die Lessnitz ist ein gewisser Landstrich, da lauter hohe Gebürge seyn“ schrieb der Lockwitzer Magister Christian Gerber (1660-1731). Reizvolle Wanderwege geleiten durch dieses „Gebürge“, an den Rebhängen entlang, durch Wälder und Schluchten. Nehmen wir einige von ihnen näher in Augenschein!

Beginnen wir im Osten, wo nahe der Stadtgrenze zu Dresden der Nesselgrund, ein kurzes, tief eingeschnittenes Tal durch Kiefern- und Buchenwald, den Augustusweg in Radebeul-Oberlößnitz mit dem Haideberg auf der Boxdorfer Höhe verbindet.

Weiter westlich der Fiedlergrund: Er zählt, dem Rieselgrund vergleichbar, zu den verhältnismäßig stark wasserführenden Tälern der Lößnitz, versickert aber im Unterlauf – wie die meisten anderen Lößnitzwässer auch – im Sande. Teilweise mächtige feuchte Sandschichten, in die sich der Bach tief eingeschnitten hat, überdecken – besonders im unteren Teil – das Monzonitgestein. Am Bach mit dem historischen Namen „Dautzschke“ wachsen Erlen und Ahorne, an den Hängen viele Rotbuchen und weiter oben sogar Eßkastanien. Am Waldboden kann man Efeu, Hainveilchen, Waldhabichtskraut, Hainrispengras, Schmalblättrige Hainsimse und Weiches Honiggras entdecken. Der Weg verdankt seinen ausgezeichneten Zustand der Tätigkeit von ABM-Kräften nach der „Wende“. Der Name des Grundes erinnert an den Dresdner Arzt Dr. Alfred Fiedler, auf dessen Initiative am Talausgang eine Erholungsstätte für Lungenkranke entstand. Auf einen Weinschank, seit 1823 als „Walthers Weinberg“ bekannt, nimmt die Bezeichnung „Walthers Grund“ Bezug. Im unteren Teil des recht breiten Tales säumen ehemalige Steinbrüche den Weg. Etwa in der Mitte des Haupttales verzweigt sich der Weg. An dieser Stelle hatte in den 1920er Jahre der Arbeitslose Felix Hauptmann aus Neureichenberg ein Miniaturdörflein namens Ober-Piependorf zur Freude der Kinder und Sonntagsausflügler gebastelt, dem Oederaner Klein-Erzgebirge vergleichbar: mit Wasserrädern und -mühlen, Hammerwerk, Eisenbahn, Ritterburg, sich bewegenden Figuren, alles in Spielzeuggröße und von der Wasserkraft des Baches angetrieben. Eine Unwetterkatastrophe zerstörte 1958 alles, die Dämme im oberen Fiedlergrund waren gebrochen und eine machtvolle Wasserflut wälzte sich durch das enge Tal.

Winter und Frühling im Fiedlergrund

In einem engen Seitental des Fiedlergrundes führt ein Pfad steil hinauf zum Boxdorfer Ortsteil Neureichenberg, ein anderer windet sich zum Höhenrücken oberhalb eines Steinbruches empor und trifft schließlich auf den Wahnsdorfer Graue-Presse-Weg.

Auf dem Kamm über dem Augustusweg verbirgt sich die Ruine des „Weinbergturmes am Jägerberg“, den der Weinhändler A.T. Hantzsch um 1844 im neugotischen Stil errichten ließ. Der Turm besaß eine Aussichtsplattform, die man über eine außen angesetzte Wendeltreppe erreichte.

An der Eduard-Bilz-Straße, neben der ehemaligen, auch als „Schloß Lößnitz“ bezeichneten Bilz'schen Naturheilanstalt mün-

Ausgedient: Weinbergmauern im Hangwald bei Wahnsdorf, Ruinen des Weinbergturmes am Jägerberg und des Mäuseturmes

det ein enger Grund, der sogenannte Straken, der oben an der Wahnsdorfer Bäckerei seinen Anfang nimmt. Oberhalb des Bilz-Sanatoriums existieren die Reste des um die Mitte des 19. Jahrhunderts erbauten „Mäuseturms", seinerzeit ein beliebtes Ziel für kleine Nachmittagsspaziergänge der Bilz'schen Kurpatienten. Zu Beginn der 1990er Jahre noch nahezu komplett und unter Denkmalschutz stehend, ist mittlerweile eine Turmhälfte eingestürzt. Ob der Turm jemals wieder hergestellt werden wird?

Einen Abstecher lohnen auch der Hohlweg, ein sehr alter Wirtschaftsweg, der von der Weinbergstraße aus durch die Weinberge die Höhe erklimmt und dort mit dem Straken zusammentrifft, sowie der 1930 vom Radebeuler Verschönerungsverein zugänglich gemachte Eggersweg, der von der Weberstraße aus anfangs durch ein kurzes Waldstück, dann über Stufen und steile Abschnitte bis zum Spitzhaus führt und hervorragende Ausblicke auf das Schloß Hoflößnitz, die Weinberge, Radebeul und das Elbtal gewährt.

Von der Friedensburg zum Schloß Wackerbarth

Ihrem Namen alle Ehre macht die schon 1652 aktenkundliche Finstere Gasse, ein enger und tiefeingeschnittener Hohlweg neben Winzer- und Herrenhäusern. Die Weinberge des sich westwärts anschließenden Minckwitzschen Flurstückes gehören zu den ältesten der Niederlößnitz, erste Nachrichten datieren vom Anfang des 15. Jahrhunderts. Über die Burgstraße kommt man am Mundloch eines alten Wasserstollens vorbei nach kurzer, aber steiler Wegstrecke zum Höhenweg direkt neben der Friedensburg, einem ehemals kleinen, nach 1870 mehrfach erweiterten Winzerhaus. Ihren Namen erhielt es anläßlich des Friedensschlusses 1871 nach dem Deutsch-Französischen Krieg. Momentan sieht das eindrucksvolle und von weither zu sehende Bauwerk seiner „Wiedergeburt" als Ausflugsgaststätte über den Weinbergen entgegen.

Ein paar Schritte sind es zum 1917 erbauten Wasserturm, dem mit 43 m höchsten aller Türme der Lößnitz. Leider besitzt er keine Aussichtsplattform; Ersatz gewährt aber der wenige Meter entfernte Ausblick an der Hangkante über dem Elbtal. Nach umfangreichen Sanierungen vor wenigen Jahren, bei denen er auch seinen verlorengegangenen Knauf wiedererhielt, bietet der denkmalgeschützte Turm einen imposanten Anblick. Sein Fassungsvermögen von 350 m³ sichert noch heute die Versorgung des Lindenauer Hochlandes.

Kurz darauf geht es in mehreren scharfen Kehren den Schlangen- oder Schlingel-Schlangelweg hinab in den Stadtpark von Radebeul-West, zum Schwarzen Teich und über die Moritzburger Straße hinweg zu den Ebenbergen mit der Sternwarte und schließlich in den Kroatengrund, eine ehemalige Naundorfer Viehtreibe. Die Kroaten hatten 1759 die Höhen von Boxdorf, Reichenberg und der Lößnitz besetzt, um den preußischen Truppen den Zugang nach Dresden zu versperren.

Von den Ebenbergen aus kann man auch zum Barockschloß Wackerbarths Ruhe absteigen, das Johann Christoph Knöffel 1727-1729 nebst zugehörigem, als Lusthaus gedachten achteckigen Belvedere, als Alterssitz für Christoph August Graf von Wackerbarth (1662-1732), den Generalfeldmarschall Augusts des Starken, schuf. 1992 zog das Sächsische Staatsweingut „Schloß Wackerbarth" hier ein. Die französische Gartenanlage wird talseitig von Lindenalleen flankiert, nach den Weinbergen zu zieht sich ein Terrassengarten hin. Auf der Höhe des benachbarten Weinberges „Fliegenwedel" grüßt der kleine Kuppelbau des Jacobsteins, eines Weinberghauses, das der Hofböttcher Jacob Krause 1743 in Gestalt eines Türmchens errichten ließ.

Leider arg verfallen ist die Treppe zur Wettinhöhe, einem Anwesen, das einst als Restaurant, zwischen 1879 und 1890 als „Höhenluft- und Kurhotel" und dann als Genesungsheim fungierte. Es gibt mehrere Alternativen, um vom Elbtal bei Zitzschewig aus die Höhen zu ersteigen, etwa die schon 1676 als Wirtschaftsweg durch die Weinberge benutzte Barkengasse, den Krapenbergweg oder den Zechsteinweg, der als Panoramaweg zum Langenbergweg überleitet und einen schönen Blick auf das Hohenhaus und das Elbtal bietet.

Blick von den Weinbergen am Himmelsbusch auf Schloß Wackerbarth

Der Rietzschkegrund, dessen Name vom sorbischen „Bächlein" (rečka) abzuleiten ist, hieß im Volksmund Bettelgrund, da sich seit 1800 arme Häusler dort niederließen. Ringsum kam es zu DDR-Zeiten zu ausufernder Zersiedelung mit Wochenendhäusern. In den Rietzschkegrund führen mehrere Nebenwege, so der Kynastweg, der Hausberg- und der Paulsbergweg.

Am Paulsberg, einem der größten Weinberge der Lößnitz am westlichen Flurrand von Radebeul kann man ein zweigeschossiges spätklassizistisches Herrenhaus von 1853 und im Park Putten aus Sandstein bewundern.

Geschichtsträchtige Orte auf Schritt und Tritt, umgeben von Juwelen der Natur, eingebettet in eine zauberhafte Landschaft, das ist die Lößnitz: Erbe, Schatz und Verpflichtung zugleich!

Impressionen von Schloß Wackerbarth und Jacobstein

In einem kühlen Grunde

Froh springen die Wasser
Ins Tal und die Stille
Gleich nebenan
In zwei Stunden nur
Ist der Tagesausflug
Bewältigt
Wo läge näher die Ferne als
Hier

*Thomas Gerlach, *1939 – aus „Lößnitzgrundbuch", Notschriftenverlag Radebeul 2003*

Kühne Felsen, schroffe, bis 50 m hohe und von Seitentälern zerfurchte, bewaldete Hänge, einen Wanderweg am plätschernden Bach, verflossene Romantik alter Mühlen, Villen im Schweizer-Stil, eine nostalgische dampfbetriebene Eisenbahn: Dies alles findet man im Lößnitzgrund.

Les´nica – Waldbach nannten ihn die ersten sorbischen Siedler. Bis zu seiner Mündung in die Elbe bei Radebeul-Serkowitz legt der Lößnitzbach 6,7 bis 9,6 km zurück und überwindet einen Höhenunterschied von ca. 82 m. Die Differenz in der Entfernungsangabe ist damit zu erklären, daß der Quellbereich zum einen im Dippelsdorfer Teich und zum anderen am Wetterberg östlich von Reichenberg angenommen wird. Im letzteren Fall wird ein fast 3 km langes, zum Teil verrohrtes Wässerchen zum eigentlichen Lößnitzbach hinzugerechnet.

Verschiedene Epochen der Erdgeschichte haben ihre Spuren im Lößnitzgrund hinterlassen: Während an den Oberhängen und Felswänden der Meißner Syenodiorit (Monzonit) zutage tritt, ist die Talaue von lehmig-sandigen Substraten ausgekleidet, stellenweise zieht sich eiszeitlicher Heidesand sogar weit an den Hängen hinauf. Die Vielgestaltigkeit des geologischen Untergrundes, der Böden und der kleinklimatischen Verhältnisse – man beachte die Unterschiede der Sonneneinstrahlung an Süd- und Nord-Hängen und in den Schluchten – sowie die Unzugänglichkeit mancher Partien haben ein auf engstem Raum wechselndes artenreiches Vegetationsmosaik entstehen lassen. So werden die ost- und nordexponierten Partien meist von Rotbuchenwald eingenommen, die Oberhänge von Birken-Eichen-Wald, während an den Unterhängen Mischwald-Baumarten wie Berg- und Spitzahorn, Bergulme, Winterlinde und Hasel hinzukommen. An südexponierten, voll den Sonnenstrahlen ausgesetzten trockenwarmen Bereichen treten wärmeliebende Eichen- und Hainbuchenwälder, aber auch offene Felsbereiche sowie Silikat-Magerrasen hervor. Den Bachlauf säumen Arten der Auenwälder: Schwarzerle, Esche, Bergulme, Purpur- und Bruchweide, im Frühjahr blühen hier u.a. Milzkraut, Buschwindröschen, Maiglöckchen, Goldnessel, Schattenblümchen.

Es klappert(e) die Mühle am rauschenden Bach

Bis ins 19., teils sogar bis ins 20. Jahrhundert hinein trieb der Bach mehrere Mühlräder an. In der Karte des Landvermessers Oeder von 1570 sind bereits sechs Mühlen verzeichnet. Die mit Säge ausgerüstete Jägermühle inmitten der Ortslage von Radebeul-Niederlößnitz arbeitete bis zum Ende der 1870er Jahre. 300 m bachaufwärts, am Eingang zum Engtal des Lößnitzgrundes verbirgt sich die Grundmühle. Nicht mehr vorhanden sind Bönitz- bzw. Karlowitzmühle, an deren Stelle 1895/96 das Elektrizitätswerk trat, das für die Radebeuler Straßenbeleuchtungsanlagen zu sorgen hatte und ab 1899 auch für den Betrieb der Straßenbahn zwischen Dresden und Weißem Roß zuständig war. Ein alter Wasserteiler für den inzwischen verwachsenen Mühlgraben erinnert noch an die alten Zeiten. Bachaufwärts folgen die als Mahl- und Schneidemühle genutzte Meierei sowie die Schefflermühle; letztere wurde 1880 durch Brandstiftung zerstört, erstand aber bald wieder neu und ist heute die einzige noch in Betrieb

Lößnitzbach – naturnaher Abschnitt oberhalb der Schefflermühle

befindliche Mühle im Lößnitzgrund, allerdings mit elektrischem Mahlwerk. In diesem Talabschnitt ist die Natur noch am unmittelbarsten erlebbar, die Fahrstraße liegt weitab auf der anderen Bachseite, und es fehlen die Wohnbauten. Auch das Mühlrad der Kaisermühle hat schon längst aufgehört zu klappern, die alten Gebäude fielen in einer Novembernacht des Jahres 1908 einem Feuer zum Opfer, nachdem bereits Jahrzehnte zuvor der Mahlbetrieb wegen fehlenden Antriebswassers sehr stark eingeschränkt werden mußte. Reste des alten Mühlgrabens und -teiches sowie ein Mühlstein nahe der 40 m hohen, geschützten Linde sind noch Zeugen des alten Gewerbes.

Überhaupt war der Wassermangel seit jeher problematisch für das Müllerhandwerk im Lößnitzgrund. Die Müller lagen im ständigen Streit mit den Pächtern des Dippelsdorfer Teiches um das für den Antrieb notwendige Wasser. Reichlich war es eigentlich nur im Herbst vorhanden, wenn der Teich zum Fischen abgelassen wurde. Aus der Not eine Tugend machen: Der Niedergang der Wassermühlen bescherte dem Lößnitzgrund eine Handvoll Gastwirtschaften, zumindest für eine gewisse Zeit. Man kann sich heute gar nicht mehr vorstellen, wieviele Schankstätten es hier einst gegeben hat. Die alte Kaisermühle erstand neu aus den Trümmern des Brandes als Restaurant mit Sommerfrische, mit „Biergarten", Spielplatz, Teich und Wasserfall. Die Meierei, bereits 1570 als „Iltzsches Mol" aktenkundig, wurde schon 1881/82 zur Gaststätte umgebaut und erfreute sich großer Beliebtheit, denn sie bot Bewirtung und regelmäßiges Tanzvergnügen, sogar einen Gondelteich. Das alles ist nur noch Erinnerung, das Gebäude verfiel und wartet seit Jahren auf einen willigen Geldgeber. Lediglich den einen Steinwurf oberhalb gelegenen Teich hat man im Jahr 2002 saniert und in einen naturnäheren Zustand versetzt.

Regen Zuspruch genoß auch die zu Anfang des 20. Jahrhunderts erbaute Obst- und Beerenweinschänke „Zur Flora". Um 1970 wurde sie geschlossen, war dem Verfall preisgegeben und dient nun Wohnzwecken. Einzig und allein die Grundmühle blieb als Gaststätte bis zum heutigen Tage bestehen.

Der Lößnitzdackel oder Grundwurm

Von weitem angekündigt durch eine Rauchwolke, pfeifend, bimmelnd und schnaufend, rattert Tag für Tag mehrmals täglich, dem Zahn der Zeit und allen Widrigkeiten trotzend, ein technisches Denkmal durch den Lößnitzgrund: die im Volksmund liebevoll Lößnitzdackel oder Grundwurm genannte drittälteste Schmalspurbahn Deutschlands.

Am 16.9.1884 wurde die 16,6 km lange Strecke von Radebeul-Ost nach Radeburg nach nur 13monatiger Bauzeit feierlich eröffnet. Die Kleinbahn sollte ursprünglich einen etwas anderen Verlauf nehmen: Sie hätte bereits in der Nähe der Kaisermühle den Grund verlassen, um dann die „Wiege“, einen Geländeeinschnitt zwischen Dippelsdorf und Reichenberg anzusteuern. Die Verhandlungen zerschlugen sich aber, da die Reichenberger Bauern Brandgefahr für ihre Felder befürchteten und Widerstand leisteten. So kam es zum Bau des 210 m langen Dammes durch den Dippelsdorfer Teich, und Reichenberg mußte auf eine eigene Bahnstation verzichten.

Gezogen werden die Waggons von kleinen Dampflokomotiven der Baujahre 1899 und 1927. Zu den fahrplanmäßigen Zügen gesellen sich an ausgewählten Tagen auch Traditionszüge der „Königlich-sächsischen Staatseisenbahnen“. Die alten, noch im Original erhaltenen Fahrzeuge laden zu einer Reise in die Vergangenheit ein. Wagen mit Holzbänken oder Polstermöbeln, mit funktionierenden Kanonenöfen und handgeknüpften Gepäcknetzen erinnern an längst vergangene Zeiten. Das Zugpersonal präsentiert sich in historischen Uniformen und ab-

Lößnitzdackel im oberen Lößnitzgrund bei Dippelsdorf

An der Schefflermühle

Einfahrt im Bahnhof Friedewald-Bad

geläutet wird von Hand mit einer großen Glocke.

Die Bimmelbahn stellt eines der letzten Überbleibsel des dereinst über 550 km langen sächsischen Schmalspurbahnennetzes dar. Auch ihr Bestand ist seit längerem aus ökonomischen Gründen in Gefahr. Bis zum 10.6.2004 von der Deutschen Bahn betrieben, firmiert seitdem die BVO-Bahn aus Annaberg-Buchholz im Erzgebirge als neue Herrin des „Dackels" und taufte ihn „Lößnitzgrundbahn".

Neuer Betreiber und eigenes Logo als Weichenstellung, Reparatur der Gleise, Ausbau des Bahnhofes Moritzburg zum Betriebsmittelpunkt mit Fahrkarten- und Souvenirverkauf, touristenfreundlichere Gestaltung des Haltepunktes Weißes Roß – dem Dackel wird Dampf gemacht! Bei aller Finanzknappheit darf man niemals aus den Augen verlieren: Der Lößnitzdackel ist kulturelles Erbe, ein Touristenmagnet, er stiftet Identität und ist aus unserer Heimat nicht mehr wegzudenken. Er hat verschiedenste Gesellschaftssysteme überstanden. Möge er auch mit der Marktwirtschaft zurechtkommen, damit ihm ein langes „Leben" beschieden sei!

Naturheilkunde im Aufwind

Halte dich ans Schöne,
vom Schönen lebt das Gute
im Menschen
und auch seine Gesundheit

Ernst von Feuchtersleben, 1806 - 1849

Gegenüber der Meierei steht an einer Engstelle der Lößnitzgrundstraße eine Gruppe von Villen, Ende des 19. Jahrhunderts im Schweizerhausstil errichtet und vor wenigen Jahren vom Ehepaar Geistlinger mühevoll restauriert. Eine mächtige Ulme schmückt die Vorderfront. Benannt nach einem der Altmeister der Naturheilkunde, Friedrich Eduard Bilz, dessen Wirkungsstätte auch den Lößnitzgrund umfaßte, entstand hier das „Bilz-Kurhaus mit Pension im Lößnitzgrund" als Einrichtung für Gesundheitsurlaub, Kuren, Kurse und Seminare. Die Betreiber haben sich auf die Fahnen geschrieben, den Lößnitzgrund

Villen im Schweizerhausstil – die Bilzpension im Lößnitzgrund

„Die Natur war mein Leitstern“ – Lebensmotto von Friedrich Eduard Bilz

Friedrich Eduard Bilz (1842-1922) wurde in Arnsdorf bei Rochlitz geboren, besuchte dort die Dorfschule und nahm eine Weberlehre auf. Die gesundheitsfeindlichen Arbeitsbedingungen gaben erste Denkanstöße, autodidaktisch eignete er sich Kenntnisse der Naturheilkunde an. 1888 – Bilz wohnte damals noch in Meerane – erschien die 1. Auflage seines Buches „Das Neue Heilverfahren“, das weit über die deutschen Grenzen hinaus zu einem Standardwerk volkstümlicher Naturheilkunde werden sollte. Insgesamt 3,5 Millionen Exemplare in weit über 100 Auflagen wurden vertrieben, nur die Bibel war weiter verbreitet. Die einfache und verständliche Darstellungsweise, die unkomplizierten und in jedem Haushalt praktikablen Heilmaßnahmen waren sein Erfolgsrezept.

1890 kam Bilz nach Radebeul und verwirklichte hier seinen Lebenstraum. Unter zunächst spartanischen Bedingungen begann er, auf der Grundlage der „klassischen“ Naturheilkunde Patienten zu behandeln (z.B. Anwendung von Schlamm für Bäder und Packungen). Bilz pries Wasser, Luft und Licht als universelle Heilmittel. 1893/1894 entstand sein Sanatorium, die bis 1941 existierende Naturheilanstalt am Straken, der heutigen E.-Bilz-Straße in Radebeul-Oberlößnitz. Wasseranwendungen jeder Art, Heißluft- und Dampfbäder, Sonnen- und Luftbäder, Barfußlaufen und Schlafen in Lufthütten waren nur einige Anwendungsbereiche.

wieder zu einem Zentrum naturgemäßer Lebensführung im Geiste von F.E. Bilz zu entwickeln. Weitere sichtbare Zeichen sind das neu gestaltete ehemalige Bilz'sche Schlammbad, eine Wassertretanlage mit Trimm-Dich-Pfad, aber auch ein „Bilz-Lehrpfad“ durch den Grund und zu den nahen Lößnitzhöhen.

Am Meiereiweg eröffnete Bilz – über 60jährig – im Jahre 1905 das „Bilz-Licht-Luft-Bad“, kaufte 1912 eine sogenannte UNDOSA-Wellenmaschine und schuf somit das erste künstliche Wellenbad der Welt. Die Anlage war damals geteilt in Herren-, Damen- und Familienbad, letzteres mit großem Schwimmteich, Wellenbad, Tennis- und Fußballplatz, Turngeräten und Kinderbelustigungen. Die unter Denkmalschutz stehende Wellenmaschine wurde 1997/98 überholt und versieht weiter ihren Dienst. Auch heute noch können sich die über 1 m hohen Wellen sehen lassen. Erhalten blieben auch die Umkleidekabinen aus damaliger Zeit, zwar nicht sehr ansehnlich, aber eben schön historisch.

Naturheilkunde kann man indes nicht nur im Lößnitzgrund genießen, denn sanfte, den Menschen als Ganzheit verstehende Heilweisen werden immer populärer. Auch die Gemeinde Moritzburg fühlt sich diesen Bestrebungen verbunden. In einigen Ortsteilen haben Heilpraktiker ihre Praxen eröffnet, und ein Heilpflanzengarten auf der Boxdorfer Waldteichstraße gibt Interessenten die Gelegenheit, die für sie geeigneten Heilpflanzen „hautnah“ kennenzulernen. Zur Naturheilkunde gehört die bunte Welt der Kräuter ganz einfach dazu!

Auf den Spuren von Karl May: Wildwestromantik im Lößnitzgrund

Alljährlich im Frühling erwacht der Lößnitzgrund aus seiner Beschaulichkeit: Wenn Büchsenknall und Hufgetrappel von seinen Hängen widerhallen, verwandelt sich das Tal zur romantischen Kulisse für die Karl-May-Festtage. Auf einem mehr als 3 km langen Erlebnispfad werden Schauplätze der Romane des von 1888 bis 1912 in Radebeul lebenden Abenteuer-Schriftstellers nachgestaltet und durch eine Vielzahl bunter Aktionen zum Leben erweckt. Am Lagerfeuer sind indianische Märchen, Mythen und Legenden zu hören. An die Felswand des Hohen Steins zeichnete 2005 ein Medizinmann der Blackfoot-Indianer aus Kanada ein überdimensionales Wandbild eines Adlers. In der Westernstadt „Little Tombstone“ findet das Country- und Bluegrassfestival statt. Im Lößnitzbach, dessen Wasser – dem Umweltschutz sei es gedankt – sauberer geworden ist in den letzten Jahren, kann man Gold waschen; der Lößnitzdackel verwandelt sich in den Santa Fé-Expreß, auf den Gangster in Wildwest-Manier Überfälle verüben. Ein orientalischer Basar fehlt ebensowenig wie eine Unzahl diverser Verkaufsstände. Alle Reiter und Pferdefreunde kommen im großen Wahnsdorfer Sternreitercamp auf ihre Kosten. Außerdem erhält der Reiter, der den weitesten Weg auf seinem Pferd zur Sternreiterparade zurückgelegt hat, die Friedenspfeife aus den Händen vom Winnetou der Landesbühnen Sachsen überreicht.

Geheimnisvolle Pfade durch die Seitentäler

Etliche kleine Waldbäche, eher als Rinnsale zu bezeichnen, haben sich in die Seitenhänge des Lößnitzgrundes eingegraben. Schattige Wege in den Schluchten und schmale Pfade mit geheimnisvoll klingenden Namen wie Langenwiesenweg, Ginsterweg, Buchholzweg, Jagdweg, Paradiesstraße, Poetenweg, oder gar Dreizehnbrückenweg und Heinzelmännchenweg, versprechen erlebnisreiche Spaziergänge.

Seinen Namen zu Recht trägt der Rieselgrund. Selbst in trockenen Sommern weicht aus ihm die Feuchtigkeit nicht. Sein Wasserreichtum wurde schon frühzeitig durch gefaßte Quellen erschlossen, und Rohrleitungen führten das Wasser bis in die Niederlößnitz, u.a. zum Minckwitz'schen Weingut. Die tief in die Sandschichten eingeschnittenen Talabschnitte weisen eine typische Schluchtwaldvegetation auf mit Erlen, Eschen, Bergahorn, an trockeneren Stellen mit Rot- und Hainbuchen. Wenige Meter nach dem unteren Eingang zum Rieselgrund beginnen die Pfeifferstufen und führen am Waldhang steil hinauf auf die Wahnsdorfer Höhe zur Gaststätte „Zum Pfeiffer", von deren Terrasse sich ein wunderschöner Blick ins Elbtal bietet.

Der Weg im Dorfgrund wurde schon in früheren Zeiten von den Wahnsdorfern als Verbindungsweg zu den Mühlen des Lößnitzgrundes genutzt. Heute ist er eine äußerst schmale, asphaltierte, aber nicht zu stark befahrene Straße. Gleich am Talanfang befinden sich aufgegebene Steinbrüche mit ihren typischen, zum Teil wärmeliebenden Pflanzen, unter denen das Steinkraut gegen Ende April/Anfang Mai gelbe Farbkleckse an die Felswände zaubert. Der Grund ist dicht bewaldet und stark wasserführend, im Winter bisweilen vereist, besonders im oberen Teil sind noch alte Wasserfassungen erkennbar.

Durch den „Brand" geleitet eine Fahrstraße zum Lößnitzhochland, einer in der 1. Hälfte des 20. Jahrhunderts anstelle der Brandbüsche der Reichenberger Bauern und des Pfarrlehns errichteten Siedlung. Weiter bachaufwärts zweigt kurz vor der Schefflermühle der Langenwiesenweg in Richtung Wahnsdorfer Plateau ab, und von der Kaisermühle aus führt ein Weg zum „Silo" östlich von Dippelsdorf.

Zahlreiche Pfade erschließen auch den gegenüberliegenden, rechtsseitigen Talhang, so der romantische Dreizehnbrückenweg, der im engen Tal den Lindenaubach begleitet und wohl 13mal über kleine Holzstege die Uferseite wechselt. Der Bach hat sich teilweise so tief in die sandigen Hänge eingeschnitten, daß die Böschung durch Faschinen gesichert werden mußte.

Der Meiereiweg wurde vor Eröffnung der Gaststätte noch als „Briefträgerweg" bezeichnet. Heute ist er als Fahrstraße ausgebaut und verbindet den Lößnitzgrund mit dem Bilzbad und dem Radebeuler Stadtteil Lindenau. Rund um den Meiereiweg besitzen die Sandlager ihre größte Mächtigkeit. Die ursprünglichen Buchenbestände sind mit Eichen, Kiefern, Spitzahorn, Ebereschen, Aspen, Birken und sogar

In Seitentälern des Lößnitzgrundes: auf dem Dreizehnbrückenweg (links) und im Rieselgrund

Eßkastanien durchsetzt, auch mit Robinien, die wegen ihrer Schnellwüchsigkeit und ihres dauerhaften Holzes von den Weinbauern verbreitet und geschätzt worden waren. Im Unterwuchs dieser Wälder finden sich viele nährstoffliebende Pflanzenarten, z.B. Holunder, Himbeere, Brennessel, Schöllkraut, Knoblauchsrauke und Kleines Springkraut.

Der mit Klinkern ausgelegte Schluchtenweg windet sich – streckenweise durch sehr enge Sandschluchten – allmählich zur Lindenauer Höhe hinauf, genauer gesagt zum Spittelholz, das früher dem Dresdner Materni-Hospital gehörte. Im unteren Drittel erinnern Rhododendron-Pflanzungen an das Wirken des Radebeuler Verschönerungsvereins.

Pflanzenleben auf Fels

Die oberen Hangpartien des Lößnitzgrundes sind da und dort so schroff, daß sie nur mit Mühe begangen werden können. Stellenweise haben Steinbrüche tiefe Wunden gerissen, so am Todhübel oder Totenstein. Der auch von Bergsteigern zum Klettern genutzte Felsen verdankt seinen Namen einem heidnischen Brauch, dem „Todaustreiben". Zwei Wochen vor Ostern trugen die Ortsbewohner eine angeputzte Strohpuppe, die den Tod, den Winter, verkörperte, in feierlichem Aufzug umher, um sie schließlich anzubrennen und vom Fels herab in den Abgrund zu stürzen. Den Todhübel krönte früher eine Windmühle, die 1898 gesprengt wurde. Auch soll hier eine seit 1941 als Bodendenkmal registrierte hochmittelalterliche Wehranlage bestanden haben, eine sogenannte Turmhügelburg in Spornanlage mit Vorgelände und Abschnittsgräben.

Dünn ist die Erdschicht, die das hier und da zutage liegende Monzonitgestein bedeckt, aber um so reicher blüht in den Eichentrockenwäldern, Gebüschen, Halbtrockenrasen und Felsfluren zur Freude des Botanikers eine Fülle interessanter Pflanzenarten, die an intensive Sonneneinstrahlung und knappe Wasserversorgung angepaßt sind. Hierzu zählen beispielsweise Weiße Schwalbenwurz, Nickendes Leimkraut, die bekannte Pechnelke mit ihren klebrigen Blättern und Stengeln, der blaßrote Waldklee, die Zwergmispel und allen voran der attraktive Blutstorchschnabel. Das Vegetationsmosaik in den Schluchten, an den Hängen und Felsen des Lößnitzgrundes ist von europäischem Rang und durch die Aufnahme in das Netzwerk der Natura 2000-Schutzgebiete gewürdigt worden.

Luftkurort im Buchenholz

Am Westhang des oberen Lößnitzgrundes zieht sich bis zum Hochplateau der Villenort Buchholz, dessen Name auf ein im Mittelalter so bezeichnetes Waldstück zurückgeht. Gegen Ende des 18. Jahrhunderts waren es nur wenige Häuser, 100 Jahre später kam ein Gasthof hinzu, eine Jagdschänke, in der die Jagdpächter verkehrten. Ab dem Ende des 19. Jahrhunderts ließen sich Pensionäre, Industrielle, Leute mit Geld hier nieder, denen an der sauberen Luft, der ruhigen Gegend und dem Waldreichtum gelegen war. 1940 mit Dippelsdorf zur Gemeinde Friedewald vereinigt, kam der Ort 1994 zu Reichenberg und 1999 zu Moritzburg. In vielen Grundstücken der 1955 als Luftkurort anerkannten Landhaussiedlung weisen Kiefern, Trauben- und Stieleichen noch auf die frühere Bewaldung hin. Fremdländische Gehölze, vor allem Nadelbaumarten, und die leider zugunsten dichterer Bebauung schrumpfenden Restwaldflächen verleihen dem Ort (noch) Waldparkcharakter. In den letzten Jahrzehnten haben sich Buchholz und die benachbarten Radebeuler Ortsteile Lindenau und Oberkötzschenbroda großflächig ausgedehnt und sind zu einer zusammenhängenden – wenn auch lockeren – Siedlungsfläche verschmolzen. Dabei konnte der historische Ortskern von Lindenau seinen ländlichen Charakter mit Bauernhöfen, Gärten, Wiesen, Weiden, kleinen Feldern und Waldstücken bewahren.

Der denkmalgeschützte Gasthof Buchholz

Doch zurück zum Lößnitzgrund! Dank der 1884 eingeweihten Kleinbahn kamen immer mehr Besucher in die Gegend, wovon die Gaststätten und Erholungseinrichtungen profitierten, so auch das 1899 erbaute Kurhaus Friedewald. Zeitungsannoncen schwärmten damals: „**Malerisch schön gelegenes Hotel mit allem Komfort ... 30 Zimmer mit Balkons ... Pension für 5 Mark ... vorzügliche Küche ... jeden Mittwoch nachmittag Kurkonzert ... schwimmende Tanzfläche auf 40 mit Holzdielen bedeckten Bierfässern auf dem Kurhaus„see" mit 10 m langem Steg.**" Das Kurhaus stand unter ärztlicher Aufsicht von schulmedizinischen und homöopathischen Leitern. Die Villenbesitzer hatten auch ihre Vorteile, denn bei Vollbesetzung konnten sie Gäste bei sich unterbringen. Die besucherschwache Zeit in den Wintermonaten überbrückte das Kurhaus durch den Betrieb einer internationalen Hotelfachschule. Seit 1960 diente es als Studentenwohnheim, stand dann leer und verkam zur Ruine. Ob und wann es aus seinem Dornröschenschlaf erwacht, ist nicht absehbar. Der Ort Buchholz konnte noch nicht wieder an den alten Glanz anknüpfen, bemüht sich aber, den Status „Staatlich anerkannter Erholungsort" zu behaupten.

Bauernort am Teich: Dippelsdorf

Steigt man bei Buchholz aus dem schattigen Lößnitzgrund auf die Hochfläche, betritt man eine völlig andere Landschaft. Wie groß ist der Unterschied zwischen dem felsigen Talgrund und der weiten, sonnenüberfluteten Moritzburger Teichlandschaft mit ihren zahlreichen regellos verstreuten Kuppen und flachen, oftmals wassergefüllten Senken! Der Lößnitzbach selbst ist hier oben, am Bahnhof Friedewald-Bad, nur ein dürftiges Gerinne, ein unauffälliger Graben mit träge fließendem Wasser inmitten einer Feuchtwiese, kaum sichtbar zwischen Seggen, Binsen und Sumpfdotterblumen.

Am Rande der Talmulde beginnt die altehrwürdige Bauernsiedlung Dippelsdorf. 1378 fand das Angerdorf erstmals urkundlich als „Dypoldisdorf" Erwähnung; man darf die Gründung aber getrost noch um 200 Jahre zurückdatieren. Sei es, wie es sei. Die 625-Jahr-Feier startete am 1. Juni 2003: Ein Festumzug mit 25 Festwagen, zwei Musikkapellen, 100 Personen in Kostümen ließen die Geschichte im Zeitraffer vorüberziehen. Anfänglich hatte der Ort wahrscheinlich 12 Bauernhöfe und noch 1764 lebten hier nicht mehr als 12 Bauern und 5 Gärtner (Kleinbauern). Der Kleinbahnbau brachte bis 1890 einen Bevölkerungsanstieg auf 263. Die Verwitterungsböden mit ihrer geringen Ackerkrume und niedrigen Bodenwertzahlen zwischen 18 und 38 werfen nicht viel Ertrag ab, am einträglichsten waren allenfalls Dauergrünland sowie Roggen- und Kartoffelanbau. Alte Flurkarten von 1839 verzeichnen noch Weinberge an der Kötzschenbrodaer Straße. 1874 wütete eine schwere Feuersbrunst, der die meisten Dreiseithöfe und Wohnstallhäuser auf der Südseite des Dorfangers zum Opfer fielen. An den Fassaden der wiederaufgebauten Häuser erinnern

Dippelsdorf und Dippelsdorfer Teich aus ca. 300 m Höhe

„Erste Siedler" im Festumzug zur 625-Jahr-Feier von Dippelsdorf

zum Teil noch gut lesbare Inschriften an dieses Unglück. Ein Schulgebäude erhielt die Gemeinde im Jahre 1884; 1953 wurde es bedeutend erweitert und gibt heute der Freien Célestin-Freinet-Schule Domizil.

Weithin sichtbares Symbol des Ortes ist die Friedewalder Eiche. Sie steht für die Verbundenheit mit der Natur, für Unverwüstlichkeit und für Würde. Bürgermeister Karl Reiche pflanzte diesen schönen Baum während seiner Amtszeit etwa um 1890. Wenn man von Dippelsdorf aus den Kreyernweg nach Nordwesten in Richtung Wald geht, so erblickt man den Baum im Feld auf einer langgestreckten Anhöhe. „Ganz allein, weit und breit kein weiterer Baum, kein Strauch, nur bräunlicher Acker mit seiner zerkrümelnden zerfrorenen Winterfurche. Wie ein Herrscher reckte er sich gegen einen damals blauen Winterhimmel, ein herrliches Bild, aber auch Respekt einflößend," schrieb Wolfram Kühn, der zwischen 1996 und 2002 in Friedewald wohnte, in seinem Buch „Heimatanschrift Friedewald".

Legendäres „Rotes Haus" am Dippelsdorfer Teich (im September 2005)

Überschreitet man in Dippelsdorf die vom Auer in Richtung Dresden verlaufende Fernstraße, so sind es nur noch ein paar hundert Meter bis zum 69 ha großen Dippelsdorfer Teich. Wahrscheinlich um 1528 angelegt, hieß er damals noch „Großer Teich". Gesäumt von Röhrichtgürteln, ist er ein Vogelparadies und genießt in seinem Westteil den Status eines Naturschutzgebietes. Wie die meisten Teiche um Moritzburg erhält er sein Wasser vor allem aus Niederschlägen, in geringem Umfang aber auch aus Zuläufen vom Reichenberger Bach und aus Gräben. Der Teich entwässert über einen regulierbaren Grundablaß, einen „Mönch", in den Lößnitzbach; es bestehen aber auch ein Ablauf nach Norden über die Marche (Eisenberger Dorfbach) zum ehemaligen Stöcketeich und zum Schloßteich sowie eine Überleitung zum Lockwitzbach, die bei Hochwasserstand Entlastung bringen können.

Friedewalder Eiche – Wahrzeichen eines Dorfes

Im 1928 gegründeten Bad Sonnenland an der Ostseite des Teiches erholen sich Tausende Badegäste und Dauercamper pro Saison. Sie teilen sich das Gewässer mit den Wasservögeln und Karpfen. Das bereits 1905 auf Dippelsdorfer Seite gegründete Strandbad Friedewald ist seit Mitte der 1990er Jahre Geschichte. An dessen Stelle wurde im Herbst 2005 anläßlich des 100. Jubiläums der 1905 in Dresden gegründeten berühmten Malergruppe „Brücke" das einstmals als Badehaus genutzte, 1957 aber angebrannte, legendäre „Rote Haus" nachgebaut, als Anziehungspunkt für Künstler und als Kultur- und Bildungszentrum. Der Teich selbst wird zum Abfischen derzeit aller zwei Jahre im September abgelassen und im Dezember wieder aufgefüllt. Erholungsbetrieb, Karpfenzucht und Naturschutz unter einen Hut zu bringen, ist keine leichte Aufgabe. Die Mühlräder im Lößnitzgrund sind zwar verschwunden, das Tauziehen ums Wasser aber bleibt!

Junge Heide und alte Bauerndörfer am Stadtrand von Dresden

Südöstlich von Boxdorf gehen die Lößnitzhänge allmählich in einen 400 bis 1500 Meter breiten Waldstreifen über, der bis nach Dresden-Klotzsche reicht und dort Anschluß an das ausgedehnte Waldgebiet der Dresdner Heide findet. Schon im 16. Jahrhundert ist für diesen Ausläufer der Name „Junge Heide" gebräuchlich gewesen. Diese war damals freilich noch kompakter, nicht so von Straßen und der Autobahn zerschnitten und von Siedlungen regelrecht zerlöchert wie heute, lediglich ein paar alte Wege, wie der Sternweg, der Diebssteig und sogar ein Rennsteig, ein Abschnitt einer alten Salzstraße, querten den Wald. 1612 wurde hier noch ein Bär erlegt, und 1613 geriet ein Wolf in die Fallen. Trotz aller Abstriche: Für den großräumigen Biotopverbund, als Ausbreitungsweg zahlreicher Tierarten, spielt die Junge Heide immer noch eine wichtige Rolle.

Im Heidewald steht nur wenig Laubholz, allenfalls Birken, Eichen, kaum Buchen, etliche Robinien, dafür aber viele Kiefern – ein deutliches Zeichen für die Nährstoffarmut und Trockenheit der Böden auf der Heidesandterrasse über dem Elbtal. Eingebettet in die Forsten ist der von 1929 bis 1934 angelegte Heidefriedhof mit dem Ehrenhain über den Massengräbern für die Opfer der Zerstörung der Stadt Dresden am 13. Februar 1945.

Historisches Weinberghaus an der Boxdorfer Baumwiese

An die Zeiten der höfischen Jagd erinnert die Gaststätte Baumwiese unterhalb vom Boxdorfer Berg: Die benachbarte Wiese wurde 1578 als Bahnfelderwiese bezeichnet, denn sie lag in der Wildbahn des dort vorbeiwechselnden Rot- und Schwarzwildes. Der Gasthof dürfte bereits 1679 bestanden haben, die heutige Einkehrstätte ist etwa 200 Jahre alt, am Anfang der 1990er Jahre war wiederum ein Umbau fällig. Ganz in der Nähe verdient das 1670 erbaute Weinberghaus Aufmerksamkeit, das an drei Seiten noch Fachwerk besitzt sowie Figuren, Erker und Oberlaube.

Zu einer beliebten Gaststätte hat sich auch der 1 km weiter östlich gelegene Waldmax gemausert, der vor 1995, als die Fleischerei Schulze ihn übernahm, dem Verfall preisgegeben war.

Von Verlorenen Wässern und Sanddünen

In der Jungen Heide gibt es zwar ein paar winzige Bäche, doch ist der sandige Untergrund so durchlässig, daß sie unterwegs versickern und die Elbe gar nicht erst erreichen. „Verlorene Wässer" nennt man sie. Eines entspringt im grundwasserreichen Grundgestein der Hochfläche über dem Elbtal, in einer Wiesenmulde an der Leeraue im Wilschdorfer Anbau. Der Bach wird unterwegs in Gärten zu kleinen Teichen aufgestaut, bevor er in ein tiefes Kerbtal innerhalb des Waldes eintritt. Die Wasserführung ist spärlich und stark von der Jahreszeit abhängig. Zwischen Heidefriedhof und Steilhang zum Elbtal in 160 m Höhe über dem Meeresspiegel fällt das Rinnsal trocken, im Frühjahr schafft es immerhin 1,5 km Lauflänge, 500 m mehr als im Sommer.

Die Heidesandterrasse setzt sich nach Westen fort, unterhalb der Radebeuler Lößnitzhöhen in Richtung Coswig und Weinböhla am Südrand des Friedewaldes, und so gibt es auch dort „Verlorene Wässer", so im Fiedlergrund, am Langenbergweg und im Rietzschkegrund.

Die Eiszeit hat – vermutlich in ihrem letzten Stadium, der Weichselkaltzeit – zwischen Dresden-Trachenberge und -Klotzsche so viel Sand hinterlassen, daß sogar bis zu 12 m hohe Dünen aufgeweht werden konnten. Im Ortskundigen erweckt dieser Abschnitt der Heidesandterrasse vielfach nur die Vorstellung von unwirtlicher Sandfläche, früherem militärischen Übungsgelände, von Sandgruben oder auch vom Dresdner Müll- und Schuttberg. Merkmale des als „Heller" bekannten sandigen Areals sind im lockeren Sandkörper versickernde Rinnsale, durch Niederschlagswasser entstandene kleinere Rinnen und Furchen, feuchtere Mulden und trockene Dünen oder Flugsandfelder, eine lückenhafte Vegetationsdecke aus Birken und Kiefern, oft im Zwergwuchs, örtlich Heidekraut. Um wenigstens einen Teil dieser wüstenhaften Gegend mit ihren erdgeschichtlichen Besonderheiten und seltenen Pflanzen- und Tierarten zu bewahren, haben die Behörden hier sogar ein Naturschutzgebiet festgesetzt.

Nicht weit von hier, 300 Meter von der Autobahn-Anschlußstelle Dresden-Nord entfernt, liegen im Walde westlich der Radeburger Straße – wie zufällig hingeworfen – die Oltersteine, zwei eiszeitliche Findlinge, mächtige, ca. zwei Meter hohe Quarzitblöcke. Sie kommen aus der Niederlausitz und gelangten während der Elsterkaltzeit als Geschiebe hierher. In der anschließenden Weichselkaltzeit wurden sie glatt geschliffen. Nach einer heidnischen Sage befand sich hier in grauer Vorzeit eine Opferstätte. Der nahe Olterteich, einer der wenigen Teiche im Heidesandgebiet, mit Amphibienlaichplatz und ausgeprägter Wasserpflanzen- und Verlandungsflora, wird durch eine Quelle im benachbarten sumpfigen Erlenbruch gespeist. Ein Fabelwesen soll hier hausen, der Schlangenkönig. Wem es gelang, ihm die Krone von seinem Schlangenhaupt zu reißen, den erwarteten Reichtum und Glück. Ein Handwerksbursche stahl die Krone, veräußerte sie und errichtete vom Erlös das Gasthaus „Zum letzten Heller", weiß die Sage zu erzählen.

„Verlorenes Wasser" in der Jungen Heide

Offene Grasflächen, Ginsterheiden und Eichen-Kiefernmischwälder kennzeichnen die Vegetation des Dresdner Hellers.

Wilschdorf und Rähnitz: Dörfer im Wandel

„Da bin ich!" sagte der Regen zur Erde.
Doch sie konnte sein Klopfen nicht hören
unter ihrem Panzer aus Asphalt und Beton.
„Wo bist Du, Regen?"
rief die Erde immer wieder,
bevor sie verdorrte.

*Herbert Zucchi, * 1950*

Von den Oltersteinen sind es nur wenige Schritte bis zu den ersten Häusern des Wilschdorfer Neuen Anbaues, einer typischen, erst ab 1885 erbauten Dresdner Vorortsiedlung um die Keulenbergstraße und die Radeburger Straße. Die Wohnsitze und Wochenendhäuser haben sich seitdem immer weiter in den Wald der Jungen Heide hineingefressen. Der zwischen 1839-1950 einmal zu Boxdorf gehörende Waldhof hingegen wurde schon 1625 erstmals als Weingut genannt und 1715 fanden 4 große Weinberge, Wohnhaus und Weinpresse, Ställe, Waschhaus, Lustgarten, Sonnenweiser und Born Erwähnung. Das kleine Winzerhaus verwandelte sich später in ein massives schloßähnliches Gebäude.

Bedeutend älter ist das auf der Hochfläche in 200 m Höhe gelegene, 1242 erstmals als *Ranis maius* (= Groß-Rähnitz) verzeichnete Wilschdorf, dessen Name wohl auf ein Dorf am Wolfsbach oder -holz hinweist. Durch den alten Bauernort, der am 1. Juli 1950 als Stadtteil zu Dresden kam, führen sogar zwei Dorfstraßen, denn der Anger wurde in seinem Mittelteil bebaut. Die alten Bauernhäuser im zentralen Ortsteil sind zum Teil sägeblattförmig angeordnet. Bruchsteinerne Gehöftmauern und Vorgarten-Einfriedungen, Fachwerk, Rundbogentore runden den harmonischen Eindruck ab. Bemerkenswert ist u. a. das Fachwerkhaus Altwilschdorf Nr. 41, welches zu den ältesten Gebäuden im Dresdner Norden zählt. Hier ist auch die bereits 1243 erwähnte, von starken Bruchsteinmauern eingefaßte, kleine Christophoruskirche zu finden, die älteste Kirche im Dresdner Stadtgebiet, mit wertvollem, z.T. aus dem 16. Jahrhundert stammendem Interieur. Zu den altehrwürdigen Wilschdorfer Schankstätten zählen die Gaststätte „Der alte Graf" und der momentan leider stark marode Dorfgasthof am Anger.

Das malerische Ortsbild von Wilschdorf steht im scharfen Kontrast zu der industriellen Gestaltung des Umfeldes, insbesondere durch das 1999 eröffnete Chipwerk der US-amerikanischen Firma AMD.

Alte dörfliche Bauweise mit Drei- und Zweiseithöfen, Häuslerbauten und z.T. Fachwerk gibt es auch längs des Bauernweges, der alten Dorfstraße von Dresden-Rähnitz, das östlich an Wilschdorf angrenzt und von der Autobahn und dem Gewerbegebiet „Airportpark" eingerahmt wird.

Geschütztes Sandhügelland im Dresdner Norden

Zwischen Rähnitz und Wilschdorf dehnen sich aber nach wie vor Äcker aus, aufgelockert durch „frische" Gehölzpflanzungen, renaturierte Bäche, wiederhergestellte Teiche und Feuchtwiesen. Hier hat sich in den vergangenen Jahren für die Natur einiges zum Positiven gewendet. Die Gegend ist Teil des Landschaftsschutzgebietes „Wilschdorf-Rähnitzer Sandhügelland", das von der Stadtgrenze bei Boxdorf bis zum Flughafen reicht und die noch unverbaut gebliebenen wertvollen Landschaftsteile im Dresdner Norden bewahren soll.

Für den Landwirt bringt der Schutzstatus kaum Einschränkungen; die Möglichkeit einer markt- und gewinnorientierten Bewirtschaftungsweise wird ausdrücklich vom eigens ausgearbeiteten Pflegeplan vorgesehen, denn der Erhalt der offenen, das heißt unbewaldeten Kulturlandschaft ist nur im Einklang mit landwirtschaftlicher Nutzung möglich. Das gilt im Hinblick auf den Charakter dieser im Vergleich zu den Kuppengebieten im Norden und Westen von flacheren Hügeln geprägten Landschaft ganz besonders. Doch ist es erklärtes und bereits praktiziertes Ziel, wenigstens die gröbsten Sünden der Vergangenheit zu beheben, die da wären: starke Beeinträchtigungen des Landschaftswasserhaushaltes durch die Melioration der letzten 20 bis 30 Jahre, Zerstörung des abwechslungsreichen Mosaiks aus trockenen und feuchten bis nassen Biotopen, Nährstoffüberangebot durch überhöhte Düngung, ungehindertes Einschwemmen von Nährstoffen in wertvolle Biotope durch Pflügen bis direkt an die Gewässer- und Waldränder. Eine Folge davon ist, daß in den Gehölzen und an den Bächen und Gräben stickstoffanzeigende Pflanzenarten wie Brennnessel, Kleinblütiges Springkraut und Schwarzer Holunder wuchern.

Der Trockenlegung entgingen nur wenige der früher verbreiteten blumenbunten Feuchtwiesen. Die verbliebenen Reste sind meist relativ klein und abgelegen, so am Lößnitzweg in der westlichen Quellmulde des „Verlorenen Wassers", westlich von Glasewalds Ruhe, nördlich vom Mühlweg, am Schenkenteich sowie in den Ellerwiesen. Wir erkennen diese Wiesen vor allem an den goldgelben Blütenköpfen der Sumpfdotterblumen und am weißen Frühlingsflor des Wiesenschaumkrautes.

Immerhin sind die unlängst ermittelten Artenzahlen im Wilschdorf-Rähnitzer Sandhügelland noch bemerkenswert hoch. Es konnten 356 Pflanzenarten nachgewiesen werden, davon stehen 52 auf der Roten Liste Sachsens, sind also selten bzw. gefährdet. Die verschiedenartigen, kleinteiligen Standortverhältnisse, das heißt trockene Kuppen und feuchte Senken auf engem Raum, ermöglichen diese Vielfalt. Nässeliebende und trockenheitbevorzugende Arten existieren zum Teil nah beieinander. Reh, Feldhase, Dachs, Fuchs, Mauswiesel und Hermelin sind bodenständig, ebenso die Lurche mit sieben und die Kriechtiere mit zwei Arten und zwar mit Zauneidechse und Blindschleiche. Es brüten Kiebitz, Feldlerche, Braunkehlchen, Schafstelze und Rebhuhn; Weißstorch und viele Greifvogelarten suchen hier Nahrung und im Winter nutzen Saat-, Bläß- und Graugänse die Felder als Ruhe- und Äsungsplatz während des Zuges.

Als Ärgernis entpuppt sich immer wieder die von einigen Zeitgenossen gepflegte Unsitte, ihren Unrat in der Landschaft zu entsorgen. Erhebliche Probleme bereitet die Zersiedelung im Außenbereich in Form von Wohn- und Gewerbebauten sowie neuen Straßen. Abgesehen vom Landschaftsbild leidet die Bewegungsfreiheit erholungssuchender Menschen und vieler Tierarten, die Lärm- und Schadstoffbelastung der Umwelt wächst.

Was sollen nun die eingeleiteten Pflege- und Entwicklungsmaßnahmen eigentlich bezwecken? Vor allem geht es darum – anknüpfend an das historische Vorbild, dieses aber nicht kopierend – wieder eine vielfältig gegliederte, abwechslungsreiche hügelige Offenlandschaft zu schaffen: Bachläufe und verrohrte Gräben zu renaturieren bzw. zu öffnen, Bergkuppen zu begrünen, Feuchtwiesen zu pflegen, Streuobstwiesen, Flurgehölze, Hecken, Baumreihen, Alleen zu pflanzen, mindestens 1 bis 3 m breite Feldraine und krautreiche Wegsäume zu belassen und Teile des Ackerlandes in Grünland zu überführen. Vieles davon ist schon verwirklicht worden und kann als Beispiel dienen für ähnlich beschaffene, durch Sünden der Vergangenheit monoton gewordene Agrarlandschaften.

Werden all diese Vorhaben verwirklicht, so profitiert davon (auch) der Biotopverbund. Zwei regional wichtige Leitbahnen als Wanderungskorridore für Tiere hat man identifiziert: einmal von der Jungen Heide zum westlichen Dorfrand von Wilschdorf, dann über die staatsstraßenquerende Grünbrücke und weiter über die Gehölze am Sandweg zu den Moritzburger Teichen; zum anderen vom Schenkenteich östlich von Wilschdorf über die Bartlake, den Ilschengraben und die Promnitz in Richtung Volkersdorfer Kuppengebiet.

Hügelland zwischen Wilschdorf und Volkersdorf, im Hintergrund der Niedere Waldteich

Was ist ein Biotopverbund? Die mit Pflanzenschutzmitteln behandelten Felder, großflächige Ackermonokulturen, blütenarmes Intensivgrasland und bitumierte Verkehrswege sind Barrieren für Pflanzen und vor allem für Tiere. Deshalb sollten die naturnahen Lebensräume (Biotope) so angeordnet und verknüpft werden, daß die Organismen sie auch erreichen können. Ziel ist, die scharfe räumliche Trennung von Nutzflächen und weniger intensiv genutzten Landschaftsteilen zu mildern und die Distanzen zwischen den Lebensräumen zu verringern. Für Vögel und Schmetterlinge reichen hierfür oft schon sogenannte Trittsteinbiotope: Einzelbüsche, Feldgehölze, kleine blütenreiche Wiesen, Staudenfluren oder Trockenkuppen als Insellagen inmitten von Äckern und Intensivgrasland. Kleinsäuger, Eidechsen und Laufkäfer benötigen indes lineare bzw. bandförmige Ausbreitungslinien. Hierzu zählen mindestens 1 bis 3 m breite Wegränder und Ackerraine, Feldhecken, Puffersäume entlang von Fließgewässern. Die Biotopvernetzung ist ein wichtiger Beitrag, um dem anhaltenden Artenschwund zu begegnen.

Schafstelze

Braunkehlchen

Rebhuhn

Flüchtende Rehe

Rotfuchs

Zwischen Elbtal und dem Friedewald: Coswig, Weinböhla und Niederau

Wir haben sie schon kennengelernt: den Hohen Stein, den Spitzgrund, das Forsthaus Kreyern, den Ilschenteich, die Wolfssäule, das Karauschenholz, die Burggrafenheide, den Neu- und den Großteich. Allesamt ist ihnen gemeinsam, daß sie zwar im Friedewald liegen, aber nicht innerhalb der Gemeindegrenzen von Moritzburg, sondern auf Coswiger, Weinböhlaer oder Niederauer Flur.

Die Siedlungsteile dieser Orte allerdings konzentrieren sich auf die lehmig-sandige Niederterrasse über der Elbe, stromabwärts gesehen auf der rechten Seite, vor allem aber auf die Heidesandterrasse in etwa 100 Meter über dem Meeresspiegel. Ihre Ausläufer schicken sie die Elbtalhänge hinauf bis an die obere Hangkante in ca. 200 Meter Höhe, wo sie dem zusammenhängenden Wald, dem Friedewald, im Laufe der Zeit das Terrain streitig machten und nach und nach Stück für Stück von ihm „abknapsten". Mögen sie sich in dieser Beziehung auch sehr ähnlich sein, so haben alle drei einen eigenständigen, unverwechselbaren Charakter: das mehr industriell geprägte Coswig, die Garten-„Stadt" Weinböhla, das recht ländliche Niederau.

Eines der schönsten Dörfer Sachsens

Auf das markgräfliche Lehen Koczwicz oder Koswik wiesen Eintragungen im Lehnbuch des Markgrafen Friedrich III. des „Strengen" im Jahre 1350 hin, also vor über 650 Jahren. Aber erst 1939 bekam Coswig die Stadtrechte verliehen. Diese „späte" Ehre hat es der raschen Entwicklung zu verdanken, die seit reichlich hundert Jahren vonstatten ging: Aus dem Acker- und Weinbau- wurde ein Industrieort. Erste Industriebetriebe produzierten bereits ab 1833. 1840 erhielt Coswig einen „Anhaltepunkt" an der Eisenbahnstrecke Dresden-Leipzig und 1929 Anschluß an die Straßenbahn. Aber auch ansehnliche Gärtnereien und Obstpflanzungen entstanden, besonders nach dem Ersten Weltkrieg.

Zum heutigen Stadtgebiet gehören mehrere ehemalige Dörfer: seit 1920 Neucoswig, seit 1935 Kötitz und seit 1950 Brockwitz (mit Clieben) sowie das 2003 im sachsenweiten Wettbewerb „Unser Dorf soll schöner werden – unser Dorf hat Zukunft" auf den dritten Platz

Blick vom Zechstein über Radebeul-Naundorf auf Coswig

Seit 1531 besteht die Spitzgrundmühle – heute Restaurant und Hotel

gelangte Sörnewitz mit dem Ortsteil Neusörnewitz. Neucoswig geht auf eine nach 1830 als Häuslerzeile angelegte Weinberggemeinde zurück; das ehrwürdige Weinberggut ist noch erhalten, der fast 400 Jahre alte Talkenberger Hof. Zu DDR-Zeiten hat sich Coswigs Einwohnerzahl mehr als verdoppelt, weil die Betriebe wuchsen oder weil neue hinzukamen, der Bedarf an Arbeitskräften war enorm. Heute leben etwa 23 000 Menschen in dem Städtchen.

Durch Coswig fließt der Lockwitzbach, in seiner oberen Hälfte in einem sogenannten Sohlenkerbtal durch den bewaldeten Spitzgrund, der von der flachen Mulde beim Forsthaus Kreyern in südwestlicher Richtung verläuft und kurz unterhalb der Spitzgrundmühle in die Elbtalweitung austritt. Für den heimatkundlichen Wanderer hält dieser Abschnitt des Friedewaldes drei sehr informative Waldlehrpfade bereit.

Einen wunderschönen Blick auf Coswig hat man vom Hohen Stein, der schroffen, 201 Meter hohen Felsklippe über dem Pfarrgrund. Der krüppelige Wuchs des Traubeneichen-Trockenwaldes zeugt von der Kargheit der Lebensbedingungen auf dem fast kahlen Fels. Der Fernblick reicht zu den Elbleiten am linksseitigen Elbhang, zum Spaargebirge und zum Meißner Dom.

Der Hohe Stein – ein schroffer Monzonitfels mit Krüppeleichen

Wein, Spargel und Obstgärten

Fast unmerklich geht die Stadt Coswig nach Nordwesten zu in die Gemeinde Weinböhla über. Auch sie war 1350 im bereits genannten markgräflichen Lehnbuch verzeichnet, damals aber nur mit dem hinteren Teil des heutigen Ortsnamens: „Bel". Dies ist altsorbischen Ursprungs und heißt „weiß", „hell" (bely), was sich auf die helle, sonnige Hanglage bezieht. Die Vorsilbe „Wein" fügte man erst später an, als Unterscheidung zu den anderen „Böhlas", die es sonst noch gab bzw. gibt. Damit schmückte sich die Gemeinde mit einem nicht alltäglichen Attribut, womöglich um darauf hinzuweisen, daß sie dem Genuß im Leben nicht abgeneigt gegenübersteht? In der Tat gedeiht hier – klimatisch begünstigt durch die südwärts gewandte Elbhanglage – seit Jahrhunderten der Wein. Schutz vor rauhen Ost- und Nordwinden gewährt der Friedewald. Der Weinbau blühte besonders nach dem Dreißigjährigen Kriege auf, und vermögende Leute der weiteren Umgebung erwarben einen Weinberg. Winzerhäuser erinnern noch an diese Zeit, und am Kirchplatz im südlichen Ortsteil stehen sogar noch einige Bauerngüter mit Fachwerk.

Nachdem gegen Ende der 1880er Jahre die Reblauskatastrophe den Niedergang des Weinbaues heraufbeschwor, begannen die Einwohner Spargel zu kultivieren. Der feine und sich schnell erwärmende Heidesand war dafür wie geschaffen. An die Stelle von Kiefernwäldern und gerodeten Weinbergen traten auf der Heidesandterrasse große Spargelplantagen. Doch nach 1945 ging der Spargelanbau zurück, zugunsten von Obst und Gemüse. 1970 betrug die Obstanbaufläche stolze 373 Hektar. 1989 existierten in Weinböhla 86 Gärtnereien; die meisten haben das Gewerbe mittlerweile aufgegeben.

Sprechen wir von Arbeit und Lebensunterhalt, so müssen wir einen Schatz erwähnen, der vor 150 Jahren insgesamt 800 Beschäftigten ein Auskommen sicherte: Kalkstein. Die Erde hat Weinböhla eben nicht nur mit Heidesand und Dünen abgespeist! An der Südostecke von Weinböhla, unweit der Köhlerstraße in Richtung Auer, lagen die Kalkbrüche – auf dem Höhepunkt der Kalksteinindustrie um 1845 sieben an der Zahl. Der Abbau der in die maximal 14 Meter mächtigen Pläner-Gesteinsschichten eingeschalteten Kalksteinlinsen währte bis um das Jahr 1900. Gleich an Ort und Stelle wanderte das Material in Kalköfen, um es zu brennen. Hoch über den ehemaligen, jetzt größtenteils zugeschütteten oder wassergefüllten Kalkbrüchen thront das Laubenschlößchen aus dem 17. Jahrhundert.

In den 1970er Jahren registrierte das verschiedentlich als größte Landgemeinde Sachsens bezeichnete Weinböhla mehr als 10.000 Einwohner. Deren Zahl hatte sich bis 1992 auf weniger als 7.700 vermindert, die Einwohnerzahl ist inzwischen aber wieder auf 10.400 angestiegen.

Obwohl seit 1990 neue Häuser wie Pilze aus dem Boden schossen, blieb der Charakter einer nur locker und weitläufig bebauten Siedlung weitgehend erhalten. In Weinböhla läßt es sich gut wohnen und entspannen: Klare Luft, die zauberhafte Baumblüte im Frühjahr und der angrenzende große Friedewald ermöglichen Ruhe und Erholung; Hotels, Ferienwohnungen und Pensionen sowie traditionelle und neue Gaststätten laden zum Verweilen ein.

Wer sich zu Geschichte und Gegenwart der Gemeinde und zu Besonderheiten der Natur auf Weinböhlaer Flur informieren will, dem sei der von der Interessengemeinschaft „Weinböhla" eingerichtete Ortslehrpfad mit derzeit 33 Lehrtafeln empfohlen.

Weinböhlaer Aussichtstürme

Vor 90 Jahren dürfte Weinböhla Rekordhalter gewesen sein – in Sachen Aussichtstürme. Sieben Stück gab es hier – welche Gemeinde in Sachsen und darüber hinaus hatte mehr davon? Der Bau der Aussichtstürme fiel in eine Periode, in der das natur- und heimatkundliche Interesse erwachte und der Drang, die Landschaft als Natur- und Erholungsgebiet zu entdecken und zu erschließen. Allein, dies war nicht von langer Dauer. Nach und nach verfielen die Türme, wurden geschlossen oder gleich ganz abgerissen.

Es nahten aber wieder bessere Zeiten, auch für den einen oder anderen Aussichtsturm. So bekam im Jahre 1999 der König-Albert-Turm „neues Leben" eingehaucht. 1896 hatte der Gastwirt Carl Schweitzer auf der „Schweizerhöhe" das Parkrestaurant erbauen lassen und die Gemeinde um Schankrecht gebeten. Die Gemeindevertreter stimmten dem Gesuch 1897 zu, allerdings unter der Bedingung, einen

König-Albert-Turm

Wartturm auf dem Ratsweinberg

Friedensturm

15 Meter hohen Turm mit aufzurichten. Carl Schweitzer ließ sich nicht lumpen, er legte noch etwas zu und baute höher: über 20 Meter. Am 3. April 1898 eröffnet und benannt nach dem damals herrschenden König Albert, wurde der Turm zu einem Wahrzeichen Weinböhlas. Seit den 1950er Jahren im maroden Zustand, öffnet sich dem Besucher von der oberen Plattform des restaurierten Turmes heute wieder ein wunderbarer Blick ins Elbtal, auf die Garten„stadt", über die Elbhänge und den Friedewald bis zum Keulenberg bei Königsbrück in der Westlausitz und zum Collmberg bei Oschatz. Wer die „Welt" von oben genießen will, muß aber 113 Stufen ersteigen (geöffnet nur Sonntagnachmittag). Die Gaststätte gibt es allerdings nicht mehr.

Das 100jährige Jubiläum „beging" auch schon der Friedensturm und zwar im Jahre 2003. Carl Wilhelm Wießner begründete für den Bau des Friedensturmes am Laubenschlößchen gleich mal eine Aktiengesellschaft. Ursprünglich hieß der Turm Bismarckwarte und dann Bismarckturm. Wie wir bereits auf den Lößnitzhöhen von Radebeul-Wahnsdorf erfuhren, geht der Name auf die in Deutschland vor 100 Jahren eingeführte Tradition zurück, des Einheitskanzlers und Reichsgründers von 1871, Otto von Bismarck (1815 - 1898), zu gedenken. 1956 als Friedensturm wiedereingeweiht und zwischenzeitlich nach böswilliger Zerstörung geschlossen, kann der Turm seit 1992 erneut bestiegen werden. Einige Weinböhlaer nennen ihn auch „Spargelturm" – wegen seiner Form oder in Erinnerung daran, daß im Ort früher auf 300 ha 70% des sächsischen Spargels angebaut wurden.

Auch der Wartturm auf dem Ratsweinberg lohnt einen Abstecher. Der Volksmund spricht von „Ruine", glaubt man beim Anblick des Mauerwerkes doch eher die Reste einer mittelalterlichen Befestigung als einen rund 100 Jahre alten Aussichtsturm vor sich zu haben. Nicht minder reizvoll ist der Blick von der bezeichnenderweise auch Collmblick genannten Fuchsbergaussicht auf Weinböhla, das Elbtal und in die Ferne. Wasserbauliche Anlagen am Fuchsweg sind Bestandteil der 1992/93 von der Röder-Aue bei Radeburg durch den Friedewald nach Coswig verlegten Fernwasserleitung: An deren Gipfelpunkt sorgt der „Zwischenbehälter Fuchsweg" für den nötigen Druckausgleich. Der nahe Trinkwasser-Hochbehälter hat 40.000 Kubikmeter Fassungsvermögen und ist auch mit dem bereits 1973/76 auf dem Plattenberg rund 200 Meter südöstlich der Spitzgrundmühle installierten Hochbehälter verbunden.

Zwei „Vorposten" hat Weinböhla bis in den tiefsten Friedewald hinein vorgeschickt: Der seit 1936 zugehörige Ortsteil Neuer Anbau nahm seinen Anfang im Jahre 1795, als ein Naunhofer Grundherr ein Haus mit Schänke an der Karauschenwiese, am „wüsten Flecken Krausche", errichten ließ, das heißt an der Stelle des Jahrhunderte zuvor aufgegebenen, „wüst" gewordenen Dorfes Krauschen. Nicht viel mehr als einen Kilometer entfernt, hat die Moritzburger Brüderanstalt im Jahre 1912, fast schon auf Steinbacher Grund und Boden, eine Handwerkerstation für Schwererziehbare gegründet, den Heidehof. Später als Erholungsheim der Gewerkschaften genutzt, ist der Heidehof nach gründlichem Umbau und Erneuerung heute „Evangelische Fachklinik für alkohol- und/oder medikamentenabhängige Männer und Frauen" mit 160 Betten.

Nasse, Niedere und Obere Aue

Doch zurück zur Elbtalweitung: Die Ortschaft Niederau schließt sich fast nahtlos nach Nordwesten zu an Weinböhla an. Die Gemeinde umfaßt seit 1950 auch den Ortsteil Oberau mit Gohlis und seit 1994 Ockrilla, Gröbern mit Jessen sowie Großdobritz. Der 1839 eingeweihten Bahnstrecke Dresden-Leipzig verdankt Niederau den Besitz des ältesten intakten, denkmalgeschützten Bahnhofsgebäudes Deutschlands.

Von der „Wiege" Sachsens, der mehr als tausendjährigen Stadt Meißen, ist Niederau durch die Nassau getrennt. Dieser Landstrich, die „Nasse Aue", war einstmals total versumpft. Ursache sind mächtige Schichten von wasserundurchlässigen Plänermergeln, Lehmen und Lößen im Untergrund. Nach der Urbarmachung, wahrscheinlich schon ab dem 13. Jahrhundert, brach die Zeit der sumpfigen Wiesen an, bis im 20. Jahrhundert tiefgreifende Entwässerungen diese in Äcker und Intensivgrünland verwandelten. Die letzten noch verbliebenen Reste sollen den Grundstock für eine schrittweise Regeneration naturnaher Lebensräume und der einstigen Artenvielfalt schaffen. Aus diesem Grunde, aber auch, um einen erklecklichen Ausschnitt des Elbtales vor Bebauung zu bewahren, ist vor wenigen Jahren die Nassau unter Landschaftsschutz gestellt worden.

Wie schon der Name verrät, liegt Oberau etwas oberhalb von Niederau an der flachhängigen Landstufe aus Ton und Plänermergel, die in nördliche Richtung zur Großenhainer Pflege überleitet. 1276 fand der Ort erstmals als Herrensitz Erwähnung.

Bemerkenswert ist das Wasserschloß am Südrand des Dorfes, seine Vergangenheit reicht bis ins Mittelalter. Es ersetzte damals eine

Wasserburg in einer Sumpfniederung. 1566 wurde es im Renaissance-Stil praktisch neu errichtet. Die Jahrtausendwende 2000 erlebte es unbewohnt und im desolaten Zustand. Fast 40 Jahre hatte der Bau leer gestanden, nach dem Zweiten Weltkrieg war er für Wohnzwecke verwendet worden. Zum Glück hat ihn ein Denkmalpflegeverein in Erbpacht bekommen, der sich um die Sanierung kümmert. Viele Freiwillige helfen dabei, Spendengelder setzen den finanziellen Rahmen. Das Herrenhaus des ehemaligen Gutsverwalters ist bereits wieder „in Schuß". Auch die Teiche wurden von Bauschutt aus der Nachkriegszeit beräumt. Wiedererstanden sind gleichfalls große Teile der historischen Bruchsteinmauern. In einigen Jahren wird das Schloß in neuem Glanz erstrahlen. Im Erdgeschoß ist ein Raum für kulturelle Veranstaltungen vorgesehen und in einem Seitenflügel ein Heimatmuseum. Die Aussichtsplattform des 1864 gebauten Turmes soll Besuchern bald wieder offenstehen.

Über Deutschland hinaus ist Oberau durch den ersten Eisenbahntunnel Europas bekanntgeworden, der von 1837 bis 1839 an der Leipzig-Dresdener Eisenbahnstrecke gegraben, 1933/1934 aber aufgebrochen und durch einen Grabeneinschnitt ersetzt wurde.

Bauernhäuser im alten Dorfkern von Niederau

Künstliche Turmruine auf dem Gellertberg

Südöstlich von Oberau, ein paar hundert Meter in den Friedewald hinein, am Rande der Burggrafenheide, läßt der früher als Gipshübel bezeichnete Gellertberg geologisch Interessierte aufhorchen. Wer hier aber eine Gipslagerstätte erwartet, dürfte enttäuscht sein, denn der 178 m hohe Gellertberg besteht aus Granit, an seiner Westflanke, im Einschnitt der Dresden-Berliner Eisenbahn tritt Plänermergel zutage. Bis zur Kuppe ziehen sich die Rebanlagen hin; bereits im Mittelalter haben Mönche an diesen sonnigen Hängen Weinbau betrieben. Den Gellertberg krönt eine Freilichtbühne, außerdem eine kleine künstliche Turmruine. Wo sich heute die Freilichtbühne befindet, dekorierte den Berg früher ein Jagdhaus, das Gellerthaus, benannt nach dem Leipziger Fabel-Dichter Johann Fürchtegott Gellert (1715-1769), der hier mehrmals weilte.

Die 1680/81 errichtete Kirche von Oberau

Wilde Blumen im Ziegenbusch

Kalkreicher Plänermergel am exponierten, wärmebegünstigten Südwesthang zum Elbtal: das ist die Konstellation, die einen der botanisch interessantesten Waldreste des sächsischen Hügellandes hervorbrachte, den Ziegenbusch. Der Reichtum an Pflanzenarten ist wahrlich aufsehenerregend, so daß dieser schon 1961 die „Naturschutzeule" verordnet bekam. Unter dem Kronendach der Stiel- und Traubeneichen, der Hainbuchen, Feldahorne, Rotbuchen und – an sonnseitigen Lagen – der Elsbeeren, ist die ganze Palette der Frühlingsblüher zu Hause: Hohler Lerchensporn, Buschwindröschen, Goldnessel, Lungenkraut, Frühlingsplatterbse, Leberblümchen, Süße Wolfsmilch. Wahre Glanzlichter sind die vielen wärmeliebenden Pflanzen, deren Verbreitungsschwerpunkte sich in Südeuropa befinden, darunter das Melissenblättrige Immenblatt, unser größter einheimischer Lippenblütler, oder aber in den osteuropäischen Waldsteppen ihre Urheimat haben, wie Hain-Wachtelweizen, Schwarzer Geißklee, Trauben-Wucherblume, Weiße Schwalbenwurz und Färberscharte. Ein bißchen erinnert die Vegetation im und am Ziegenbusch an die Trockengebiete Thüringens. Auch viele südländische Insektenarten fühlen sich hier wohl.

Noch weiter nach Nordosten, fast schon auf der Hochfläche, wird der einstige Bauernweiler Gohlis von Äckern eingerahmt. Trotzdem sind es nur wenige Minuten Fußmarsch von dort bis in den Friedewald. Am Gohlisberg tauchen wir ein in das Meer aus Kiefern, Eichen und Birken.

Der Wanderweg mit dem grünen Punkt bringt uns zu den nahen Sehenswürdigkeiten, so zur Ausflugsgaststätte Buschmühle, die 1799 als Brettmühle gebaut worden war und über ein funktionsfähiges Mühlrad und einen idyllischen Gondelteich verfügt. Weiter geht es zum Waldbad Oberau, zum Großteich und zum Neuteich, zur Mistschänke oder zum Auer und schließlich zu den Altenteichen und zum Tiergarten. Der Zauber der Moritzburger Wälder und Teiche hält uns wieder gefangen.

Der 300 m lange Buschmühlenteich lädt zu einer Gondelpartie ein.

Durch die Jahreszeiten

Die Folianten vergilben, der Städte gelehrter Glanz erbleicht,
aber das Buch der Natur erhält jedes Jahr eine neue Auflage.

Hans Christian Andersen, 1805 - 1875

Es hat sich längst herumgesprochen: Moritzburg und Umgebung sind rund ums Jahr einen Besuch wert. Doch: Wann ist es hier am schönsten? Zu welcher Jahreszeit lohnt es sich am meisten? Ist es im März, wenn das erste zarte Grün das Erwachen des Frühlings verkündet, im Mai, wenn der vielstimmige Chor der gefiederten Sänger durch die Wälder hallt, im Juli, wenn die gelben Ährenfelder wogen und die Teiche Erfrischung von der Sommerhitze spenden, im Oktober, wenn die Laubfärbung die Bäume verzaubert oder wenn im Winter eine dünne Schneedecke Wald und Flur verhüllt? Zugegeben, eine Antwort auf diese Frage zu geben fällt schwer. Der Pferdeliebhaber setzt andere Schwerpunkte als der Angler, der Kunstfreund wiederum andere als der Botaniker, die Vorlieben des Campers oder der Badenixe weichen von denen des Vogelkundlers ab. Mit einer einzigen Stipvisite ist es ohnehin nicht getan, man muß schon öfters herkommen, um verschiedenste Eindrücke aufnehmen und sich ein möglichst umfassendes Bild machen zu können. Schauen wir doch einfach einmal durch die Brille des Naturfreundes und verfolgen das Werden und Vergehen der Natur im Jahreslauf! Am besten, wir entscheiden uns für ein Lieblingsziel, das wir immer wieder aufsuchen. Vielleicht eine „Ecke“, wo die Landschaft besonders abwechslungsreich ist, wo Wald, Teiche, Felder, Wiesen und Dorf eng benachbart liegen und mannigfaltige Lebensräume von Pflanzen und Tieren anzutreffen sind.

Frühlingswald mit Buschwindröschen am Niederen Waldteich

Frühlingserwachen

Übern Garten durch die Lüfte
Hört ich Wandervögel ziehn,
Das bedeutet Frühlingsdüfte,
Unten fängt's schon an zu blühn.

Joseph von Eichendorff, 1788 - 1857

Starten wir unsere Reise durch die Jahreszeiten im Vorfrühling, wenn die Natur sich anschickt, ihren „Winterschlaf“ zu beenden. Scheint die Sonne etwas wärmer, so kommen einige Vogelarten, darunter Blau- und Kohlmeisen, bereits im Februar in Gesangsstimmung. In der Dämmerung läßt der Waldkauz seinen Balzruf vernehmen. An warmen Abenden erklingen die melodischen Flötenstrophen der Amseln. Nun kehren die ersten Zugvögel zurück, darunter Lerchen, Bachstelzen, Stare und Singdrosseln.

Im März ist die Vielfalt der Vogelstimmen schon

beachtlich. An den Waldrändern gaukeln Zitronenfalter, Tagpfauenauge, Kleine Füchse – sie haben als geschlechtsreife Tiere überwintert, suchen nur noch die Futterpflanzen ihrer Larven auf und sterben dann ab. Erste Laufkäfer huschen über den Erdboden. Auf den Feldern rasten Kiebitze, Schwäne und Gänse. Sobald die Temperaturen auf über fünf Grad steigen, wandern die Amphibien zu Teichen und Tümpeln, um zu laichen; bald schon schweben im seichten Wasser die Laichballen der Grasfrösche. Ein schwacher grüner Hauch überzieht den Waldboden und aus dem Wasser am Teichrand ragen zarte junge Spitzen von Sumpfpflanzen. Auf den kleinen Teichen mitten im Walde geben sich Wasservögel in verhältnismäßig großer Artenzahl ein Stelldichein: jene, die nur für kurze Zeit verweilen, um zu ihren nordischen Brutrevieren weiterzueilen und solche, die hier bleiben und brüten werden, wie Hauben-, Zwerg- und Rothalstaucher, Stock-, Schell-, Tafel- und Reiherenten sowie Höckerschwäne und Graugänse.

Bald darauf, im April steigt der Saft in die Bäume, die prallen Knospen der diesjährigen Blätter brechen nach und nach auf. Birken und Lärchen gehören zu den ersten, die ein frisches grünes Kleid anlegen. Viele Waldbäume, wie Spitzahorn, Erlen, Birken, Pappeln, Weiden, Haselnuß, entfalten ihre unscheinbaren Blüten, die weitaus unauffälliger sind als die der Obstgehölze in den Gärten. Ganz zu schweigen von den Schlehen-Sträuchern, die den Eindruck erwecken, als breite sich ein weißes Gewand über Waldränder und Hekken und als glänzten Federkissen in der Landschaft. Am Waldboden schimmern Buschwindröschen, Scharbockskraut, Sauerklee und Veilchen in weißen, gelben und hellblauen Farbtönen, im nassen Erlenbruch Sumpfdotterblumen und Bitteres Schaumkraut.

Zypressenwolfsmilch und Knöllchensteinbrech zählen zu den ersten Frühlingsboten an trockenen Wegrändern. Einer der im Wald verborgenen Teiche „verschwindet" um diese Zeit fast gänzlich unter einem schwimmenden weißen Blütenteppich von Wasserhahnenfuß. Am Nachbarteich balzen zwei Haubentaucher: in Pinguinpose, mit gesträubtem Kopfgefieder und quarrenden Rufen. Von nebenan erschallt der erste Kuckucksruf des Jahres. Auch die Wiesen schmücken sich mit bunten Farbtupfern: gelber Löwenzahn, rote Taubnesseln, weißes Wiesenschaumkraut. Der Raps verwandelt viele Felder für zwei, drei Wochen in ein duftendes honiggelbes Blütenmeer, eine vergängliche Augenweide mit trügerischem Glanz, denn der Preis für erneuerbare Energie aus Raps sind höhere Bodenerosion und schlechtere Lebensbedingungen für viele wilde Tierarten, zum Beispiel die Feldlerche.

Mittlerweile sind fast alle Bäume grün, selbst die Eichen schieben zaghaft ihre Blätter – der Wonnemonat Mai ist angebrochen. An nicht zu feuchten Stellen im Walde erblicken wir die weißen Blütentrauben der Maiglöckchen, da und dort auch den Salomonsiegel, sogar in zwei Arten, wovon die mit den kantigen Stengeln und den größeren Blüten auch Duftende Weißwurz genannt wird und eine Besonderheit der Moritzburger Kuppenlandschaft darstellt.

Blühender Schlehenzweig

Alle Zugvögel sind nun aus den Winterquartieren zurückgekehrt und machen durch ihren vielstimmigen Gesang vor allem in den frühen Morgenstunden und am Abend auf sich aufmerksam. Seit Tagen schon flattern zwei kleine Vögel mit knallgelben Unterseiten an ein und derselben Stelle im Acker umher: Die selten gewordenen Schafstelzen hegen offenbar Brutabsichten. Vom Waldrand her erklingt der wehmütige Gesang des Ortolans, der auch Gartenammer heißt.

Das satte Gelb der Löwenzahnblüten weicht allmählich dem weißen Filigran der Pusteblumen. Stellenweise überziehen rosa Schleier blühenden Sauerampfers das Grünland. Es beginnt die Zeit der bunten Wiesen, mit Margeriten, Glockenblumen und Lichtnelken. Dort, wo der Landwirt nicht zu intensiv düngt und mäht, lohnt es sich, nach Raritäten Ausschau zu halten. An wenigen verschwiegenen Stellen haben sich sogar Knabenkräuter behauptet. Das Kleine Habichtskraut ruft jetzt gelbe Blühaspekte in Trockenrasen hervor, einen schönen Kontrast bildend zum zarten Rosa der Grasnelken und zum kräftigen Rot der Pechnelken. Am Feldrand fallen die blau, weiß und gelb gescheckten Wilden Stiefmütterchen ins Auge.

Von den Teichen her tönt lautstarkes Froschkonzert. Am Ufer erscheinen die großen hellgelben Blüten der Wasserschwertlilien. Ende Mai, Anfang Juni liegt ein betörender fruchtiger Duft von Holunderblüten über der Landschaft.

Heißer Sommer

An einem Sommermorgen
Da nimm den Wanderstab,
Es fallen deine Sorgen
Wie Nebel von dir ab.
Des Himmels heitere Bläue
Lacht dir ins Herz hinein,
Und schließt, wie Gottes Treue,
Mit seinem Dach dich ein.

Theodor Fontane, 1819 - 1898

Im Juni lassen die Gesangsaktivitäten der Vögel nach, die meisten Arten sind mit der Aufzucht ihrer Jungen beschäftigt. Hin und wieder hört man noch ein Rotkehlchen singen, auch Grasmücken und Buchfinken oder den Kuckuck. Unverkennbar ist der Duft der blühenden Lindenbäume. Am Waldboden breiten sich an feuchten Stellen grüne Teppiche von Zittergras-Seggen aus, bisweilen durchragt von Brombeergestrüpp, das jetzt weißlich oder hellrosa blüht. Über die Waldwege in Teichnähe huschen Tausende junger Frösche und Kröten; man muß höllisch aufpassen, um die zarten Geschöpfe nicht zu zertreten. An lauen Frühsommerabenden schwirren als hellgrün glitzernde Punkte Glühwürmchen durch die Dämmerung, es handelt sich um Männchen von Leuchtkäfern. Im Teich sind Graugänse mit ihren Gösseln unterwegs. Auch das Schwanenpaar hat Junge, diesmal sogar drei. Die Halme des Schmalblättrigen Rohrkolbens im Röhrichtgürtel sind zu über zwei Meter Höhe aufgeschossen; Algenwatten und Wasserlinsen-Teppiche machen auf den Nährstoffreichtum des Teichwassers aufmerksam. In der Mittagshitze döst ein Haubentaucher vor sich hin, den Kopf unter dem Flügel verborgen. Mit gleich vier Zwergtaucher-Paaren teilt er sich den Lebensraum, sowie mit Reiher-, Tafel- und Stockenten. Von der Anwesenheit der versteckt im Röhricht lebenden Wasserralle zeugen schweineartige Quiek- und Grunzlaute. Den buntschillernden Eisvogel am Teichufer zu Gesicht zu bekommen, darf schon als Glücksfall gewertet werden. Myriaden von Mücken können einen Aufenthalt am Teich und im Wald bisweilen regelrecht

Blumenwiese mit Margeriten und Lichtnelken

Frühsommer am Fischerteich mit Wasserhahnenfuß in Blüte

verleiden. Der moorige Sumpf an der Stauwurzel des Teiches birgt manche botanische Kostbarkeit: Sumpfblutauge, Moorlabkraut, Wollgras.

Gegen Ende des Monats läßt der Hochsommer grüßen, die Sonne brennt heiß, die Erde dürstet. Schwalben ziehen ihre Kreise am Himmel, um Insekten zu jagen. Auf dem Feld und der abgemähten Wiese rasten Kiebitzschwärme auf ihrem Frühsommerzug, leicht erkennbar am schwarzweißen Gefieder, dem gaukelnden Flugbild und den markanten Kiwitt-Rufen. Am Feldweg erfreut ein bunter Blumensaum den Wanderer: blauer Natternkopf, violette Knautien, roter Mittelklee, dazu Kamillen, Mohn und Kornblumen, doch nur solange, bis der Bauer der Pracht mit dem Mähbalken – oft viel zu früh im Jahr – ein Ende setzt und damit auch vielen Kleintieren die Nahrungs- und Fortpflanzungsgrundlage entzieht.

Laute Kranichrufe aus Richtung Teich künden von der Anwesenheit des „stolzen" Vogels, und schon schwebt das Paar über den Acker und das Dorf hinweg. Ob wohl in diesem Jahr seine Brut von Erfolg gekrönt sein wird?

Es ist Juli, endgültig Hochsommer. Der Geruch erntereifer Getreidefelder und abgemähter Wiesen liegt in der Luft. Am Wegrand blühen Wilde Möhre und Schafgarbe in Weiß, Wiesenflockenblumen in violett, Rainfarn, Johanniskraut, Echtes Labkraut und Rauken in gelb, ebenso der auch als Leinkraut bezeichnete Frauenflachs, man könnte ihn für ein gelbes Löwenmaul halten. Im Wald sind kaum noch Vogelstimmen zu hören, nach der anstrengenden Fortpflanzung ist es nun an der Zeit, in der Mauser das Federkleid zu erneuern und Kräfte für die Reise nach Süden zu sammeln. Zum Glück spendet der Wald wohltuenden Schatten, am Teich weht sogar ein erfrischendes Lüftchen und mindert die Hitze etwas ab. Im flachen Teichwasser zeigen sich die weißen Blütenstände des Wasserfenchels. Die Jungen der Bläßrallen sind schon fast so groß wie die Alten, unterscheiden sich aber durch ihr graues Flaumkleid. Das Haubentaucherpaar betreut drei halbwüchsige Jungtiere. Die Graugansfamilie, bestehend aus dem Elternpaar und den vier fast erwachsenen Nachkommen, fliegt auf mit Flügelklatschen und lautem Geschrei. Am Röhrichtrand gründeln Stockenten, ein Graureiher hält regungslos nach Beute Ausschau. Lediglich ein einzelner Frosch quakt – ansonsten ist das Froschkonzert für dieses Jahr vorbei. Die violetten Blüten der Großen Klette am Teichständer locken Scharen von Tagfaltern an: Weißlinge, Kaisermantel, Großer Fuchs, Tagpfauenauge. Auch die nahegelegene kleine brachgefallene, von Sumpfkratzdisteln bewachsene Waldwiese ist ein Dorado für Schmetterlinge, darunter die seltenen Widderchen oder Blutströpfchen, auch viele Hummeln und Schwebfliegen sind auf Nektarsuche.

Im August sammeln sich die ersten Vögel zum Flug nach dem Süden, bereits um den ersten Tag des Monats verlassen uns die Mauersegler, in der zweiten Monatshälfte die Störche. Von den Gärten hat die bunte Palette der Sommerblumen Besitz ergriffen: Cosmea, Phlox, Astern, Löwenmaul, Zinnien, Dahlien. Seit Wochen hat es kaum geregnet, die Natur dürstet. Die Hundstage mit ihren Hitzegraden über 30 Grad dauern heuer länger als üblich. Den Teichen fehlt es an Wasser, erheblich flacher als gewöhnlich erscheinen sie, und ihre Zuflußgräben im Wald und in den Wiesen sind versiegt. Vor einigen Jahren gab es um diese Zeit viel zu viel Regen, die Überschwemmungskatastrophen an der Elbe und den Erzgebirgsflüssen des Jahres 2002 blieben in lebhafter Erinnerung. Die Senken der Moritzburger Kuppenlandschaft hatten sich damals in Seen verwandelt. Sind die sich häufenden Dürreperioden, Überschwemmungen, orkanartigen Stürme doch ein Indiz des globalen Klimawandels?

Goldener Herbst

Das ist ein Herbsttag, wie ich keinen sah!
Die Luft ist still, als atmete man kaum,
und dennoch fallen raschelnd, fern und nah,
die schönsten Früchte ab von jedem Baum.
O stört sie nicht, die Feier der Natur!
Das ist die Lese, die sie selber hält,
denn heute löst sich von den Zweigen nur,
was vor dem milden Strahl der Sonne fällt.

Friedrich Hebbel, 1813 - 1863

Der September erfreut durch die Vielzahl der Früchte in Wald, Flur und Gärten: Brombeeren, Vogelbeeren, Holunder, Äpfel, Birnen, Pflaumen, Tomaten und Kürbisse. An Bäumen, Büschen und Gräsern hängen die Nebeltröpfchen wie Perlen an den Fäden der Spinnennetze: Altweibersommer! Zeit für Pilzesucher! Massenerträge sind in den Moritzburger Wäldern allerdings kaum zu erzielen. Eher eine bunte Mischung verschiedenster Arten in kleinen Mengen und wenn man die „richtigen Pilzfleckel" kennt. Viele Waldflächen sind üppig mit Kräutern und Sträuchern bewachsen und geben somit nicht den

Goldener Herbst in den Radebeuler Weinbergen am Spitzhaus

geeignetsten Standort ab für Maronen, Pfifferlinge & Co.

Gegen Ende des Monats, spätestens Anfang Oktober, übernimmt der Herbst endgültig das Zepter. Die Temperaturen sinken nachts empfindlich ab. Über den Teichen halten sich die Morgennebel bis in die späten Vormittagsstunden. Der Goldene Herbst verzaubert den Wald in eine bunte Farbensinfonie. In Flammen scheint er zu stehen, von tiefrot über goldgelb bis dunkelbraun in allen Nuancen leuchtend: zitronengelbe Zitterpappeln, kräftiggelbe Birken, dunkelgrüne Erlen, braunrote Roteichen, kupferrote Rotbuchen. Um diese Zeit lohnt auch ein Abstecher zu den Lößnitzhöhen. Nicht allein, daß das prächtige Gelb und Rot des Weinlaubes die Palette der herbstlichen Farbtöne weiter ergänzt. Bei trockener und klarer Luft eröffnen sich eindrucksvolle Blicke in das Elbtal und weite Fernsichten bis hin zu den Erzgebirgshöhen, das Elbsandsteingebirge und das Lausitzer Bergland.

Mitte Oktober sind erste Nachtfröste an der Tagesordnung, das Aus für empfindliche Gartenkulturen: Tomaten, Dahlien, Zinnien. Reif legt sich auf Wiesen und Äcker. Scharen von Kleinvögeln bevölkern die Felder, auch Kiebitzschwärme: Zeit des Vogelzuges. Der Frost läßt die Blätter wie Papier von den Bäumen rieseln.

November: Es ist still geworden im Wald. Fast alle Zugvögel sind nach Süden gezogen. Hin und wieder das „zizidäh“ einer Kohlmeise, das „twi-twi-twi“ eines Kleibers, der „zipp-zipp“-Warnruf einer Amsel, das „hiäh“ eines Mäusebussards. Die Sonne steht so niedrig, daß ihre Strahlen kaum noch auf den Waldboden vordringen können. Der Weg zum Teich ist mit einer dicken Schicht abgefallener Laubblätter übersät. Nach dem Abfischen verfügen die Teiche nur noch über ganz wenig Wasser. Das Röhricht ist vergilbt. Kein Wasservogel läßt sich blicken. Auf den Wiesen haben sich Schwärme von Staren und Saatkrähen eingefunden, auch einzelne Dohlen. Gemeinsam stochern sie nach Nahrung.

Eichen bei Marsdorf nach einem Schneesturm

Feldgehölz bei Bärnsdorf

Winterzeit – Ruhephase der Natur

Warte noch, bis das Laub der Birken den Steinweg berührt,
das Auge der Waldseen glasig wird, als wolle es brechen.
Unbeständig ist das Vergessen;
wie Frühschnee über die Äcker gelegt,
und in der Mittagssonne zerfasert sein Schleier.
Warte noch, bis im Moosgrund
die Fußspur kein Wasser mehr trinket und alles verschneit liegt.

*Uwe Grüning, * 1942*

Anfang Dezember haben die Bäume ihre Blätter fast restlos abgeworfen. Wildgänse fliegen keilförmig angeordnet und klangvoll rufend am Himmel vorüber. In ihre Laute mischen sich die Schreie der Hausgänseherden aus dem Nachbardorf, über die kahlen Felder weithin hörbar schallend, als ahnten sie das Herannahen des Festes, das für sie kein Feiertag sein wird.

Silvester, Jahresausklang. Pünktlich zum Jahresende hat es geschneit. Die weiße Pracht schmückt Feld und Wald, Wiese und Dorf. Wipfel und Baumstämme erscheinen wie mit Puderzucker bestäubt. Tierspuren im Schnee zeugen von der Anwesenheit von Rehen, Wildschweinen und dem so rar gewordenen Feldhasen. Die Teiche sind zugefroren, unter Eis und Schnee versteckt. Gewöhnlich hält sich der Schnee nicht lange in der Gegend, die Leute zieht es mit Kind und Kegel hinaus, um die seltene Gelegenheit zu nutzen, eine Winterwanderung zu unternehmen oder Ski zu fahren, im Moritzburger Wald wahrlich kein alltägliches Vergnügen. Aus der dünnen Schneedecke auf den Äckern ragen Stoppeln heraus, die Reste der stehengebliebenen Maishalme. Im Nu hat der Wind den Schnee fast ganz von den Feldern hinweggeblasen.

Epilog

Lassen wir die Natur unverändert,
können wir nicht existieren,
zerstören wir sie, gehen wir zugrunde.
Der schmale sich verengende Gratweg
zwischen Verändern und Zerstören
wird auf Dauer nur einer Gesellschaft gelingen,
die ökologische Prinzipien akzeptiert
und deren Ethik sich im Einssein mit der Natur empfindet.

Reimar Gilsenbach, 1925 - 2001

An der kleinen Waldgaststätte, dem sommerlichen Treffpunkt der Radfahrer, sitzen Unentwegte am Lagerfeuer beim Glühwein. Dunkelheit und Stille ergreifen von der Landschaft Besitz. Ganz vereinzelt dröhnen Böller vom nächsten Dorf herüber. Die Feuerwerke und Lichtermeere des Elbtales sind weit entfernt. Wieder ist ein Jahr vorüber: Zeit der Besinnung, Gelegenheit zum Nachdenken.

Fast haben wir es verlernt, den Stimmen der Natur zu lauschen und sie zu verstehen. Sie sprechen zu uns durch das Rauschen des Waldes, das Rascheln der Schilfhalme am Teich, durch den Gesang der Vögel, das Zirpen der Heuschrecken in einer Sommerwiese. Sie erinnern uns daran, daß wir ein Teil der Natur sind, ebenso von den natürlichen Lebensgrundlagen abhängig, wie Tiere und Pflanzen den Entwicklungsprozessen unterworfen und dem Wechsel von Tag und Nacht, Sommer und Winter ausgesetzt. Wir benötigen Natur und Landschaft nicht nur als Produktionsfläche und Abenteuerspielplatz, wir brauchen sie als Quelle von Freude, zu innerer Bereicherung und Selbstfindung, zur Bildung von Herz und Gemüt, zum Erlebnis des Echten, Unverfälschten und Wachsenden.

Natur vermittelt uns ein Gespür für Unendliches und Währendes, für Geheimnisvolles und Unbegreifliches, und sie lehrt uns Liebe zum Lebendigen und Ursprünglichen sowie Begeisterung für die herrlichen Farben, Formen und großartigen Lebensleistungen vieler Arten. Um es auf den Punkt zu bringen: Ohne Natur geht der Mensch nicht nur körperlich, sondern auch seelisch ein.

Ein lebenswertes und erfülltes Dasein ist auf Dauer nur mit und nicht gegen die Natur zu führen. Es wird Zeit umzudenken zugunsten eines rücksichtsvolleren Umganges mit der Natur. Am Ende unserer Streifzüge durch die Moritzburger Landschaften stellen wir fest, welchen Schatz wir hier zu hüten haben, den wir als natürliches und kulturelles Erbe, als Heimat begreifen, gestalten und schützen müssen. Wir dürfen es nicht zulassen, daß wertvolle Landschaften zur austauschbaren Hintergrundkulisse auf der Bühne der globalen technischen und ökonomischen Entwicklung verkommen. Der Zerstückelung verbliebener ländlicher Gebiete auf immer schmalere Räume zwischen immer neuen Straßen und sich weiter schließenden Speckgürteln von Gewerbe- und Wohngebieten, Industrie- und Freizeit-Ansiedlungen am Rande der gewachsenen Orte auf der „grünen Wiese“ weiter Vorschub zu leisten, wäre ein Frevel. Natur und Landschaft sind keine Verbrauchsgüter, für die man im Kaufhaus Nachschub kaufen kann. Diese Einsicht erleichtert uns die Achtung und Ehrfurcht vor der Schöpfung, der Vielfalt der Pflanzen- und Tierarten als dem Produkt einer Jahrmillionen alten Evolution, die unwiederholbar und unwiederbringlich ist und weiterlaufen soll.

Moritzburger Landschaften: Die Natur hat sie reich gesegnet. Vom Menschen werden sie seit Jahrhunderten umgestaltet, von den einfachen Leuten, von Generationen unserer Vorfahren, die der Erde Nahrung abrangen, Wald rodeten, Felder anlegten, Teiche aufstauten; geprägt aber auch von fürstlicher Jagdleidenschaft, deren einmalige und unverwechselbare Zeugnisse alljährlich Tausende Besucher in ihren Bann ziehen. Landschaften, die so wertvoll, schön, liebenswert, mitunter gar romantisch, aber auch sehr verletzlich und schutzbedürftig sind. Landschaften, über die man keine Käseglocke stülpen soll, mit denen aber behutsam umgegangen werden muß, die ihren Bürgern Brot geben, Bewohner und Touristen erfreuen, wo aber auch die Natur leben und sich entfalten kann. Moritzburger Landschaften mit ihrem einzigartigen barocken Jagdschloß, dem Fasanengarten, den Teichen, Hügeln, Wäldern, Wiesen und Feldern, mit Dörfern, dem romantischen Lößnitzgrund, den Wildblumen am Wegesrand, dem Milan, der am Himmel kreist, und dem Rothalstaucher, der im Röhricht heimlich brütet. Werden dies alles auch künftige Generationen erleben dürfen? Von uns hängt es ab, wir haben es in der Hand!

Winterabend in der Feldlandschaft am Lausenbach bei Weixdorf

Verwendete Literatur

Akademie der Wissenschaften der DDR (1975): Lößnitz und Moritzburger Teichlandschaft. – Werte unserer Heimat, Band 22, Akademie-Verlag.
Bastian, O. (1998): Landschaft wie in Schweden. – Mitteilungen des Landesvereins Sächsischer Heimatschutz e.V., Heft 2/98, S. 67-75.
Bastian, O. (2003): Wie viel Landschaft braucht der Mensch? – Mitteilungen des Landesvereins Sächsischer Heimatschutz e.V., Heft 2/03, S. 21-33.
Bastian, O., Schrack, M. (Hrsg., 1997): Die Moritzburger Kuppenlandschaft – einmalig in Mitteleuropa. – Veröff. des Museums der Westlausitz Kamenz, Tagungsband.
Blaschke, K. (1957): Historisches Ortsverzeichnis von Sachsen. Leipzig.
Blaschke, K. (2004): Die Gründung des Amtes Moritzburg. – In: Thieme, A., Vötsch, J. (Hrsg.): Hof und Hofkultur unter Moritz von Sachsen (1521 - 1553). – Saxonia. Schriften des Vereins für sächsische Landesgeschichte, Bd. 8, Beucha.
Bormann & Partner (2000): Studie zur langfristigen Revitalisierung der umweltgeschädigten Kulturlandschaft Moritzburg am Beispiel der Fasanerie. (Im Auftrag des Staatlichen Schloßbetriebes Schloß Moritzburg)
Donath, M. (2004): Schlösser im Elbland. – SAXO'Phon, edition Sächsische Zeitung, Dresden.
Dresdner Geschichtsverein e.V. (Hrsg., 1995): Die Moritzburger Kulturlandschaft. – Dresdner Hefte (Beiträge zur Kulturgeschichte) 13. Jahrgang, Heft 42, 2/95.
Feiler, A. (1979): Tiere Moritzburgs.– Staatl. Museum für Tierkunde Dresden, 2. Aufl. (1. Aufl. 1976).
Fränzel, H., Burk, K., Schwark, H.-J. (1964): Moritzburg.– F.A.Brockhaus Verlag Leipzig.
Gerlach, T., Hensel, T. (2003): Lösznitzgrundbuch.– Notschriften-Verlag Radebeul.
Grasselt, A. (1999): Pflege- und Entwicklungsplan für das Landschaftsschutzgebiet „Wilschdorf-Rähnitzer Sandhügelland".– Diplomarbeit Hochschule für Technik und Wirtschaft (HTW), Dresden, Fachbereich Landbau / Landespflege.
Groß, R. (2001): Geschichte Sachsens.– Edition Leipzig.
Gutteck, S. (2002): Untersuchungen zur Würdigung für das neu festzusetzende Naturschutzgebiet „Oberer Altenteich". Belegarbeit, Techn. Universität Dresden (Fachbereich Forstwissenschaften) / Staatliches Umweltfachamt Radebeul Naturschutz/Landespflege.
Hartstock, E. (o.J.): Entstehung und Entwicklung der Teichwirtschaft Moritzburg.– Studie im Auftrag der Sächsischen Landesanstalt für Landwirtschaft, Dresden.
Hempel, W., Schiemenz, H. (1986): Die Naturschutzgebiete der Bezirke Leipzig, Karl-Marx-Stadt und Dresden.– Urania-Verlag Leipzig, Jena, Berlin, 2. Aufl. 1986, 360 S. (1. Aufl. 1974).
Hendel, E. (2000): Untersuchung der Schutzwürdigkeit des Gebietes zwischen Radebeul und Moritzburg. Beiträge zur Landschaftsdiagnose.– Dipl-Arb. Techn. Univ. Dresden / Sächs. Akad. Wiss.
Herrmann, H. (1932): Heimat. Geschichte der Kirchgemeinde Reichenberg in neuerer Zeit.
Interessengemeinschaft Friedewald (Hrsg., 1994/95): Waldlehrpfade im Spitzgrund. 2. Aufl. (1. Aufl. 1992), Coswig.
Kretschmann, I. (Red., 2001): Inspiration Moritzburg, Kunst im 20. Jahrhundert. Katalog zur Sonderausstellung vom 12. Mai bis 5. August 2001 in Moritzburg. Stiftung Käthe-Kollwitz-Gedenkstätte.
Küchler, J. (2001): Friedrich Eduard Bilz – Ein Missionar aus Sachsen für die Naturheilkunde. Hrsg.: Bilz-Bund für Naturheilkunde e.V., Radebeul.
Kühn, W. (2002): Heimatanschrift Friedewald. – Notschriften-Verlag Radebeul.
Landesamt für Denkmalpflege Sachsen: Kulturdenkmale im Freistaat Sachsen, Stand 15.10.2001, Dresden.

Mannsfeld, K. (1972): Das Naherholungsgebiet Moritzburg. – Sächs. Heimatblätter 2/72, S. 49-56.
Mehnert, A. (2004): Gemeinde Moritzburg - Flächennutzungsplan. Erläuterungsbericht nach § 5(5) BauGB. Planungsstand 2004.
Meißner, S., Storm, P., Zinn, W. (1992): Boxdorf – Geschichte(n) und Bilder einer Gemeinde. 750 Jahre Boxdorf - 1242 - 1992. 48 S.
Naumann, G. (1998): Landkreis Meißen. Seine Städte und Dörfer, Landschaft, Geschichte, Aktuelles. – Selbstverlag, Kreissparkasse Meißen.
Sächsisches Forstamt Moritzburg: Vorbericht zur Forsteinrichtung des Forstbetriebes – Landeswald im Sächsischen Forstamt Moritzburg, Stichtag 01.01.2005.
Schmidt, S., Weise, H. (1986): Radebeul und die Lößnitz. – Brockhaus-Verlag Leipzig.
Schrack, M. (1995): 20 Jahre ornithologische und Naturschutzarbeit in Großdittmannsdorf. – Naturschutzbund Deutschland (Nabu), Landesverband Sachsen e.V. (Hrsg.), 77 S.
Schrack, M. (1995): Die Brutvögel der Moritzburger Kleinkuppenlandschaft – eine Betrachtung zur Brutvogelfauna der Agrarlandschaft nördlich von Dresden. – Veröff. d. Museums der Westlausitz Kamenz (Sonderheft).
Schrack, M. (Hrsg., 1999): Waldmoore und Moorwälder in der Radeburger und Laußnitzer Heide. – Veröff. d. Museums der Westlausitz Kamenz (Tagungsband).
Sowinski, W. (1951): Moritzburg. – Unser Kleines Wanderheft. – Dresdner Verlag, Dresden.
Staatliches Umweltfachamt Radebeul (Abteilung Naturschutz / Landschaftspflege; 1998): Würdigung für das neu festzusetzende Naturschutzgebiet „Kutschgeteich Moritzburg" (Landkreis Meißen).
Thomas, H. (1991): Das Elbtal und Dresden. – Neumanns Landschaftsführer. – Neumann Verlag, Radebeul.
Wiedrich, H. (1979): Vor Dresdens Toren. – F.A.Brockhaus Verlag Leipzig.

Fotoverzeichnis

Thomas Adler, Coswig (1 Foto): Seite 52
Norman Döring, Dresden (1): Seite 105
Gernot Engler, Gräfenhain (4): Seiten 14, 58 (2x), 135
Werner Fiedler, Leipzig (1): Seite 49
Bernd Hartung, Wölkisch (4): Seiten 90, 99 135 (2x)
Dr. Wolfgang Kürner, Radeburg (6): S. 16, 91, 100, 147 (2x), 149
Kersten Hänel, Hameln (1): Seite 89
Landesamt für Archäologie Sachsen (Heynowski / Braasch): Seiten 33, 40, 50, 71, 87, 129
Jörg Lorenz, Tharandt (10): Seiten 57 (2x), 59, 76, 89, 99 (2x), 101, 107, 135
Peter Reuße, Treugeböhla (2): Seiten 12, 97
Friedheim Richter, Großenhain (11): Seiten 14, 57, 58, 59 (3x), 76 (2x), 77, 89, 135
Dr. Peter Rölke, Dresden (31): Seiten 24, 31, 36 (2x), 39, 57, 70, 92 (2x), 102, 103, 104 (5x), 113, 116, 119, 120, 121 (4x); 125 (2x); 138 (3x), 140, 146
Matthias Schrack, Großdittmannsdorf (8): Seiten 18, 88, 93, 98, 106 (4x)
Dirk Synatzschke, Pulsnitz (1): Seite 83
Holger Uhlich, Dresden (3): Seiten 13, 14, 86
Betina Umlauf, Großdittmannsdorf (1): Seite 95
Lars Zimmermann, Großdittmannsdorf (5): Seiten 11, 94, 96 (3x)
Dr. Olaf Bastian, Boxdorf (127): alle übrigen Fotos

Register

H

I

J

K

L

M

N

O

P

R

S

T

U

V

W

Z

Wander- & Naturführer

Die Wander- & Naturführer begleiten den Wanderer auf bekannten und unbekannten Wegen durch die Sächsische und Böhmische Schweiz und durch das westliche Erzgebirge. Namhafte Autoren aus den Regionen berichten in zahlreichen Exkursen über die Tier- und Pflanzenwelt, über forst-, natur- und heimatkundlich Interessantes, über Burgwarten und Felsenburgen sowie geologische Besonderheiten. Zahlreiche Farbfotografien und historischen Ansichtskarten illustrieren die Werke. Genaue und detailgetreue Wanderkarten für jede Wanderung erleichtern das Finden des Weges.

Herausgeber: Dr. Peter Rölke
Preis: jeweils 14,90 EUR

**Neuauflage 2005:
Böhmische Schweiz**

Von den Tyssaer Wänden über
Hohen Schneeberg, Prebischtor und
Dittersbacher Felsen ins Khatal
ISBN 3-934514-07-3

Jahreszeiten im Elbsandstein

Fotografien von Dr. Peter Rölke

Textbeiträge: Manfred Schober, Dietrich Graf, Dr. Peter Rölke

Ausstattung: 168 Seiten, 183 Farbfotografien

Format: 28 cm x 24,5 cm, Festeinband mit Schutzumschlag

Preis: 27,90 Euro
ISBN 3-934514-10-3

Bildband zur Sächsisch-Böhmischen Schweiz

Die fotografischen Streifzüge führen nicht nur zu den touristischen Attraktionen wie dem Basteigebiet und den Schrammsteinen, sondern auch in die Weiten des Zschands, nach Hinterhermsdorf, zum Luchsstein und in die einsamen böhmischen Gebiete um Wolfsberg, Schnauhübel und das Schwarze Tor unweit der Kirnitzsch.

Sächsische Schweiz Bd. 1

Felsenlandschaft zwischen Bad Schandau und Hinterhermsdorf
ISBN 3-934514-08-1

Sächsische Schweiz Bd. 2

Rathener Felsen, Polenztal, Tafelberge und Bielatal
ISBN 3-934514-09-X

Sächsische Schweiz Bd. 3

Oelsener Höhe, Liebethaler Grund, Burg Stolpen und Tanzplan
ISBN 3-934514-13-8

Westerzgebirge

Zwischen Auersberg, Greifensteinen, Fichtelberg und Keilberg
ISBN 3-934514-11-1